谨以此书纪念恩师冯契先生

• • • •

冯契先生如山般厚重的师恩于我而言，不仅是安身立命之德性与方法的谆谆教诲，更是为我如何做一个师者树立了一个真善美的标杆。岁月会模糊很多东西，可我至今异常清晰地记得毕业季去先生府上话别的那个夏日黄昏，先生在师母的陪伴下送我出来。几缕夕阳透过丽娃河畔翠绿的水杉林，把金色的光斑晒在两位老人花白的头上，那情那景，堪称绚丽无比。

化理论为德性

——思政课教学答问录

张应杭　著

浙江大学出版社

前言

我 1986 年 8 月应聘至浙江大学任教，以时间为序，先后承担过"马克思主义哲学原理"（本科必修）、"伦理学"（本科选修）、"中国哲学史专题"（思政专业第二学位专业课）、"人生美学"（本科选修）、"中西比较伦理专题"（研究生专业选修）、"马克思主义基本原理概论"（本科必修）、"人生美学专题"（硕博人文通识选修）、"马克思主义与当代中国"（博士生必修）等课程。这其中既有规范意义上的思政课，如"马克思主义哲学原理（后改为马克思主义基本原理概论）"、"马克思主义与当代中国"等，也有作为思政课延伸的通识选修课如"伦理学"、"人生美学"等。

在与不同学历层次、不同专业背景同学的课内外互动过程中，积累了极为丰富的文字资料。对这些文字资料进行甄选、润色和出版，一直是我的一个心愿。这项工作固然有以此记录自己职业生涯某个侧面的小小私心，但另一方面或许它既可为高校理论课教学的诸位同行提供些许教学参考资料，也可为改变青年学生对政治理论课的偏见提供某些启迪。

1. 关于书名

1983 年本科毕业的我留在了华东师范大学, 因为我有幸考取了研究生, 师从冯契先生。记得当时曾对冯先生"凝道而成德、显性以弘道"①的命题推崇备至。在我看来, 这是冯先生对人性问题最具真知灼见的命题。在这个命题中, 人性的培植被理解为一个由天性不断走向德性的过程。在这个过程中, 一方面因为对"道"的真诚自明而习得了"德", 另一方面又因为"德"在自主、自得、自证中进一步坚定了对"道"的弘扬。要知道那个时候对该不该讨论人性问题还存在着诸多不同意见和观点的争论。冯契先生不仅无意于概念的无谓争论, 而且还构建起了以德性论为核心的极具独创性的关于人性以及理想人性培养造就的理论。这一理论集中体现在后来于 1996 年出版的《人的自由和真善美》一书中。尽管我读研那个时候使用的只是同名的油印讲义, 但我们这些冯门弟子的确都非常着迷于对冯先生这一理论的学习、讨论与领悟。

依据我的理解, 冯先生这里关于人性的学理逻辑是这样的: 如果人只有自私、贪婪、好色等天性, 那人其实与动物是一样的。那么, 人为何成为人呢? 是因为德性的生成与自证。这大概也是孟子"人之所以异于禽兽者几希"(《孟子·离娄下》)一语的涵义之所在。这"几希"之物便是德性。于是, 人性的生成便表现为以后天的德性不断去修正、规范和超越天性(动物性)的过程。这是一个"学以成人"的过程。可见, 与西方文化讲"人对人像狼"(霍布斯)、"自私的基因"(道金斯)这一传统不同, 中国文化在承认了人有天性(动物性)的先天存在后, 更主张后天德性的生成与自证, 并认为这是人成为人以及人具有了人性的本质印证。

① 冯契. 智慧的探索 [M]. 上海: 华东师范大学出版社, 1994: 639.

Beijing 2018
第二十四届世界哲学大会
学以成人
北京·2018 8·13—20

人性的生成被古代哲人理解为以后天的德性去修正天性（动物性）的过程。这是一个"学以成人"的过程。令人欣慰的是，中国哲学的这一立场终于被 2018 年在北京召开的第 24 届世界哲学大会列为讨论的主题。

紧接着的问题便是，德性如何生成？正是为了解决这个问题，冯先生提出了他著名的"两化"论断："化理论为方法，化理论为德性。"[1]这也就是说，人的德性不可能是天赋或神赐的，而一定是通过后天对理论的学与习而日生日成的。陈来教授曾经这样概括过冯契先生于20世纪50年代提出"化理论为德性"的主张："理论"是指马列主义、毛泽东思想；"化"体现的是实践指向，是理论联系实际原则的具体化；把"理论""化"为"德性"的思想弥补了现存辩证唯物论中德性论的缺失。[2]这一理解显然非常精到。本书以"化理论为德性"为题，正是追寻冯先生开辟的学理路径，并力图将其弘扬光大的一个切实努力。

2. 关于本书的内容

本书的内容由两部分组成：一是来自学生的问题；二是我对这些问题的学理思考。两部分的内容相辅相成，互为因果。

首先是问题如何收集。冯契先生曾经以其广义认识论的视域，将包含主体情绪与客体实在统一的问题范畴视为个体认识的逻辑起点。[3]记得高我一届的童世骏师兄的毕业论文就是研究问题范畴的。正是有鉴于问题在个体认识论中的这一重要意义，我执教以来在思政课堂上一直非常注重培养学生的问题意识，并鼓励他们将这些问题带到课堂内外与我进行交流与切磋。而且，为了提高学生提问的积极性，我每每在开学第一堂课上就会将自己的联系方式告知同学，并承诺有问必答。

[1] 冯契. 智慧的探索[M]. 上海：华东师范大学出版社，1994：615.
[2] 陈来. 冯契"化理论为德性"的哲学思想[N]. 华东师范大学校刊，2015-04-24.
[3] 冯契文集（增订版）（第1卷）[M]. 上海：华东师范大学出版社，2016：17.

在这个问与答的双向交流过程中，既了解了学生的所思所想从而使课堂教学更有针对性，又促使我不敢懈怠努力去了解和学习许多新知识和新理论。比如道金斯《自私的基因》一书就是我为了回应一位医学院的博士生的提问而阅读的，因为学生以此书的观点为主要学理论据提出了"人无一例外地被自私的基因所驱动"的观点。为了反驳学生的这一观点，我必须先了解道金斯的学理逻辑和立论的主要观点。我曾经大致统计过近十年的阅读书单，发现一半以上来自学生所提问题的驱动。

其次是对哪些问题进行进一步的学理思考。虽然我承诺有问必答，而且在课程助教的协助下也的确做到了这一点，但显而易见的是，要对所有来自学生的问题都做进一步的学理思考是我精力和学识所无法企及的。为此，我对学生的提问采取了不同的回应：一些问题属于陌生的领域，我就坦率地承认自己研究不够，无法作答，恳请提问者谅解；另有一些问题虽也属于自己熟悉的研究领域，但却属于小众性的问题，我往往三两句话点明自己的立场和观点，并给他们推荐一些书目和参考文献后就不再进一步展开；还有一些问题对学生形成正确的世界观、人生观和价值观而言带有某种普遍性，则是我必须着力展开学理探究的，甚至会在接下来的课堂讲授中予以积极回应和重点阐述。本书中呈现的内容便是最后这一类问题所做的学理回应。

事实上，即便是最后这一部分答问录，因其内容庞杂、字数繁多也无法一一呈现。由此，我进一步确立了本书内容的甄选原则，即只选取人生哲学的相关内容予以展示。

众所周知，马克思主义理论在中国的传播最负盛名的是其以唯物史观为核心的社会哲学观，它不仅直接为中国共产党人建立新中国提供了最科学的世界观和方法论，而且在新中国成立后的社会主义现代化建设进程中依然是我们的主流意识形态。新中国成立之后，在社会主义建设过程中我们对马克思主义的自然哲学观也给予了充分的关注，"自然辩证法"的课程甚至在高校广泛开设。相比之下，马克思主义的人生哲学观却一直没有被充分关注、研究和传播。这不能不说是一个缺憾。事实上，在客观世界所呈现的自然界、人类社会和自我人生这三项中，马克思主义的创始人均有着超越前人的创新性成就。但受苏联哲学教科书的影响，我们严重疏忽了马克思主义人生哲学这一项。我一直认为这应该是改革开放之后，西方诸如叔本华、尼采、弗洛伊德、萨特等形形色色的人生哲学流行并被许多青年学生所推崇的一个重要的意识形态根源。

当然，也正是以往对马克思主义人生哲学理论探究、思考和创新工作的缺位，恰恰使其成了马克思主义中国化的一个新的生长点。毋庸置疑的是，冯契先生在这个领域做了诸多创新性和引领性的工作。陈来教授评价冯契先生的德性论弥补了传统辩证唯物论的这一内容缺失的判断的确是精辟之论。作为冯门弟子，我责无旁贷地要在这一领域里更加精进地耕耘。自应聘到浙大任教后，我除了讲授马克思主义基本原理课程外，之所以还开设伦理学、人生美学的选修课也正是基于这一理由。我力图把伦理学、人生美学视为马克思主义基本原理在人生哲学领域的一个延伸。本书所呈现的内容可视为这一耕耘所收获的成果之一。

需要特别申明的是，本书以学理回应方式呈现的这些观点和文字，很多成为后来公开发表的著述及论文的一部分；与此同时，为避免重复劳动，也有很多回应学生提问的文字内容则是从我已经发表了的著述及论文中撷取而来。因体例所限，就不再一一注明。此外，为了真实还原师生答问的当时语境，除了修订一些明显的差错外，我没有对文字和行文风格做刻意的修饰，甚至经典文献也是沿用了旧版。这也是需要特别说明的。

3.关于本书的体系编排

冯先生治学给我印象最深的一个地方就是，他非常注重学术观点表述的逻辑严谨和自洽。记得他在给我们做讲座时曾经以黑格尔的《小逻辑》和马克思的《资本论》为例，提出过"真理在体系中才更有说服力"的观点。[①]冯先生的著述在逻辑体系的编排方面堪称学界典范，无论是其"哲学史二种"，即《中国古代哲学的逻辑发展》《中国近代哲学的革命进程》，还是"智慧说三篇"——《认识世界和认识自己》《逻辑思维的辩证法》《人的自由和真善美》，均有着无比严密的逻辑体系。

以冯先生倡导的这一治学要求来看，本书的逻辑体系编排无疑是先天不足的。因为所有来自课堂内外的同学提问是不可能依据某种预设的逻辑路径来展开的。事实上，当我面对着积累下来的几百个来自学生的问题，以及对这些问题回应所写下的上百万字的文字，我发现它是那么的凌乱和无序。这样的文字显然无法编辑成书。

---

① 杨海燕，方金奇.智慧的回望：纪念冯契先生百年诞辰访谈录 [M].桂林：广西师范大学出版社，2015：83.

正是有鉴于此，我花费了大量的时间来思考和探究本书的逻辑体系问题。在重读冯先生《人的自由和真善美》一书时，我找到了灵感，决定以"德性之真"、"德性之善"和"德性之美"的逻辑框架来呈现学生的问题和我对这些问题的学理探究。在本书中，"德性之真""德性之善""德性之美"呈现为渐次递进的关系。

"德性之真"是"化理论为德性"的认知基础。借用冯先生的范式来表述即为德性之智，它表现为主体在德性的自证中体认了天道与人道，在主体的精神层面呈现为自明、自主、自得。[①]如果没有"德性之真"的思考、探究与体认，那么理论转化为德性的认知前提就丧失了，理论就会被视为"说教"而不被接受。可见，"德性之真"作为对人生真理的体认构成了本书的逻辑起点。

"德性之善"是"化理论为德性"的实践指归。依据马克思实践唯物主义的立场，人生哲学不可能以真理的体认为终点，而一定要以人生的实践为归宿。中国古代的"知行合一"理论阐述的也是这个道理。如果说"德性之真"尚属于认识论范畴，那么，"德性之善"就是价值论范畴，它呈现为主体依据"善"的价值原则去行动的过程。借用冯先生的范式来描述就是"由自在而自为"[②]。这个以善行等方式呈现出的自在、自为已经超越了"德性之真"阶段的自明、自主、自得，它不再是主体纯粹精神的活动，而是人性完善、人格造就的自我实践活动。

---

① 冯契. 智慧的探索 [M]. 上海：华东师范大学出版社，1994：639.
② 冯契. 智慧的探索 [M]. 上海：华东师范大学出版社，1994：650.

求 是 精 神

竺可桢题

如果没有"德性之真"的思考、探究与体认，那么理论转化为德性的认知前提就丧失了，理论就会被视为"说教"而不被接受。浙大老校长竺可桢倡导的"求是"校训其意义正在于此。

　　"德性之美"是"德性之善"的进一步提升。如果说在"德性之善"的自我实践中，主体还只是凭借对"德性之真"的体认勉力而行，其行为特征还只处于理智上的自觉和意志上的自愿状态的话，那么，到了"德性之美"阶段，其行为特征就不再是自觉、自愿而是自由。冯先生将其称为"自由的德性"，在这个自由德性的造就过程中，人可以体验到相对中的绝对、有限中的无限。[①]对主体而言，这是一种愉悦和幸福感的获得，即审美自由的实现。

　　以上便是我对本书书名的缘起、内容的甄选情况和体系编排的一个简单交代，以方便读者诸君更好地阅读和理解本书的正文内容。

① 冯契. 智慧的探索 [M]. 上海：华东师范大学出版社，1994：643.

目　录

第一编
理论与德性之"真"

[题记] 理论向德性转化过程中，"真"是一种自知与自明的状态。

一、关于欲望的对话

1. 马克思主义在欲望问题上的基本立场

[来自学生的问题]

记得老师在课堂上批评萨特断言马克思的学说存在"人学空场"的观点。可我觉得萨特说得似乎颇有道理。比如说吧,对欲望这么重要的问题,马克思主义哲学几乎不予讨论。老师您觉得呢?

[我的学理回应]

可以肯定的是,马克思主义理论的出场语境是为了批判资本的逻辑,并号召无产阶级起来推翻资本主义制度。这属于社会哲学的范畴,因此马克思对人生哲学的关注与探究的确不构成其学说最重要的指归。但是,马克思依然留下很丰富的人生哲学遗产。就以欲望问题而论,马克思就在《1844 年经济学哲学手稿》《德意志意识形态》等著作中提出了许多颇具时空穿透力的命题。

概括起来说，我认为马克思主义在欲望问题上的基本立场首先体现在对生命之欲的肯定。马克思在《1844 年经济学哲学手稿》中明确肯定了人的欲望："人作为自然存在物，而且作为有生命的自然存在物，一方面具有自然力、生命力，是能动的自然存在物；这些力量作为天赋和才能、作为欲望存在于人身上。"①可见，原欲与自我生命的自然存在具有同在性。一个毋庸置疑的事实是，当自我作为生命体最初呱呱坠地之时，生命原欲便以一种本能的方式在啼哭声中显示出来。故荀子要说"人生而有欲"（《荀子·礼论》）。这种原欲随着年岁的增长而不断地充实和丰富，到了青春期自我的第二次诞生时，生命更是有了张扬自我的欲望，确证与肯定自我的永恒冲动。于是，自我生命中的这种原欲与社会秩序的规范在冲突与调适中寻求着动态的平衡和诗意的完美，便构成了我们艰辛而又浪漫、繁杂而又明快的自我人生境遇。

重要的还在于，原欲与生命的同在性原理就决定了自从有了人类的存在，便有了人类对原欲问题的理性思考。但是，只要我们对思想史作一简单的考察，便可以发现古代的哲人们对生命欲望或者讳莫如深，比如中国古代的先哲在"食色性也"（《孟子·告子上》）的微言大义之后对生命之欲更多地采取了避而不谈的态度；或者把生命之欲奉为神明，比如古希腊的神话将诞生于碧波浪花之中的爱欲之神视为美的天使；或者把生命之欲视为万恶之源，比如基督教就视原欲为洪水猛兽，主张自我灵魂在忏悔和赎罪的心路历程中把原欲赶出肉体。如此等等，不一一赘述。

马克思主义哲学之所以明确肯定了原欲存在的合理性，不仅是因为其辩证唯物论的立场，更是基于其历史唯物主义的立场。马

①马克思.1844 年经济学哲学手稿[M].北京：人民出版社，2014：103.

克思在论述历史主体如何创造历史的活动时曾这样说过："历史什么事情也没有做……创造这一切、拥有这一切并为这一切而斗争的，不是'历史'而正是人，现实的、活生生的人。"[1]可见，具有各种原欲和需要的个人是社会历史的真正主人，没有这些生命个体对诸种生命原欲和由此衍生的人生理想的追求，就没有我们称之为历史的存在。但是，另一方面，人们创造历史的活动又不是随心所欲的，在这个生命之欲的追求中，必然遇到包括社会规范在内的诸多社会因素的限制和制约。然而，自我生命中的原欲并没有因此而无奈和退缩，而是以一种合乎理性的方式，在张扬与节制中挑战和战胜了诸多异己的制约性存在，在"知可为而为，知不可为而不为"的自觉规范中，实现着自我人生的诸多目的。

马克思主义对欲望问题更重要的立场还在于，它摆脱了自然主义欲望论的局限性，明确对生命个体的欲望做了更为科学的归类。马克思恩格斯曾在普遍一般的层面上把人的欲求划分为：生存需要、享受需要和发展需要这样三个层次。[2]而且，按照马克思在《德意志意识形态》中提出的"他们的需要即他们本性"[3]的思想来看，正是人的需要和欲求的多样性决定了人的本性的丰富多样性。

按照我们对马克思主义经典作家的理解，结合对现实人生中自我欲求的逻辑归纳，我在这里也许可以在理论上把生命之原欲的基本构成作如下分解。

其一是食色方面的基本生理欲求。这是最原始也是最基本的生命原欲，也是人的自我生命活动的现实起点。我们之所以这样

①马克思恩格斯全集（第2卷）[M]. 北京：人民出版社. 1957；118-119.
②马克思恩格斯选集（第1卷）[M]. 北京：人民出版社，1972； 4.
③马克思恩格斯全集（第3卷）[M]. 北京：人民出版社，1960；514.

说，其实道理很简单，因为人首先是一种肉体组织的自然存在物，它一要生存二要发展。这就构成了最基本的原欲诉求。这正如马克思指出的那样："为了能够创造历史，必须能够生活，但是为了生活，首先就需要衣、食、住以及其他东西。因此，第一个历史活动就必须是生产满足这些需要的资料，即生产物质生活本身。"①也是因为这个道理，中国古代哲人也有"食色性也"（《孟子·告子上》）、"饮食男女，人之大欲存焉"（《礼记·礼运》）的说法。

对于生命原欲在这一层次上的追求，我们曾简单地认为中国古代哲人一概奉行的是禁欲主义原则。其实，这是一个误解。事实上，即便在孔子那里，食色之欲也是被肯定的。比如，孔子在赞叹颜回"一箪食，一瓢饮"依然能快乐地生活的同时，也倡导"食不厌精"；孔子对《诗经》中的"窈窕淑女，君子好逑""有女怀春，吉士诱之"之类对两性爱的赞美之辞也并未在校订时一律删去。他甚至曾感慨道："吾未见好德如好色者也。"（《论语·子罕》）当然，至宋明理学时，由于理学家把天理和人欲片面对立起来，在食色问题上的确出现了"饿死事小，失节事大"（《程氏遗书》卷二十二）之类的带有浓厚禁欲主义色彩的理学教条。但这一理学教条后来遭到了明末清初以颜元、戴震为代表的启蒙思想家的批判。

其二是功名利禄方面的发展欲求。这一欲求显然是在食色生理欲求得到满足的基础上产生的。这也是人之区别于动物的特质之一。倘若人类只有第一层面上的对自然之欲的追求，那么人就无异于混同于动物了。为此，作为生命原欲之丰富内涵的进一步展开，功名利禄这些印证了自我生命个体社会价值的原欲追求就是不可遏制的了。而人生正是因此而有了原动力。关于这一点，马

① 马克思恩格斯全集（第3卷）[M]. 北京：人民出版社，1960：31-32.

斯洛曾经有过如下形象的描述:"当一个人有了充足的面包,而且长期以来都填补了肚子,这时,立即会出现另外更高级的需要,支配有机体就是这些更高级的需要而不是生理上的饥饿。"①

功名利禄作为自我发展欲求的一个重要人生指向,也因此得到古代哲人的高度重视。在中国古代孔子就倡导"学也,禄在其中矣"(《论语·卫灵公》),以此来劝勉弟子们好好学习。而其"学而优则仕"(《论语·子张》)的主张更是孔子积极入世追求建功立业之人生的绝好证明。在西方,源自古希腊的英雄主义人生态度,更是把人生在世应当追求功名利禄的思想演绎得淋漓尽致。也许正是在这样的生命欲求理念的支配下,古今中外的诸多俊才伟杰在其人生历史上才有了金戈铁马的豪迈,才有了马革裹尸的无畏,才有了征服自然的气度,才有了探索宇宙奥秘的执著,也才有了那些立德、立功、立言的不懈追求和不朽业绩。

其三是道德审美方面的发展欲求。这是自我生命欲求中最高层次的欲求。它既是人生最高境界的追求,也是人之为人的最本质方面的欲求。在中国古代哲人那里,这方面的欲求被尊为生命之欲中统摄其他所有原欲的最高的人生至道方面的心性追求。

在我的理解看来,道德审美欲求作为自我生命欲求的最高最本质的形式,它本身又可分为道德和审美这样两个层次:一是道德欲求,通常也可称为道德理想,这是一个人在德性方面的追求。关于道德之于自我人生之必要性,朱熹曾这样认为:"道者,人之所共由;德者,己之所独得。"(《朱熹语类》卷六)可见,道德是人所必有,人所必由的。对道德追求的这种必要性,早在先秦时的孟子就把它视为"人之所以异于禽兽者几希"(《孟子·离娄下》)的"几

①马斯洛.动机与人格[M].北京:中国人民大学出版社,2013:23.

当一个年轻的生命对功名利禄的欲求，与"传道、授业、解惑"的职业融为一体时，他的脸上一定洋溢着自信而愉悦的神情。由此，诸如这山望着那山高、职业倦怠之类的心态便从来无法侵扰到他。

希"存在。因此，由"道"而"德"使自己内心拥有仁、义、礼、智之类的德性，在先哲们看来是每一个自我人生价值实现的充分必要条件。二是自我人生中的审美欲求，也可称为人生的审美理想。这同样是自我人生所必须有的心性追求。在中国古代哲人那里，无论是赏心悦目的春花秋月、雄浑壮阔的大漠戈壁、清香淡雅的空谷幽兰，以及"采采流水，蓬蓬远春；窈窕深谷，时见美人；碧桃满树，风日水滨；柳荫路曲，流莺比邻"（司空图：《二十四诗品·纤秾》）的自然风光，还是那山水清音不假丝竹而寄情大自然的超然豁达，那因对天地之大美的仰慕而走入天人合一境界的空灵畅神，以及因对道义的遵循和敬畏而无私无畏的壮美情怀，为国为民义无反顾地杀身成仁、舍生取义的绝美牺牲等等，都是生命之美的绝好体验。

我们也许可以说，自我生命之原欲就犹如生命之性所固有的河流，它奔流不息，回旋激荡，才构成了每一个自我瑰丽多姿、奋发有为的美丽人生。没有对生命原欲的这一理性认知，就不会有对自我生命的洞察。倘若失缺了这种理性的认知和洞察，任何自我人生价值的追求都会因没有了认知的前提而没有了可能性。

正是从这个意义上，我们认为对生命原欲的理性洞察，构成自我人生价值实现的认知和逻辑前提。在我看来，这是理论转化德性，在个体认知层面上首先要完成的。

2. 在张扬与节制的辩证统一中实现欲望

[来自学生的问题]

曾经听过哲学系一位老师的选修课，他引用叔本华的观点说：欲望张扬了，会放荡不羁，进而会倍感无聊；欲望被节制了会有"求不得"之苦。于是，人生注定在无聊和痛苦之间如钟摆那样无休止地机械摆动。老师您觉得叔本华说得有道理吗？

[我的学理回应]

叔本华的欲望论虽然不乏一些机智的箴言，比如他说"人所犯的最大错误在于拿健康来换取身外之物""当我们衰老时最大的安慰莫过于曾经把青春的所有力量都用在了永不衰老的事上"，但从总体而论我不是很认同其学说的基本立场。你信中提及的叔本华断言欲望注定有"求不得"带来的痛苦和"不过如此"的无聊感，显然是被他放大了。

我们知道，马克思在谈及外部环境对人欲望的制约作用时，一方面承认这是人的欲求在实现过程中必然的障碍，另一方面又认为这恰是主体的人表现和确证他的本质力量所必不可少的重要对象。这亦即是说，以社会环境和社会规范形式表现出来的对人的原欲的阻碍因素，同时作为一种积极的力量必然激发自我人生的创造力。正是在这种阻碍、限制甚至对抗中，自我原欲迸发出一种超越自身进入永恒与无限的生命之创造冲动。自我的境遇也就在这期间不断跃迁到一个又一个新的境界。

事实上，自我生命的原欲与社会存在的冲突与悖论将永远存在。这就犹如古希腊神话中的西西弗斯注定处在将石头不断往上推的欲望和石头不断滚下来的生存现实的永恒冲突中一样。但是，在这个冲突与悖论中，自我生命的原欲不会轻易地在回旋激荡的痛苦中麻木甚至绝望，它必然要高扬自己的理想去超越现实。这种精神从古到今从来是人类科学、艺术、哲学乃至整个社会文明进步的原动力。而人类社会的历史也就在其中被创造了。这就正如恩格斯之所言："人们通过每一个人追求他自己的、自觉期望的目的而创造自己的历史。"①

但是，在对生命之欲的张扬问题上，中西人生哲学有着不同的文化传统。被黑格尔称为"乐观、活泼、轻快、开朗、自由自在犹如中天歌唱的小鸟"的古希腊人②，他们把人生看作行乐的过程，他们心目中的天国，便是阳光普照下永远不散的盛宴。所以，荷马史诗中称最幸福的人是能"享受美好青春，到达暮年大门"的人。③的确，考古发现古罗马人的华服豪饮、居住场所的金碧辉煌甚至让现代人也为之赞叹不已。也许正是这种张扬欲望的人生观也影响了古希腊罗马哲人，甚至使得以德谟克利特、亚里士多德为代表的理性主义哲学家对待生命之欲的态度也变得矛盾起来：一方面他们主张要对自我生命之欲采取理性的节制，在一些哲人那里甚至有禁欲主义的色彩；但另一方面，他们又对欲望的放逐和张扬给予了一定程度的认可。比如德谟克利特就说道："一生没有宴饮，就像一条长路没有旅店一样。""省吃俭用而忍饥挨饿，当然是一件

①马克思恩格斯选集（第4卷）[M]. 北京：人民出版社，1972：243-244.
②黑格尔. 历史哲学 [M]. 北京：商务印书馆，1956：286.
③丹纳. 艺术哲学 [M]. 北京：人民出版社，1983：262-263.

好事，但在适当的时候，挥金如土也同样是好事情。"①亚里士多德也认为节欲是为了欢乐，而不是自找苦吃。所以在他看来："贪欲一种欢乐，在任何欢乐面前都不止步的人，就成为纵欲无度；反之，像乡下人一样避开任何一种欢乐的人，则变成麻木不仁。"②

你问题中提及的叔本华的观点事实上是承袭了这一西方传统的。如果你对他的生平有所了解的话，就知道他在饮食、男女和功名之欲方面恰恰是带有极度张扬色彩的。当然，与别的西方哲人不同的是，他又在冷静和理性状态下批评过度张扬欲望的做法。

中国古代的哲人们当然也基本承认生命之欲的天然合理性。除佛家主张禁欲之外，儒道两家都程度不同地认可生命之欲的正当性。但儒道两家对生命之欲的张扬却是持限制和批判态度的。为此，道家讲："见素抱朴，少私寡欲。"（《道德经》第十九章）"不欲以静，天下将自正。"（《道德经》第三十七章）也就是说，道家虽并不禁止饮食男女一类的基本的欲求，故而在老子设计的小国寡民的理想社会中人们所过的生活是"甘其食，美其服，安其居"（《道德经》第八十章），但道家是反对欲望之张扬的，老子就认为"祸莫大于不知足"（《道德经》第四十六章），所以他主张"知足""寡欲"。儒家也认可生命之欲，孔子甚至有"富而可求也，虽执鞭之士，吾亦为之"（《论语·述而》）的语录。孔子对于某些生活欲求也相当讲究，比如他主张"食不厌精，脍不厌细"（《论语·乡党》），即可

①北京大学哲学系外国哲学史教研室.古希腊罗马哲学[M].北京：商务印书馆，1961：115-118.
②北京大学哲学系外国哲学史教研室.古希腊罗马哲学[M].北京：商务印书馆，1961：324-325.

算作一个明证。但儒家同样反对张扬生命之欲，更多地倡导"不动心""养心莫善于寡欲"（《孟子·尽心下》）。到了宋明理学时期，对生命之欲的压抑之严苛则几乎到了禁欲主义的程度。最典型的例子便是下面这段记载："问：或有孤霜贫穷无托者，可再嫁否？曰：只是后世怕寒饿死，故有是说。然饿死事极小，失节事极大。"（《河南程氏遗书》卷二十二）在理学家程颐看来，寡妇再嫁违背从一而终的天理，纯是出于求生欲和青年男女的情欲，因而他主张寡妇宁可饿死也不能改嫁。可见，宋明理学对人之生命原欲的压抑是非常不近情理的。我们首肯自我生命原欲张扬的正当性，就必须彻底批判这种带有浓厚禁欲主义色彩的传统观念。当然，在生命之欲的张扬问题上，我们也反对纵欲主义的态度，熟知古罗马历史的人都知道，古代罗马人生哲学传统中的纵欲主义追求，曾直接导致不可一世的古罗马帝国的衰亡。

由此可见，我们在原欲的认知问题上既反对以严酷禁欲的态度对待生命之欲，也反对把原欲作纵欲主义张扬的做法，而是在禁欲与纵欲之间寻找一条中庸之道。这可以说是我们在原欲问题上的一个重要认知结论。

在我理解看来，这个禁欲与纵欲之间的中庸之道是节制。如果说，"知可欲而欲"指的是张扬生命之原欲的话，那么"知不可欲而不欲"则是指的对生命原欲的节制。因而，张扬与节制构成自我对待生命之欲的两个认知前提。

也就是说，在生命之欲的问题上，我们必须在认识上确立如下两个基本的理念：一是人生而有欲，没有什么力量可摈弃或戕灭

当一个人选择了教师这一职业来安身立命，那么，求知、思考、传道便是其人生最大的欲望，这一欲望的实现自然就会被视为人生最重要的快乐之源。经商、从政、写小说、做个电视主持人等方面的欲望虽也会时有勃发，但很快就会被理性地断、舍、离。

它；二是人的欲望从本性上讲又永不知足，这就如成语"欲壑难填"所形容的那样。这也就是说，自我生存和发展的本性决定了任何一个自我总是不断地在社会生活中生成和拓展自己的生命之欲，而这一本性又必然导致每一个持有相同欲望的人们之间的冲突，从而破坏社会秩序，最终导致社会的不稳定。于是，社会历史便永恒地存在着这样的矛盾：一方面生命之欲是历史主体——每一个自我生存和发展的基点，它总是寻求自我满足；但另一方面，历史活动中每一个自我个体生命之欲强烈的不可遏制的冲动与社会的和谐安定之间又存在着深刻的矛盾和冲突。这个矛盾的化解和冲突的合理解决就构成人类理性的一个永恒课题。

在经历了许多的迷失和痛苦之后，在整体的人类社会和诸多个体甚至为之付出了极为惨痛的代价之后，人类的理性终于意识到节制生命之欲的充分必要性。而且，我们发现，这一必要性源于生命之欲本身。也就是说，从生命原欲角度来分析，制欲恰恰是必要的。概括地说，这种必要性主要体现在如下两个方面。

一方面，是生命之欲的无穷性与自我人生的有限性的矛盾决定了制欲、节欲的必要性。人之欲望是不断产生的，这是生命之欲的基本特性。关于这一点马克思就曾这样分析过："已经得到满足的第一个需要本身、满足需要的活动和已经获得的为满足需要的工具又引起新的需要。"[1]可见，在马克思看来，新的需要与欲求总是不断产生的。对于生命之欲的无穷性和节欲的必然性，中国古代哲人荀子也曾作过精辟的分析。在荀子看来，"欲多而物寡，寡则必争矣"（《荀子·富国》）。因而他认为节欲是势在必行的："人生而有欲，欲而不得则不能无求，求而无度量分界，则不能无争，争则乱,乱则穷。先王恶其乱也,故制礼义以分之,以养人之欲,给人之求,使欲必不穷乎物,物必不屈乎欲,两者相持而长。"(《荀子·礼论》)于是,荀子的结论是必须以礼节欲。

另一方面,从逻辑上分析自我生命原欲之所以要节制,更重要的原因在于自我个体生存时空的有限性。这种有限性无疑从更本质的意义上限定了生命之欲追求必须是有节制的。这就如马克思所说:"作为自然的有形体的感性的对象性的存在物,人和动植物一样是受动的、受制约的和受限制的存在物。也就是说,他的情欲的对象是作为不依赖于他的对象而在他之外存在着。"[1]这也就是说,自我个体生命面对强大的自然界必然显示其受动性和被制约性,再强大的自我生命个体都无法超越时空之大限,都无法和永恒的外部自然界相抗衡。也因此,我们可以理解为什么朱光潜先生在论述古希腊悲剧精神时要这样写道:"生来孱弱而无知的人类注定要永远进行战斗。他们头上随时有不可抗拒的力量在威胁着他们的生存,像悬岩巨石,随时可以倒塌下来把他压为齑粉。他既没有力量抗拒这种状态,也没有智慧理解它。"[2]也许这正是古希腊一些哲人对生命之欲望甚至持严苛的节制这一理性主义态度的重要认知根源。

因此,面对亘古未绝的生命欲望和社会规范之间的冲突,其根本的出路只能是节制欲望。这是一个自我生命之欲与社会存在的双向调节过程,一方面本着对生命之欲认可和节制的态度,以牺牲一定的欲求来维护社会秩序的稳定和谐;另一方面,又给予生命之欲以一定张扬和满足来保证自我生命的价值张力和自我人生理想的建构和实现。

[1]马克思.1844年经济学哲学手稿[M].北京:人民出版社,1979:120.
[2]朱光潜.悲剧心理学[M].北京:人民文学出版社,1983:102.

可见，正是通过这个禁欲与纵欲之间的中庸之道，使自我欲望在张扬与节制的辩证统一中得以真正地实现。而且，我想说的是，也因为有了这一张扬和节制的相辅相成，一方面让作为生命个体的我们因张扬欲望而超越了欲望"求不得"有可能带来的痛苦，另一方面又因节制欲望而超越了放纵欲望之后"不过如此"的无聊感。

我想这就是欲望实现问题上马克思主义辩证法的基本立场。

3. 纵欲主义的理性批判

[来自学生的问题]

在欲望问题上，如果说中华传统文化形成了比较明显的理性主义传统，那么五四新文化运动显然否定了这个传统。再加上改革开放以后西方以叔本华、尼采、弗洛伊德等为代表的非理性主义哲学涌进中国。我感觉当下中国处在纵欲主义横行的时代。老师您认同吗？

[我的学理回应]

要判断当今中国是不是存在纵欲主义的问题，我们得先从学理上梳理一下什么是纵欲主义。

我们如果对已有的文明史作点考察，就可以发现，对人类生命的原欲充满着善的颂歌，也存在许多恶的诅咒。对原欲的颂扬者认为，正是自我生命原欲构成推动人类文明和社会进步的原动力，而对原欲进行谴责和批判的人则认为永不休止的生命之欲是世界上的万恶之源，一切恶行几乎都和纵欲相关。相应的，在哲学理念的层面上，对待自我生命的原欲便形成对立的两派：纵欲主义和禁欲主义的人生哲学。

从理论上归纳，纵欲主义显然属于原欲问题上的自然主义流派。从历史上看，纵欲的主张除了源于把原欲视为自我人生乃至整个社会进步的原动力外，似乎更倾向于认为纵欲是人生快乐之源。在古希腊与理性主义哲学主流同时存在的就有主张纵欲的非理性主义主张。比如最早的一批带有纵欲倾向的快乐主义哲人就认为，对欲望的压制是痛苦的，而欲望的实现则总能带给人快乐，对这种快乐的追求恰恰是人生的根本目的。因此，在这些快乐主义者看来，追求感性欲望的快乐是支配人的行为的普遍法则。

特别值得指出的是，在以理性主义的节欲传统为道统的中国古代，作为一种非道统之学，纵欲主义的主张也时有凸现。在中国古代思想史的发展中，早在先秦时便有纵欲的理论和实践。比如在《荀子·非十二子》中就有这样的记载："纵情性，安恣睢，禽兽行……是它嚣、魏牟也。"只是这个奉行纵欲人生观的它嚣、魏牟其人其事已不见史籍记载。魏晋时代，在"任其自为"的人生理想指导下，纵欲说开始不仅在理论上较系统地阐述，而且在实践中被极多的人所奉行。在《列子·杨朱》[1]中就有这样的记载："人之生也，奚乐哉？为美厚尔，为声色尔！""养生……恣耳之所欲听，恣目之所欲视，恣鼻之所欲向，恣口之所欲言，恣体之所欲安，恣意之所欲行。"在《列子·杨朱》的作者看来，世人之所以不敢为所

<hr>

[1]《列子》有"杨朱"等八篇留传后世。从其反映的思想观念而言，完全是西晋门阀士族阶级的处世态度，故不可能是先秦杨朱的作品。现存《列子》一书学界认为应当是晋人伪托。

欲为，而要一味地节欲、寡欲或无欲，此皆为名声性命所累："生民之不得休息，为四事故：一为寿，二为名，三为位，四为货。有此四者，畏鬼畏刑，此之谓遁人也。可杀可活，制命在外，不逆命，何羡寿？不矜贵，何羡名？不要势，何羡位？不贪富，何羡货？此之谓顺民也。"①可以说，这已是一种极端的纵欲主义观点。也许正因为这个原因，主张此纵欲说的人为免遭世人非难，故才伪托战国时代的杨朱所作。这正表明了纵欲说的倡导者和信奉者在理论和实践上的一种胆怯。

在生命之原欲问题上，纵欲主义的错误不在于首肯、张扬个人的欲望，而在于把这种对生命之欲的首肯和张扬置于不合理的地位。从理论上分析这种不合理性，至少表现在如下两方面。

其一，纵欲主义把对生命原欲的追逐理解为一个毫无节制的过程，主张无节制地放纵自我，这也许正是纵欲主义之"纵"的一个基本特征。事实上，在生命之原欲与社会规范的冲突中，理性总是要求对社会的道德法律等规范给予谨奉和遵循，这正是节欲之所以必然的社会本体论方面的根据。因而，人生中从来不存在一个人的自我欲望可以为所欲为的情形。

其二，纵欲主义事实上追求的是一种虚假抽象的人生可能性。正如我们凭常识和经验就可以知道的那样，生命之欲的勃发就其本性而言是永无休止的，而自我人生的精力和时间却是有限的。因此，倘若我们把对生命欲望的放纵作为人生的根本目的来追求，那么，我们的人生往往会是徒劳无益的。这也许就是为什么在历史和现实中的纵欲主义者，其人生往往笼罩在消沉悲观之中的一个根本缘由。

①任继愈主编．中国哲学史 [M].2 册．北京：人民出版社，1963：277.

正如你在问题中提及的那样，在现代西方的人生哲学中，从叔本华的生命意志说，尼采的酒神赞歌，到弗洛伊德的泛性欲主义，萨特的神圣的自由之欲理论，人之感性欲望，甚至生之本能之欲被奉为另一个"上帝"被大加崇拜。而且，随着改革开放之后的西学东渐，这些学说在当今中国也产生着不容忽视的影响。然而，这些带有明显纵欲主义色彩的人生哲学理论，由于片面张扬了人之感性的欲望，因而从根本上讲都是错误的。正是因此，我们才可以发现，在叔本华的生命哲学中最后的主题是悲观与禁欲，尼采的不遵循规范的酒神冲动与日神崇拜始终无法停止争斗，弗洛伊德"本我"与"超我"的剧烈对峙本身更说明了性原欲是无法放纵的。萨特在其《七十岁自画像》中坦承在自由之欲的追求过程中每一个自我个体必须对自由选择的后果负责，这一"责任"意识的确立同样说明了人从来没有随心所欲的自由。

可见，在自我生命原欲问题上的纵欲主义追求不仅是不合理的，而且从根本上说就是不可能的。那些把自我生命放逐于这种纵欲主义的追求之中的人，无疑必须尽快地从这种认知上的迷误中走出来。否则，这种不真不善的追求只会导致自我人生的困顿和失足。而这正是对自我人生价值实现的最大否定。

在梳理了纵欲主义的学理内涵及其不合理性后，我们也许可以得出结论说，选择了市场经济的当下的中国在财富欲望方面的确有纵欲主义的倾向性，但断言整个社会处于纵欲主义之中，应该有片面和夸大之嫌。

事实上，无论在学界还是在普罗大众，的确有一些人担忧纵欲主义带来的严峻社会问题。我在一些场合甚至很吃惊地听到某些主张彻底回到朱子理学或王阳明心学传统的主张。我个人觉得这无疑是很不合时宜的。

在生命之原欲问题上，纵欲主义的错误不在于首肯、张扬个人的欲望，而在于把这种对生命之欲的首肯和张扬置于不合理的地位。这种不合理性在某些特定的语境下会直接导致对社会的公序良俗乃至道德法律的破坏和践踏，害人害己。

正如许多论者已指出的那样，中国传统的人生哲学带有浓厚的禁欲主义色彩。但可以肯定的是，在先秦哲人们那里无论是讲节欲、制欲，还是寡欲，都并无禁欲主义的苛求。只是到了宋明理学时期，才开始形成了中国传统人生哲学的禁欲主义传统。如果说纵欲主义在原欲问题上犯了自然主义错误的话，那么，我觉得禁欲主义在原欲问题上的失足之处则在于过于夸大了理性对生命之欲的规范和制约作用。

宋明理学家片面发展了孔孟的节欲、寡欲思想，把天理与人欲截然对立起来。比如理学的创始人周敦颐就认为孟子讲寡欲还不够，还必须进而寡之又寡，以至于无。朱熹则更是时刻不忘"存天理灭人欲"的教条，在他看来，"学者须是革尽人欲，复尽天理，方始是学"（《朱子语类》卷十三）。由于宋明理学家把人欲与天理对立起来，所以在他们眼中看来，自我人生的自然生命无不充塞着人欲：本出于天性的男女之爱被视为淫欲；对饮食之道稍加讲究则是贪口腹之欲；寡妇迫于生计再嫁他人，则被视为失节，如此等等。以宋明理学为代表的这种禁欲主义人生哲学传统，再加上自隋唐以来传入中国主张禁欲的佛教学说，以及对老庄"无欲""不欲"思想的误读①，儒、释（佛）、道三者糅和在一起，终于在中国文化中形成了带有浓厚禁欲主义色彩的人生哲学传统。

其实，西方人生哲学中也有悠久的禁欲主义传统。古希腊最早的哲学流派之一毕达哥拉斯学派就提出过对欲望的诸多禁忌。到了柏拉图、斯多葛学派的哲人那里则明确提出了禁欲主义的主张：在他们看来，只有禁绝一切感性的欲望，才能保持心灵的绝对沉静，才能发现真理，才能达到至善和幸福。一些人甚至主张禁绝生存之欲，提倡勇敢地自杀以摈弃多欲的肉体从而解放灵魂，使灵魂升入神的极乐世界。与这些思想有直接渊源关系的中世纪基督教人生哲学则把禁欲主义发展到了登峰造极的程度。正如我们在《十日谈》里读到的那样，生命的原欲在基督的戒律面前遭到了空前的箝制、禁锢与摧残。

禁欲主义在生命之原欲方面的失误，正如明清著名的启蒙思想家戴震所说的那样是"以理杀人"（《孟子字义疏证》）。也就是说，禁欲主义的倡导者们虽然正确地看到了理性对生命之欲制约的必要性，但却把理性的这种制约的作用作了不恰当的夸大。在我看来，这种不恰当的夸大主要表现在以下两个方面。

其一，禁欲主义不恰当地把自我生命之欲与理性法则的规范绝对对立起来。本来理性的规范、法则只是为了引导原欲而制定

---

① 老子一方面主张无欲说："常无欲，以观其妙。"（《道德经》一章）他认为统治者高明的治理之道是："不见可欲，使民心不乱。"（《道德经》三章）另一方面老子又肯定欲望，他曾充满诗意地写道："甘其食，美其服，安其居，乐其俗。"（《道德经》八十章）从《道德经》的文本来看，欲或不欲，其实有一个基本取舍原则，即"道法自然"（《道德经》二十五章）。可见，决不可望文生义地把老子的无欲理解成没有欲望

的,其目的在于使原欲能以更有序、更合乎人性的方式得以实现,但禁欲主义者却忘记了这一点,把理性与人欲的对立绝对化,荒谬地主张"存理灭欲"。比如朱熹就认为"天理存则人欲亡,人欲胜则天理灭"(《朱子语类》卷十三)。这种人生哲学主张在思维方式上是形而上学的,在人的生活实践层面则是压抑和戕灭人性的。

其二,禁欲主义的不恰当性也在于它先验地认定所有的生命之欲都是恶的。其实,正如马克思指出的那样:"说人是肉体的、有自然力的、有生命的、现实的、感性的、对象性的存在物,这就等于说,人有现实的、感性的对象作为自己本质的即自己生命表现的对象。"①感性的欲望就是马克思这里说的人与对象性存在的中介物。因此,自我生命的原欲仅仅是一种人本学意义上的自然存在,既不能作善的认可,也不能作恶的设定,原欲就是原欲,它无所谓善恶。善恶的评价只是发生于对人们以何种方式去实现这一生命之欲的评价时才是有可能的。比如对于性爱这一生命中最基本的原欲,我们无从断言它的善恶,只有当一个具体的自我在人生活动中追求这一原欲的实现时,才会有或以优雅崇高的人性方式或以粗鄙丑陋的兽性方式之区别。只有这时才会有善与恶的分野。但是禁欲主义者却无视这一基本事实,把生命之欲先验地认定为恶。生命之欲既然是恶的,既然注定是要有累德性的,那么在禁欲主义者看来,合乎逻辑的结论就是:禁绝一切欲望。

由此可见,禁欲主义的失误恰恰在于把理性作了非理性的理解。关于这一点德国哲学人类学家兰德曼曾作过理论上的分析。在他看来,作为自主理性的最早发现者希腊哲人把人理解为理性和

①马克思.1844年经济学哲学手稿[M].北京:人民出版社,2014:103.

思想的生物，主张人的一切不应受制于感性欲望，而应该受制于理性的戒律。这自然无可非议。但问题在于在诸如斯多葛学派的哲人那里，理性却被一种非理性的方式在崇拜着。而禁绝一切外在的欲求之类的观念正是由此而生的。①

也许正是从这个意义上，我们说禁欲主义在生命之欲的问题上与纵欲主义一样同属非理性主义的阵营。这种人生哲学主张不仅在理论上是荒谬的，而且在自我对人生的追求实践上则是极其有害的。因此，人类的理性与智慧必须在认知上廓清这种非理性主义的迷障。

当然，结合你信中提到的问题，我认为当下的中国基本不存在禁欲主义的问题，相反倒是要警惕纵欲主义带来的危害性。因为宋明以来形成的禁欲主义不仅被五四新文化运动所批判，1978年开始的思想解放运动也对其予以了彻底的否定。再加上市场经济的本性也与禁欲主义格格不入，故今天信奉禁欲主义人生哲学的人应该为数不多。令人担忧的倒是因过度张扬欲望而引发的问题日益凸显。改革开放以来，我们强调发展经济，充分关注人的物质欲望满足。这无疑是必须的，事实也证明它给社会带来了效率与活力。但是在这个过程中，许多人在自我人生的快乐追求方面热衷于追逐功名、权势、财富带来的快感，津津乐道于饮食男女之类的感官享受，出现了颇为令人担忧的享乐主义思潮。这种享乐主义的人生哲学在一些极端的情况下甚至直接导致损伤身体、祸害性命的后果发生。

①兰德曼．哲学人类学[M]．贵阳：贵州人民出版社，1988.：115-125.

正是基于这样的现实语境，我们认为在人的物欲被过分张扬的当今时代，在世人还特别沉湎于享乐主义的今天，你来信中体现出来的忧患意识，以及我们讨论欲望的理性节制之类的问题无疑是非常有现实意义的。

4. 欲理之辩中的中华优秀传统文化

[来自学生的问题]

习近平总书记说："中华民族在几千年历史中创造和延续的中华优秀传统文化，是中华民族的根和魂。"①具体到老师您上堂课论及欲理之辩这个问题上，您认为我中华传统文化有什么值得继承和创新的优秀内容？之所以提这个问题，是因为我看到了太多对传统欲理观的批判乃至全盘否定的观点。

[我的学理回应]

我查了文献资料，习近平总书记是在 2014 年 12 月 20 日出席庆祝澳门回归祖国 15 周年大会暨澳门特别行政区第四届政府就职典礼上的讲话中提出这一著名论断的。作为政治理论课教师，我们当然要学习和落实好总书记的这一指示精神。我想特别指出的是，以马克思主义为指导，对中华优秀传统文化进行继承和创新，恰恰是新时代马克思主义中国化的一个重要实现路径，是21 世纪马克思主义发展的一个重要生长点。

中华优秀传统文化内容博大精深，具体到欲理之辩问题上，我认为儒家源远流长的欲理合一思想就属于优秀传统文化的重要内容。这一思想最初的阐述者是孔子。孔子说过："七十而从心所欲，不

①习近平主席出席澳门回归 15 周年纪念大会并发表重要讲话 [N]. 人民日报，2014-12-21.

逾矩。"(《论语·为政》)他在这里其实提出了对生命原欲的张扬（从心所欲）和理性节制（不逾矩）相统一的原则。可见，在儒家的立场看来，如果说"知可欲而欲"指的是张扬生命之原欲的话，那么"知不可欲而不欲"则是指的对生命原欲的节制。

如果要对儒家这一欲理合一之道做一个展开论述，我觉得如下几点尤其彰显出其合理性与现代性。

其一是主欲。亦即是说在自我人生活动的过程中，始终让自我人格中的理性和意志力来主宰原欲。孔子说的"从心所欲，不逾矩"（《论语·为政》）讲的就是主导欲望。儒家坚信人具备这一理性能力。也是因此，孔子有著名的"三戒说"："君子有三戒：少之时，血气未定，戒之在色；及其壮也，血气方刚，戒之在斗；及其老也，血气既衰，戒之在得。"（《论语·季氏》）古希腊哲人也有类似的观点，一些哲人称这个过程为"做欲望的主人"。我们知道，由于理性的迷失或意志力的薄弱，在自我人生活动中经常会出现如成语"身不由己"或"不由自主"所描绘的情形。在这种情形下，人往往会被自己的原欲，尤其是原始本能的如利己、好色、贪财之欲望牵着鼻子走，结果做下许多后悔莫及的蠢事。可见，欲理合一的要求在这里首先就意味着每一个自我必须以自己的理性和意志力为保障，做欲望的主人，而决不是让自我身心沦为欲望尤其是本能之欲望的奴隶。

其二是寡欲。这是说在自我人生活动中对不断勃发的生命之欲应有一个规范整理的过程，在确立一些最基本、最重要的欲望作为生命的理想去孜孜追求以外，对其余的欲望应持一种淡泊或漠视的态度。这里主张的寡欲当然不是一味消极地减损欲望，而是在确立生命中最基本、最重要对自我人生的存在和发展最有意义的那些欲望之后，对其他次要的欲望作一理性的舍弃。孟子在

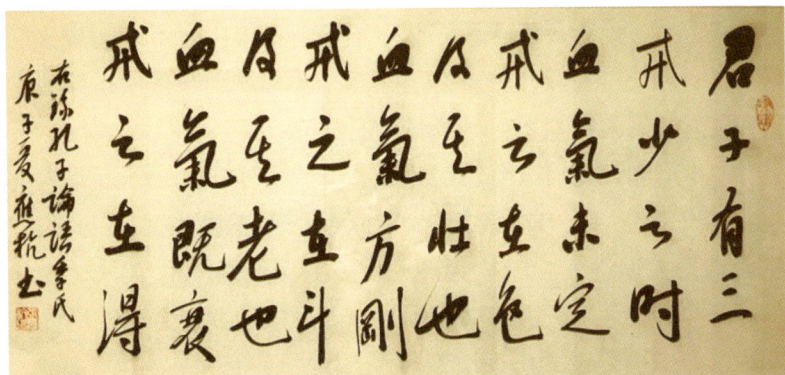

君子有三戒：少之时，血气未定，戒之在色；及其壮也，血气方刚，戒之在斗；及其老也，血气既衰，戒之在得。右录孔子论语季氏 庚子夏 雅靓书

孔子这个著名的"三戒说"曾经被许多人误读为是对人性、对欲望的无情打压。其实，以孔子为代表的儒家文化并不持禁欲主义立场。它只是看到了放纵欲望对人生的危害性，故殷切地希望我们做欲望的主人，而不要沦为欲望的奴隶。

讲"养心莫善于寡欲"的道理时，对"寡欲"的具体要求曾作过如下的解释："无为其所不为，无欲其所不欲，如此而已矣。"(《孟子·尽心上》)也正是因为这样的道理，他告诫世人，对待欲望有一个"从其大体"(即心性)而不可"从其小体"(即耳目之欲)的过程。可见，寡欲决不是禁欲，而是基于不同欲望之于自我人生有不同的意义而做出的一种理性从而也是明智的抉择。更何况自我生命是如此短促，这正如古人在《诗经》中喟叹的那样："苕之华，其叶青青。知我如此，不如无生。"(《诗经·小雅·苕之华》)由此，一方面是人的生命的有限性，另一方面欲望的发生又具有无限性。倘若以有限的生命精力去追逐无限的欲望冲动，那么，我们的人生就注定会是一场悲剧。可见，即便从这一点上讲，寡欲作为欲理合一的重要实现形式之一恰恰是人类理性最明智的抉择。

其三是导欲。这是指在自我人生的活动过程中，自我凭借理性的认知，对生命之欲进行引导、规范和改造的过程。事实上，中国古代的哲人们在承认欲望之合理性的同时，几乎毫不例外地主张对欲望必须进行德性方面的引导。孔子称："克己复礼为仁。"(《论语·颜渊》)按朱熹的解释："'己'谓身之私欲也。"(《四书章句集注·论语集注》卷六)可见，"克己"就是抑制自己的私欲，引导这一私欲符合礼的社会规范，从而形成仁义礼智之类的道德理性。而且，在儒家看来，只要对欲望进行引导，通过长期的自觉与自律最终就能达到自由的境界，这是一个从自发到自觉再到自由的过程。孔子说的"七十而从心所欲，不逾矩"(《论语·为政》)彰显的正是这样的自由境界。这也即是说，对自我生命欲望的引导与规范恰恰是自我人生获得自由的前提条件。与孔子的思路不同，荀子则从人天生有纵欲之恶的本性来阐述导欲的必要性。在他看来，人"生而有耳目之欲,有好声色焉,顺是故淫乱生而礼义文理亡焉。"(《荀子·性恶》)由此,他的结论是:"以道制欲,则乐而不乱;以欲忘道,则惑而不乐。"(《荀子·乐论》)为此,在荀子看来,以一定的礼义规范引导人之欲望才能使人"乐而不乱"。应该说,古代先哲们对生命欲望引导之合理性的这些论述,对于我们形成正确的生命原欲观具有极大的启迪意义。

其四是不使可欲。这是指自我在对待那些经过学习之前尚未成为我们生命欲望的欲望,采取一种自我节制和回避的理性态度。生命之欲是丰富多样的,其中有一部分欲望是需要经过学与习才能成为自我生命之欲的。对待这种需学习方能成为生命之欲的欲望,除非这些欲望是自我人生价值实现所必须的,否则,我们都应该对它持不使可欲的节制态度。这一方面,是因为人生精力有限,对待欲望不可能四面出击、八方追逐;另一方面,更因为"不使可欲"有时本身就是对声色犬马等诱惑的一种理性节制。

值得一提的是,"不使可欲"作为对待欲望的一种智慧,在我国古代史籍里颇多记载,这里摘录一例:南朝时宋朝的开国皇帝是刘裕。当时尚书殷仲文因朝廷上的音乐还不够完备,就奏请刘裕花力气整顿一下。刘裕对他说现在没功夫管这事,况且他自己生性就不懂音乐。殷仲文说:"皇上只要爱好,就会去弄懂音乐的。"刘裕答道:"正因为懂了才会爱好,所以我才不去学它。"可见,刘裕不学音乐为的是不当诗人皇帝(李后主)、梨园皇帝(唐玄宗)、书画家皇帝(宋徽宗)甚或打渔皇帝(明武宗)和木匠皇帝(明神宗)之类的皇帝。不懂之前不需要自制力就能够把握自己,那又何必等学会了、爱好了甚至入迷之后,再用毅力控制自己,遏制欲望呢?这就是不使可欲的理性与智慧。

可见，作为自我原欲问题上的重要认知理念，"欲不可尽可求节也"（《荀子·礼论》）的思想具有普遍的适用性。而节制欲望的努力在经过主欲、寡欲、导欲、不使可欲等诸环节的规范与改造之后，无疑就从可能性变为现实性。人类所特有的理性、智慧及由此衍生的意志力则是贯穿其始终的最重要的自我认知品性。这或许可以说是我们在欲理之辩问题上的一个最重要的认知结论。

重要的还在于，我们对欲理之辩问题上的儒家传统进行合理汲取和开掘，不仅要关注其欲理合一的基本立场，而且还要关注其对实现这一立场的具体路径探讨方面的合理性思想。这些思想体现在儒家伦理的诸多范畴方面。相比于西方伦理文化而言，如下一些被儒家传统伦理所推崇的范畴显然体现着中国智慧。

其一是勤俭。这自古以来就是中华民族的传统美德，"勤"是指对所从事的事业的尽心竭力，孜孜以求的态度和行为；"俭"则是指在自我人生活动中对财富的珍惜和爱护。在中国古代哲人那里，勤俭向来被视为一个人修身齐家治国平天下的最重要德性之一。比如我国早就有"克勤于邦，克俭于家"（《尚书·大禹谟》）的记载。

在儒家看来，作为对生命之欲的一种德性规范，勤俭德性的培养造就是重要的。我们几乎可以断言，自我人生活动中对生命之欲的所有追求都与勤与俭相关：

一方面，就生命之欲的实现与"勤"的相关性而言，自我人生的欲求都是通过辛勤的劳作而得以实现的。也因此，在中国古代历来将勤与劳并称，曾国藩就曾说过："勤不必有过人之精神，竭吾力而已矣。"（《曾文正公全集·家书》卷七）可见，勤是一切生命之欲，所有人生理想得以实现的德性基础。

另一方面，就生命之欲的实现与"俭"的关系而言，由于自我人性就其天性而言内在地有侈欲的特性，为此俭作为对侈欲的一种制约同样是必不可少的。也因此，古代哲人几乎毫无例外地要倡导崇俭的德性，以俭为善、以奢为恶。比如在《左传》中就有"俭，德之共也；侈，恶之大也"（《左传·庄公二十四年》）的语录。孔子也极为倡导俭之美德："礼，与其奢也，宁俭。"（《论语·八佾》）

当然，对于生命原欲的实现而言，如果说"勤"是人生财富的开源，那"俭"就是人生财富的节流。也因此，在勤俭的德性生成中，我们更注重于勤劳品性的造就。也就是说，"勤"可以说是自我人生活动中的一个更具普遍意义的德性。当然，针对不同的阶层不同职业的自我个体而言，"勤"的具体德性要求又有所不同。比如，对于生产劳动者而言，"勤"的要求是辛勤劳作，关于这一点古人早有"民生在勤，勤则不匮"（《左传·宣公十二年》）的说法，也是鉴于"勤"的这一重要性，在我国历代劳动人民当中自古就有吃苦耐劳的优秀品德；对于治国理政的各级为政者而言，"勤"的要求是勤政尽职，诸葛亮在《后出师表》中留下的"鞠躬尽力，死而后已"这一千古名言可谓勤政尽职最生动感人的写照；而对于诸多在学之人而言，"勤"则又意味着勤奋刻苦，努力学好本领，既报效父母的养育之恩，又在为国为民作贡献的过程中实现自我的生命价值，如此等等。

可见，在欲理之辩中，勤俭的德性在自我生命之欲的实现过程中具有最重要的意义。这一重要性正如韩愈所言"业精于勤，荒于嬉"（《韩昌黎集》卷一）。正是从这个意义上我们可以说，这一德性作为原欲的最重要的德性规范之一是自我之所以长进、人生之所以成功的根本保证。

其二是戒贪。自我生命原欲的冲动就其天性而言是贪多不止的。这不仅是成语"欲壑难填"的基本意思，也是俗语"人心不足蛇吞象"所告谕的含义之所在。由此，道德理性的规范必须对这些欲望进行合理的节制。戒贪的德性要求正是由此而被强调的。

在中国古代的哲人那里，贪欲从来就被视为万恶之源，是成功人生所必须特别加以警策的。比如，明代哲人洪应明就曾这样说过："人只一念贪私，便销刚为柔，塞智为昏，变恩为惨，染洁为污，坏了一生人品。"（《菜根谭》）也正是基于以上的认识，先哲们历来十分强调戒贪作为生命德性的重要性，一些哲人既以"不贪为宝"①自勉，也以此语警谕世人。而古代的廉士则更是以"不贪为宝"自律。比如，包拯就曾立下过如下一条极为严厉的家规："后世子孙仕官有犯赃滥者，不得放归本宗，亡殁之后，不得葬于大茔之中。"（《包拯集》卷十，《家训》）可见，廉洁不贪的德性要求自古以来就被高度看重，它也构成我们民族最重要的传统美德之一。

其实，作为对生命原欲的一种德性规范，戒贪也还是一种理性的智慧。《后汉书·卷五十四·杨震传》："当之郡，道经昌邑，故所举荆州茂才王密为昌邑令，谒见，至夜怀金十斤以遗震。震曰：'故人知君，君不知故人，何也？'密曰：'暮夜无知者。'震曰：'天知，神知，我知，子知。何谓无知！'密愧而出。"这个记载是说，杨震在赴任东莱太守途中，路经昌邑。当时的昌邑县令王密，是他任职荆州刺史时举荐而被提拔的官员。王密听说杨震路过本地，为报答当

---

① "不贪为宝"的说法出典于《左传》，其原文为："宋人或得玉，献诸子罕，子罕弗受。献玉者曰：'以示玉人，玉人以为宝也，故敢献之。'子罕曰：'我以不贪为宝，尔以玉为宝，若以与我，皆丧宝也，不若人有其宝。'"（《左传·襄公十五年》）可见，正因为子罕以"不贪为宝"，把戒贪这一德性视为自我人生最重要最珍贵的宝贵财富，所以他才能在利的诱惑面前保持了自己德行的尊贵。

年杨震的提携之恩，于是白天去谒见杨震后晚上又去了一趟，他准备了白银十斤想送给杨震。杨震对他说："我们是老朋友，我很了解你的为人，你却不了解我，你知道是为什么吗？"王密说："现在是深夜，没有人知道此事。"杨震说："天知、神知、我知、你知，怎么能说没有人知道呢？"王密听了，惭愧地离去。这就是"天知地知，你知我知"这句话的出处。

当然，后来的宋明理学家把"天知"演绎为神秘的"天理"，一味地以"天理"打压人欲，甚至把人最基本的欲求都恨不得去掉，这就是禁欲主义的偏颇了。

写到这里我想特别指出的是，继承和创新传统文化的优秀成分有一个重要的任务就是要剔除其中的糟粕。比如就欲理之辩而论，以禁欲来箝制贪欲，这无疑是以一种片面性反对另一种片面性。在这一点上，宋明理学在欲望问题上有着明显的糟粕。事实上，在生命欲望的追逐中，不禁与不贪应该是自我原欲实现过程中的真正智慧之道。

其三是知耻。在自我人生的活动过程中，知耻是指自我生命个体基于一定的是非、善恶、荣辱观的基础之上而产生的一种对耻辱之行为自觉不为的道德情感和德行。作为对自我生命原欲冲动的一种德性规范，知耻能使自我行为主体在欲望的冲动面前自觉地予以节制。可见，知耻的德性要求，对于自我生命之欲的追求也是一个重要的不可或缺的德目。

也是从这个意义上，我们可以理解为什么我国古代的哲人非常强调知耻之教。孔子要求人们"行己有耻"（《论语·子路》）；孟子认为"耻之于人大矣""人不可以无耻"（《孟子·尽心上》）；管子则将耻与礼、义、廉诸德并称为"国之四维"："守国之度，在饰四维……四维不张，国乃灭亡。"（《管子·牧民》）清代思想家顾炎武对管子的这一四维说更是推崇备至，他认为四维之中，知耻最为重要，因为在他看来，"人之不廉而至于悖礼犯义，其原皆生于无耻"（《日知录》卷十三）。在我看来，在生命原欲的追求过程中，知耻的重要性在于它乃是自我生命个体为善去恶、积极向上的内在动力。对生命之欲可能导致的恶行，知耻之心使我们有所警惕、有所自律，从而有所不为。可见，知耻可以使社会道德和法的外在约束通过自觉的认知而变成内在的自我规范。而且，重要的还在于，这种由内心的羞耻、知耻、自耻而形成的自律、自制，在生命之欲的追求中对自我的引导和约束的效果是外在的规范和钳制所无法比拟的，这种效果就如朱熹所言："人有耻则能有所不为。"（《朱子语类》卷十三）事实上，经过宋明理学家的整理和提炼，古代伦理在为人处世的德性规范方面，提出了"八端"①说，即孝、悌、忠、信、礼、义、廉、耻。"知耻"由此成为其中一个重要的行为规范。

就欲理之辩而论，知耻对于原欲追求的德性规范意义还体现在它能在自我行为主体那里激起不甘落后、奋发向上、见贤思齐的上进心，从而成为自我成功、自强不息的推动力。关于知耻的这方面作用，孟子曾有如下的圣贤教诲："不耻不若人，何若人有？"（《孟子·尽心上》）这句语录的意思是说，不以赶不上他人为羞耻，又怎能赶上他人呢？可见，在孟子看来，一个人倘若能以赶不上他人为

①有学者甚至考证民间骂人的俗语"王八蛋"实乃"忘八端"的误传。因为把王八（鳖）的蛋作为贬义词并不好理解，但是说一个人"忘八端"了，那就是缺德的同义词。因"王八蛋"与"忘八端"两者声音相仿，于是便出现了以讹传讹的现象。（参见：权佳果.中国伦理——中国人生之道[M].西安：陕西人民出版社，1995：219.）

耻为愧，便能奋起直追，赶超他人。或许这也就是俗语"若能知耻，即是上进""人必能知耻，而后能向上"之类格言的教谕意蕴之所在。可见，知耻不仅有规范自我原欲不为恶的制约作用，而且也还有鼓励自我原欲奋发向善的鞭策作用。

正是由此我们说，知耻对于生命之欲而言是一道极其重要的道德堤防。一旦这个堤防塌决了，各种恶行丑行必将在自我人生中肆意泛滥，人生就会因此而跌入无所不为、无恶不作的魔道之中。也许正是对知耻之德性意义的这一认识，古人才有"五刑不如一耻""人之患莫在乎无耻"之类的格言警句留传于后世。

值得特别强调的还在于，知耻对于生命之欲而言又是一条引导自我人生向善的正道，它促使每一个自我生命个体因羞恶憎丑而对美与善产生仰慕之心，从而自觉地接受教化从事修身养性的道德克治功夫。这是自我人生从内心深处由"耻于不善"走向"至于善"的进步过程。自我生命之原欲也正是在这个过程中拥有其美与善之内涵的。

不知不觉写多了，在打住之前，请允许我引一段法国哲学家伏尔泰的话与你分享："中国的儒教是令人敬佩的。它毫无迷信，毫无荒诞不经的传说，更没有那种蔑视理性和自然的教条。"①在我们上文讨论欲理问题时，相信你可以感受到伏尔泰的论断确实非常精当。

如果总结一下的话，我想重申这些年在欲望问题上一直秉持的立场：就当今中国而论，一方面是因为对市场经济条件下"经济人"身份的过度认同，另一方面是由于受西方伦理文化中过度张扬欲望这一非理性立场的消极影响，我们面对的现状显然不是禁

①伏尔泰.哲学辞典（上册）[M].北京：商务印书馆，1991：331.

欲主义的问题，恰恰相反，我们要解决的是财富、权力、饮食男女之欲被过度追逐的严峻问题。

也就是说，在人的物欲被过分张扬的现时代，在世人还特别推崇物质之欲、饮食男女之欲的今天，以理制欲的古代伦理文化传统无疑特别地凸现其清明的指引意义。它不仅是一种社会治理要倡导的治理之道，而且更应该成为我们公民人格品性中最重要的修行内容之一。事实上，欲望的过分张扬甚至放纵从来是社会动乱的一个诱因。我们自然不是要回归到所有正当的物质欲望都不能够满足的那个年代，事实上我们也回不去。但是，我们显然因为过分批判传统而走向另一个极端了。我们现在是回归传统，重拾欲理之辩问题上以理制欲原则的时候了。这也就是我们今天以儒家为代表来讨论欲理之辩中的中华优秀传统文化的学理价值和实践意义之所在。

在欲理问题上，当下的我们
显然因为过分批判传统而走
向另一个极端。我们现在是
回归传统，重拾欲理之辩中
以理制欲之道的时候了。这
也就是我们今天以马克思主
义为指导，注重对儒家为代
表的中华优秀传统文化继
承、开掘和创新的实践意义
之所在。

二、关于人性的对话

1. 狼性不是人性的题中应有之义

[来自学生的问题]

我姐是某上市公司的人力资源主管。她总是向我灌输她们公司的狼性文化，还推荐我读那本畅销书《狼道》。可我觉得人既然从动物界进化为人类了，就不应该再去强调狼性之类的动物性。可是我又辩不过她。老师能够在学理上帮帮我吗？

[我的学理回应]

我觉得你的问题从学理上讲涉及的是兽性（狼性）和人性的关系问题。你说的《狼道》一书是 2006 年出版的书，的确挺畅销的。如果我没有记错的话它有一个副标题叫"社会生活中的强者法则"。坦率地说，我不是太认同书中时时刻刻体现出来的丛林法则。正如你说的那样，人自从进化为人类后，它就不再以兽性安身立命，人类社会也就不再依据丛林法则行事。

　　为了更好地把你提及的问题讨论得更完整，我觉得有必要从"人性是什么"这个多少有些抽象的话题说起。倘若认真检点一下哲学史，我们便可以发现，面对着人性的问题，思想家们留给我们的是一个又一个的困惑：古希腊哲人，比如巴门尼德、德谟克利特认为人性只不过是诸如土地那样的自然性，其产生方式和禽兽之性一样是自然的。中世纪的宗教哲学家则干脆断言，人是上帝创造的，不存在人性，人性也就是上帝的神性。文艺复兴运动高举人权的大旗，反对中世纪的神权，使人类的理性和认知对人性问题又开始了普遍的关注。但这一时期的人性论研究深受机械论的影响。比如在拉美特里那里，人性竟被变成了机械性，"人只不过是一架较为精细的机器"[①]竟成为那个时代的哲理名言。德国哲学家费尔巴哈的观点似乎达到了最高成就，他把人性归纳为"理性、爱和意志"，并把文艺复兴时期流行的一个口号进行了改造，提出了"人性一半是天使，一半是野兽"的观点。[②]

　　在中国古代哲学家那里，人性问题曾被正确地区分为天性和德性。在思想家们看来，就人的天性而言人性中存在着兽性（动物性），但人性中更重要的或者说唯一的东西却是德性。正是因此，孟子认为"人之所以异于禽兽者几希"（《孟子·离娄下》），但人之为人恰恰在于这"几希"的德性之中。换句话说，仁义礼智这些道德规范是人之为人的最本质证明。孟子也是因此断定人先天性善，没有了性善人就与禽兽为伍了。但荀子则称"人性为恶"，认为"人之性恶，其善者伪也"（《荀子·性恶》）。但他也是从天性上讲的。故他认为真正的人性也是礼义法度之类的存在。然而，对于为什么人性

①拉美特里．人是机器 [M]．北京：商务印书馆，1959：3.
②冯契．哲学大辞典 [M]．上海：上海辞书出版社，1992：1023.

必须是德性方面的规定，以及这个德性的规定从何而来、它是否是人性中的唯一内容等问题，中国古代的人生哲学理论却从来是语焉不详的。后来在宋明理学那里干脆把这一德性的东西看成是神秘"天理"浇灌于人心之中的。

我们从中西哲人对人性问题的这些探讨中可以发现，这些探讨和给出的答案非但没解决问题，反而更使我们如堕云雾之中，难识庐山真面目。于是，在很长一段时期里，我们的理论界则采取了一种类似中世纪的荒唐做法，公开宣称：不存在人性，只存在阶级性。于是乎，对人性的研究统统被斥之为"资产阶级人性论"。

其实，人性是一个无法否认的存在，因而人性问题在理性认知上的探究的缺乏，恰恰会导致实践中人性的迷误甚至沉沦，从而使我们的人生与成功无缘。在我的理解看来，就马克思历史唯物主义的基本立场而论，人之为人而区别于其他动物的最基本特征，在于人所具有的社会性。因此，我的结论是社会性而不是如狼性那样的自然性构成人性。

在马克思看来，人性中的自然性也不再是纯粹的自然性。这表现为人在改造外部自然的同时改造了自身的自然。人类祖先在进化过程中逐渐获得了区别于其他动物的体质形态、大脑结构等积极方面的特征，同时又凭借这种特有的肉体组织不断适应劳动。正是因此，人和动物虽都有满足肉体生存的原欲冲动，但人的原欲冲动是积极的，随着生产力提高而呈现出一个不断超越的过程。在劳动中产生的新的欲求——享受欲求和发展欲求，则完全是专属于人的需要。于是，吃、喝不只是充饥而成为美食，两性不只是交配而成为爱情，如此等等。比消极的享受更高级的是发展欲求，那就是表现自己的生命力，发展自己的潜能，实现自我。而且，在人的这一自然属性的生成过程中，即便是肉体的生存需要，也已不是纯粹本能式的需要，它是作为人的需要结构中的一个层次或一个部分而产生和存在的。

人通过活动使外部自然的性质越来越人化。同时也使自身自然的本性越来越人化。这种人化突出地表现为两个方面：一是人为了生存而必须在社会协作中进行的劳动作为一种不可逆转的推动力，支配着人类进化的方向，驱使人的体质形态、大脑组织等不断适应社会生活的需要；二是社会化的活动使人的需要的对象和内容以及满足需要的方式得以不断丰富和完善。因此，我们决不能把人的自然属性同动物的自然本能相提并论，人的自然属性是对自身动物本能改造的结果。这就如马克思指出的那样，"吃、喝、生殖等等，固然也是真正的人的机能。但是，如果加以抽象，使这些机能脱离人的其他活动领域并成为最后的和唯一的终极目的，那它们就是动物的机能"①。

可见，人是自然存在物，但人更是社会存在物，因而人性更表现为一种社会性。也因此，我们强调作为人性中的自然属性其本身不能单独构成人类的内在本质。人在必需的、作为其生存和发展必要的社会交往活动中获得社会属性。这一社会属性是人性中的内在本质规定。于是，即使最简单的为了维持生计的劳动也是以个人之间的社会交往为前提的。人通过交往活动，为自己创造了一个日益复杂化的社会关系系统，从而也铸造了自己的社会属性。正是这一人的社会属性的形成，直接铸造了人类的内在本质。

①马克思.1844年经济学哲学手稿[M].北京：人民出版社，2014：51.

这就如恩格斯指出的那样："人来源于动物界这一事实已经决定人永远不能完全摆脱兽性，所以问题永远只能在于摆脱得多些或少些，在于兽性或人性的程度上的差异。"①当人类祖先还没开始摆脱动物状态时，正如我们在自然界那里所看到的那样，生物的自然必然性对他们的制约表现为一种"自然本能冲动"，一切行为不由自主地被它所驱使。所谓的丛林法则下的生存就是指这种情形。但是，人不依据自然的丛林法则行事。人的食欲、性欲、自我保护欲等只是保持在自然本能的水平上，便只是纯粹的兽性。如果没有对这种自然本能冲动的自我意识和自我控制，也就不会有专属于人的自然本性，更不会有社会属性的产生。也就是说，人之为人，决不会甘心于被生物的自然性所制约，让自然本能主宰自己的命运，而在于能在自己的行动中自觉地意识到社会关系的存在，从而以理性和意志来意识并控制自己的行动。

于是，我们紧接着需要探讨的问题是，人的这种自我意识和自我控制的能力来自何处？马克思主义认为这种自我意识和自我控制的能力起源于另一种本能，即"社会本能"。恩格斯认为："在我看来，社会本能是从猿进化到人的最重要的杠杆之一。"②最初的人是群居的，他们以自然形成的部落共同体的社会形式向大自然开战，以谋取自身的生存。社会本能就是以这种群体力量来弥补个体自身能力不足的一种本能。它是对起初还处于孤立状态下个体自然本能冲动加以限制和抑制的结果。社会本能开始也许只是为适应联合起来的需要而产生的，带有自发性质。后来，它在长期劳动的共同交往和合作中得到巩固和强化，日益积淀在个体心理结构之中，从而超越动物而专属人类所拥有。

①马克思恩格斯全集（第3卷）[M]．北京：人民出版社，1974：104．
②马克思恩格斯全集（第34卷）[M]．北京：人民出版社，1972：164．

人注定是社会存在物，究其根本就在于人的生存和发展活动本身是合作的互助活动，因而是社会的活动。人通过这种必需的、集体的活动而获得自主性，不仅学会驾驭自然必然性，而且学会支配社会必然性，从而超越自然存在而达到社会存在。因此，人的社会性首先是活动的合作性、互助性，它是通过社会交往活动这个中介，在社会本能的基础上铸造而成的。正是因此，我们可以说人性的社会性集中体现了人类的内在本质。

特别值得指出的还在于，人在认识活动中获得的思维属性可以帮助人类清晰地意识到，如动物一般的自然性（如狼性）如果失去社会性的制约与规范其后果将是异常严重的。正是由此我们说，在人同自然界、同社会存在的关系上，人之所以与动物不同，恰恰因为在这两种关系中是人的类意识和自我意识在思维中起自觉的支配和主导作用。

人性中的思维属性，集中表现为实践和认识的关系。在这里，主体对客体的认识包含着双重反映关系：一是对外部世界的反映，一是对自身存在的反映。对自我个体的活动而言，人性中的思维属性主要表现为对"自我"及自我与由许许多多的"他者"构成的社会关系进行自觉地反思，从中为自己的行为确立规范。动物没有"自我"意识，故它不存在对自己活动负责的问题。而人则自觉地携带着一面意识和思维的"镜子"，无时无刻都看到自己的活动，从而按社会必然性和社会发展的需要对自己的活动进行自我调节、自我约束和自我支配。

可见，人类有了思维和自我意识，也就有了认识活动。通过这个认识活动，人类形成了自己的思维属性。人的认识活动包括着由低向高前进的三个阶段：感性、知性和理性。相应地在自我意识的确立中，就表现为自发、自觉和自由，呈现出一个由"他律"到"自律"的渐进过程。这其中理性是最重要的，只有人才以概念、判断、推理为基本因子进行辩证的理性思维。因此，真正的思维是和理性思维联系在一起的。理性的抽象才使人能够超越感性的范围而不断创造出新的观念、新的思想、新的理想目标，从而从个别中发现一般，从有限中发现无限，从短暂中发现永恒。正是因此我们说，通过认识活动而获得的理性思维也是人的本质属性。人性中如果没有思维属性，人甚至无法感知和把握自身的社会存在，因而也就不会产生维护这种社会存在的自我规范意识，更不会从中建构自我人生的真善美理想目标。

今天，当人性、人道等问题重新成为我们自我人生实践中的一个重要课题而被探讨时，我们一些人却自觉或不自觉地拾起西方近代文艺复兴以来的诸如"人性一半是天使，一半是野兽"之类的牙慧，推崇狼性，这无疑是理论上的倒退。事实上，人性的最本质属性永远是人的社会性，而人的包括狼性在内的自然属性则是在人的社会属性中被规范、限制和引导的。因此，人性中从来不存在纯粹意义上的自然属性。

写到这里，我想引用马克思的如下一段文字来做个学理总结："个体是社会存在物。因此，他的生命表现，即使不采取共同的、同他人一起完成的生命表现这种直接形式，也是社会生活的表现和确证。"[1]也因此，试图否定人作为社会存在物的基本事实，试图以个体的所谓个性的生命表现为借口否定其社会性，尤其是试图从人的自然属性中引申或证明自我人生中诸如自私、利己、冲动、好

①马克思.1844年经济学哲学手稿[M].北京：人民出版社，2014：80.

无论是纪念侵略战争的巴黎凯旋门，还是供人观赏异常残忍人兽大战的罗马角斗场，甚至是大名鼎鼎的罗浮宫，无一不折射出西方利己主义的狼性文化。据当地的陪同者介绍，罗浮宫里最著名的藏品维纳斯雕像，当年出土的时候原本被一位希腊商人买下，结果一艘军舰上的法国人硬生生地将其抢走了，在抢夺中雕像的双臂竟被野蛮地折断。

色等本能的合理性,听凭狼性之类的丛林法则等行为来安身立命,那恰恰是在否认人性。这种人性论的观点在理论上是荒谬的,在自我人生实践上则是非常有害的。因此,这种观点是在自我人生追求中必须坚决予以摈弃的。

2. 人的本质是其社会关系的存在

[来自学生的问题]

我在某教授讲解《道德经》的视频课程中听到过这样的一个观点:老子的名言是"人法地,地法天,天法道,道法自然"。这就意味着人的本然存在应该与天地万物那样自然无为。但是,五四运动以后西学东渐,我们引进了诸如社会主义的学说,它强调的是人的社会性以及社会责任的承担。这无疑是对人之自然本质的否定。某教授的最终结论是:现代人应该遵循"道法自然"的原则,回归自然本质。老师您如何评价这个观点?

[我的学理回应]

我认为这个观点是错误的。当然,说人来源于天地自然,这个观点无疑是不错的。事实上,马克思、恩格斯曾经予以高度评价的进化论也证明了这一点。但问题在于,人在自己漫长的进化历程中已经从江河湖海、蓝天白云的天地自然中摆脱出来了。这个摆脱出来的标志之一就如恩格斯说的那样生成了人类特有的"社会本能"。由此,人的本质性存在就与天地自然中的绿水青山、飞禽走兽不一样了。马克思恩格斯把这个人的本质性存在科学地界定为人的社会关系的存在。

① 马克思恩格斯全集(第 34 卷)[M]. 北京:人民出版社,1972:164.

马克思恩格斯在同标榜"真正的社会主义者"进行论战时，曾提出了考察人的本质问题的基本的原则。在马克思.恩格斯看来，要考察人是怎样的，人的本质和普遍特性是什么，就不能"从其耳垂或某种不同于动物的另一特征中引申出来"，而要"从其现实的历史活动和存在来加以考察"[①]。也就是说，对人的本质和由此规定的人性问题的科学概括，不能仅仅列举某些属性，也不能把所有的属性都罗列在内，而应从诸种属性中抽出那最本质的方面，它规定、影响和制约着其他属性。只有抓往它，才能对其他属性进行科学的说明。马克思正是遵循这一原则，并在批判地吸取了前人研究成果的基础上，在《关于费尔巴哈的提纲》中提出了其极负盛名的论断："人的本质并不是单个人所固有的抽象物。在其现实性上，它是一切社会关系的总和。"[②]这是对人的本质的经典性论述，是马克思对人性问题探讨上的一大理论贡献。

我想强调的是，必须要充分理解这个论断提出的理论和实践意义，因为它表明在人类认识史上第一次形成了马克思主义哲学关于人的本质和由此规定的人性问题的科学认识，从而根本超越了一切旧的人性论。而且，我认为，马克思主义哲学对人的本质定义为"社会关系的总和"，这一理论结论对自我人性认识具有重要的方法论意义。要正确地把握马克思主义这一关于人的本质理论对自我人性认知的方法论意义，必须在理论上充分注意以下几个方面的问题。

其一，一定要从社会关系的存在中来把握人的本质。这就是说，在人的本质问题上就不能仅从生物学的角度抽象出人的本

①马克思恩格斯全集（第3卷）[M]. 北京：人民出版社，1958.：606-607.
②马克思恩格斯选集（第1卷）[M]. 北京：人民出版社，1974：18.

质,也不能仅把人的个别特性进行罗列。比如"人是直立行走,手脚分工的高级动物""人是有着复杂而精细大脑的动物""人是能思维的理性动物""人是能运用符号的动物""人是会使用工具的动物"等等,这当然也是人的本质属性之一,也能把人与动物区分开来,但是却不能说明人的产生与发展,也不能说明人性的无限多样性与复杂性。因此,这些都不是人的本质的科学概括。

与此相应地,也不能撇开社会历史进程,孤立地把人当作一个抽象物来理解人的本质。正如马克思指出:"人并不是抽象的栖息在世界以外的东西。人就是人的世界,就是国家,社会。"[①]个人是社会存在物,人是社会历史过程的主体,人创造了社会历史,社会历史也造就了人,人的本质特点离不开他所处社会的诸多特征。正是因此我们认为,试图以纯粹的"个人设计""个人奋斗"来实现自我人性无疑是不真实的。

其二,要全面、完整地理解作为人之本质的社会关系的总和。所谓"社会关系的总和"是各种社会关系的有机统一,而不是诸种社会关系的机械相加。社会关系是多种多样的,大体可分为物质的社会关系和思想的社会关系。所谓物质的社会关系一般是指生产关系或经济关系,它是在人们谋取物质生活资料的生产中形成的。它包括生产资料的占有关系,生产者的地位关系,劳动产品的归属关系或者生产、分配、交换、消费等诸关系。思想的社会关系可分为政治、法律、道德、宗教等意识形态方面的关系。这两类关系既有各自内部的从属或并列关系,又有彼此间的错综复杂的联系。其中生产关系是最基本的决定其他一切关系的社会关系,生产关系规定人的本质并最终决定社会的面貌。

①马克思恩格斯选集(第1卷)[M].北京:人民出版社,1974:1.

但有必要指出的是，从生产关系性质来规定人，还只是说明了个人本质的一个最基本方面。由生产关系决定的其他社会关系并非是消极被动的，它们也从多方面规定着人。所有这一切规定，最后都会以"总和"的形式在某个人身上表现出来。各种社会关系交叉渗透，决定了处于社会关系总和之中的个人本质和本性必然是具有多方面、多层次规定性的丰富整体。由此，人生也是以一个多维的丰富的自我存在为形式的。

这里特别值得一提的是，作为德性之知，我们一定要明白经济关系固然生成了我们"经济人"的本质，但却不可唯一化。事实上，与他者、与家国、与天下的伦理关系生成了我们"道德人"的本质；与社会的政治活动及其必然结成的政治关系生成了我们"政治人"的本质，还有"文化人""审美人"等等。否则，我们就会沦为马尔库塞批评的"单向度的人"①。

其三，列宁曾将"在其现实性上"这个短语解释为"一定的具体历史条件下"②的意思。这亦即是说，个人没有固定不变的本质，他总是随着一定的具体历史条件下社会关系的改变而改变的。人和人之间关系的排列组合并非只有一种形式，个人也并非只有一种他所希望的人生。如果简单地认为，任何一种社会关系的总和所决定的本质是个人所只能有的本质，那就抹杀了人类的主体能动性。因为一方面，这势必否定改变落后的社会关系、创造和完善新的社会关系的可能性和必然性，势必使人陷入安然忍受一切不合理社会现实的宿命论。另一方面，使人陷于人生的无为主义泥潭。事

①马尔库塞. 单向度的人：发达工业社会意识形态研究 [M].上海：上海译文出版社，2018：2.
②列宁选集（第 2 卷）[M]. 北京：人民出版社，1972：582.

实上，每个人的本质都表现为因每一个个体以自己的努力而不断改变和完善社会关系的进程。为此，马克思甚至认为"整个历史也无非是人类本性的不断改变而已"①。因此，宿命论、无为主义人生观与人类内在的、能动的创造本性是根本不相容的。古往今来，宿命论恰恰是人生实践过程中怀疑、消极、无为、悲观等人生态度的总根源。

随便说一句，当下有一种不好的学风，那就是任意地曲解或篡改经典文本。比如你来信中提及的《道德经》中"道法自然"的思想其实并非让人如自然万物那样无所作为，事实上，一棵树、一片云、一座山固然是无为的，但这只是自然界的自然。人的自然恰恰是有为的，是在各种社会关系中积极行动和变革中，在承担各种社会责任的过程中，在对宿命论、无为主义人生观的斗争中成就自我人生价值的。

也正是从这个意义上，我们说人的本质是社会关系的总和，这就意味着社会关系规定人的本质，而人又可以改变社会关系。这是一个双向作用的过程。这也即是说，人既是社会关系的产物，同时又在不断地创造和完善社会关系。人的本质是由人自己创造的。人的本质是自然历史发展和人的自觉的、有目的的活动的统一。人性也正是由此而生成和完善的。

可见，从马克思主义关于人的本质的如上思想阐述中，我们可以得出如下一个最基本的结论：人的生存和发展离不开一定的社会关系。人的爪牙之利不及虎豹，四肢之健不及麋鹿，耳目之敏不及鹰兔，潜水挖洞不及鱼鼠。也就是说，从个体意义而言人是最难以独立生存的生物，脱离了社会的人，不仅不能在动物界称雄，而

①马克思恩格斯全集（第4卷）[M]. 北京：人民出版社，1958：174.

且连躲避灾害的本领也十分低下; 脱离社会的人不是被豺狼虎豹吞噬, 就会被自然灾害所淘汰。故马克思认为: "人是最名副其实的社会动物, 不仅是一种合群的动物, 而且是只有在社会中才能独立的动物。"①社会关系不仅决定人的生存, 而且决定人的发展, 一个人同他人结成的社会关系越广泛, 越紧密, 越先进, 他的发展也越快; 反之, 其发展就必然受到限制。

写到这里, 我大致地把前面阐述的道理总结如下: 尽管人来自于自然界, 因此人也有自然本性的存在, 但就人类的本质存在而言, 现实的社会关系决定人的本质, 人性、人的本质只能在一定的社会关系中才能形成。一个人所处的社会环境造就了这个人的人性和本质, 俗语说"近朱者赤, 近墨者黑", 正是这个道理通俗而生动的表述。也是因此, 在人的自我人生活动过程中, 马克思主义特别强调"环境的改变和人的活动的相一致"②。

这才是马克思主义视阈下人的本质的真正揭示。

3. "自私的基因" 并不能得出自私人性的结论

[来自学生的问题]

想必老师一定听说过《自私的基因》这本书。我觉得这本书强有力地从生物学的研究立场证明了自私人性这一普遍性的结论。老师你认同我的观点吗?

[我的学理回应]

在西方文化的演进与传承中, 主张进化论的生物学家一般把

①马克思. 政治经济学批判序言 (单行本) [M]. 北京: 人民出版社, 1972: 7.
②马克思恩格斯全集 (第1卷) [M]. 北京: 人民出版社, 1958: 174.

人类作为某一动物物种的延续。在他们看来，作为动物的人在自身的进化过程中和其他物种一样，不可避免地遵循着"适者生存"的竞争规律。尤其是达尔文以后的生物学家、人类学家对这方面的问题作了更精细、更具体的研究。其中影响最为卓著的人物之一是你信中提及的《自私的基因》的作者、当代英国社会生物学家道金斯。他明确地认为生命的进化无不受着"适者生存"规律的支配。

如果做点追溯，生物学家们对自然选择的单位是什么的问题一直争议纷纭。达尔文曾主张是个体的差别性存在。20 世纪 40 年代出现的综合进化论则认为，自然选择的单位是群体。还有人根据大量物种灭绝的事实，断言自然选择的单位是物种。作为社会生物学家的道金斯则主张自然选择的单位是"自私的基因"。在他看来，生存竞争实际上是"自私的基因"的竞争。他认为，植物、动物、人类不过是"自私的基因"的生存机器。这种生存机器原初非常简单，随着时间的推移变得越来越复杂，而人便是这种生存机器的最高形态。DNA 就是居于人体的自私基因。所有的生存机器（包括人类）的行为都受"自私的基因"的指挥和操纵。

道金斯曾在《自私的基因》一书中表述他的如下观点："这种基因一代一代地从一个个体转移到另一个个体，用它自己的方式和为自己的目的，操纵着一个又一个的个体。"[1]在道金斯看来，基因的这种"为自己的目的"是永恒不变的，而且是冷酷无情的。这样，凡是从生存竞争中生存下来并能获得发展的基因，总是"自私的基因"。他特别指出的是，这在人的基因 DNA 中表现得最为明显。由此，他提出了人性受"自私的基因"支配的基本命题。

①道金斯．自私的基因 [M]．长春：吉林人民出版社，1998：11．

道金斯的这种理论不仅对进化论、生物学、动物学产生了重大的影响，而且也对人类学如何认识人自身的本性发生了不可忽视的影响。一些学者认为，如果从这样一个理论出发去观察人的行为，可以毫无悬念地认定人人皆受"自私的基因"所支配。受这种控制的人的行为在价值取舍上总是倾向于个体自身的生存和发展。一旦缺乏这一条件，人的生命个体就会消失。当然，道金斯也承认人是有意识的，人能生成理性并借助于意志去谋求自身的生存需要与他人和社会的某种协调性。但是，只要把人的行为作生物学的透视，就会发现：人的行为其生理的、本能的机制无不受基因支配。这种支配因人而异和人格相关，可能很间接，也可能很微弱，但毕竟永远存在着。从这一点上讲，他的一个最终结论是：基因是自私的，因而人性也是自私的。这一结论在科学主义①占据主流话语权的当代西方似乎被认为是确信无疑的。

然而，道金斯借助生物学所得出的结论并不意味着人性的问题已昭然若揭了。在我看来，"自私"在不同的意义上使用时，其含义是不同的，为此人们对其真假善恶美丑的评价当然也不尽一致。我们至少可以做如下几点分析。

其一，从人的自然本能需求上理解"自私"，那么自私在这里的含义通常指凡人都有的求生欲望，都有趋利避害的天性与本能

①科学主义（scientism）是指主张以自然科学为整个哲学的基础，并确信它能解决一切问题的哲学观点。科学主义盛行于当今西方学界，它把自然科学奉为哲学的标准，自觉或不自觉地把自然科学的方法论和研究成果简单地推论到社会生活中来。如果说文艺复兴以来人文主义（humanism）是西方文化主流的话，那么，到了19世纪随着科学技术越来越彰显其力量，科学主义便逐渐占据主流。事实上，当今社会由于科学主义的泛滥，以所谓的科学结论的普适性（或统一性）而对人的个性关怀、人性尊严的维护以及对"他者"的道德宽容、自我价值的多元实现等均构成了巨大的威胁。

等等。这是一种真实而自然的存在。如果在这个意义上谴责自私心，那的确正如爱尔维修所抱怨的一样："对人的自私心引起的后果发脾气，这意味着抱怨春天的狂风、夏日的炎烈、秋天的阴雨和冬天的严寒。"[①]因为"自私""自利"在这里只是一种自然的客观的存在。

其二，从人的生存需要上理解"自私"，那么这种自私通常又可理解为，自我不仅要从自然界、从社会获得衣、食、住、行的生活资料，而且在此前提下还有精神消费的自我需要。这种所谓的"自私"也无可非议，因为这是一种人类普遍具有的生存与发展需要。

其三，从道德伦理等社会关系中理解自私，那么，自私则是一种伦理态度和原则，亦可称之为"利己主义"或"唯我主义"。这种自私的追求有两个最基本的特征：一是以我为中心，谋取和扩展个人私利，漠视或逃避对他人和社会所应履行的责任和义务；二是以自我为目的，把别人作为手段。这就犹如18世纪法国哲学家霍尔巴哈所声称的那样："爱别人，就是爱那些使我们自己幸福的手段。"[②]可见，我们只是对这种人生伦理原则意义上的自私（利己）进行哲学和伦理学的评价。

可见，如果不区分自私的不同含义，便统而言之对自私做出真或假、善或恶、美或丑的评价，只会把问题变得更复杂，因而使问题的解决无所适从。比如，我们批判人性自私，可这却是从自然本能和生存需要上批判，那么这种批判是注定没有说服力的，因为包括批判者本人在内的人都有"自私"的本能和"自私"的生存需

①马晓宇.西方哲学家人生箴言录[M].香港：海风出版社，1987：57.
②北京大学哲学系外国哲学史教研室.十八世纪法国哲学[M].北京：商务印书馆，1979：650.

要。我们显然不能从这个意义上批判所谓的"自私"，否则，这种批判不是沦为虚伪的说教，就是陷于逻辑上得不出的窘境。我觉得历史和现实中的人们在"人性是否自私"的问题中之所以表现出那么多的困惑和迷惘，之所以有那么多截然不同的结论，很重要的一个原因就是对自私概念理解上的含糊所致。

事实上，所谓人性自私的理论，其"自私"只是指那种在道德伦理等社会关系中一种利己主义或唯我主义人生抉择。在我们的现实生活中，那些信奉"人性自私"的人也是从这个意义上理解自私的。我们的学理分析和批判也是基于在这样一个含义上进行的。

如果作点哲学史的考察，那么我们可以发现，"人性自私"作为一个完整的理论是18世纪资产阶级哲学家提出来的一个关于人性的最基本命题。其真实的含义是指人性中存在一种普遍的、共同的、永恒的东西，这就是自爱。这种自爱源于先天的自然本性，但却是后天的一种道德准则。近代法国哲学家爱尔维修的观点最具代表性："自然从我们幼年起就铭刻在我们心里的唯一情感，是对我们自己的爱。这种以肉体的感受性为基础的爱，是人人共同的。不管人们的教育多么不同，这种情感在他们身上永远一样：在任何时代、任何国家，人们过去、现在和未来都是爱自己甚于别人的。"[1]而且，爱尔维修还把这种自私的品性视为一种真实的道德要求，认为离开了自私与自爱就没有道德可言："如果爱美德没利益可得，那就决没有美德。"[2]在爱尔维修之后的叔本华、尼采、萨

[1]北京大学哲学系外国哲学史教研室.十八世纪法国哲学[M].北京：商务印书馆，1979：497.
[2]北京大学哲学系外国哲学史教研室.十八世纪法国哲学[M].北京：商务印书馆，1979：512.

特等形形色色的西方人本主义哲学家那里，几乎毫无例外地在自己的哲学中昭示着这样一种"人性自私"的观点。尤其是存在主义哲学家萨特更是以他的一系列诸如"他人即地狱"①的命题为人性自私作了详尽的阐述和论证。

这就是"人性自私论"的真实含义。在我国作为对十年动乱时期摧残人性的一种反动，许多人也开始信奉"人性自私"的观点，并进行了"主观为自己，客观为他人"之类的论证。特别值得重视的是，这似乎已成为一种越来越有信奉者的伦理情感和价值标准。与此相关联，个人主义、唯我主义和利己主义等的追求也因此被奉为"人性复归"的一种时尚和象征被付诸许多人的人生实践。

可是在把握了人性自私论的真实含义之后，我们却发现"人的本质是利己的"或者说"人性是自私的"这一断言是根本错误的。以马克思主义的历史唯物主义理论的基本观点来分析，这个认知上的错误至少表现在如下三个方面。

其一，人性作为人之为人的属性永远是其社会性。人性自私论却是从人的诸如"肉体感受性"（爱尔维修语）这种自然属性中证明人性自私的。实际上，就人的自然本能需求而言，人一要生存，二要发展，这种"自私"是理所当然的。然而，这些决非人之为人的属性，因为就是在动物那里也能找到这种类似的"自私"品性。也就是说，由于纯粹的自然属性不构成人性，所以，自然属性中那些以生理自然本能需求表现出来的"自私"特性，根本不能证明人性的自私，因为人性永远是指人的社会性。

其二，伦理道德上的自私利己的价值追求即便是在私有制的社会中，也只存在一部分人的人性中而已。在私有制的社会中

①萨特.问隔[M].南京：译文出版社，1990：56.

自私人性当然比较普遍，因为这是私有制的社会存在所决定的。比如马克思在《资本论》中所揭露的资本家那种以极端的贪婪和残酷表现出来的自私心："资本害怕没有利润或利润太少，就像自然界害怕真空一样。一旦有适当的利润，资本就胆大起来。如果有10%的利润，它就保证到处被使用；有20%的利润，它就活跃起来；有50%的利润，它就铤而走险；为了100%的利润，它就敢践踏一切人间法律；有300%的利润，它就敢犯任何罪行，甚至冒绞首的危险。"①可见，唯利是图是资本家的行为准则，而"人性自私论"正是为这种唯利是图所作的一种理论辩护。

但是，即使是在私有制社会我们也不能说，人性自私就是一个普遍必然的事实。我们至多只能说，对一些人而言，他们的人性是自私的，但并不能由此断言所有的人性都是自私的。马克思就曾认为，与自私的资本家对立的工人阶级从整体上讲却是一个大公无私的阶级。在历史上，即使是封建社会的私有制条件下，也有许多地主阶级中的优秀分子表现出来的如范仲淹那般的"先天下之忧而忧，后天下之乐而乐"（《岳阳楼记》）的高尚道德情操，这无疑更是对人性自私论者的最有力的驳斥。由此可见，人性自私论在历史与逻辑上都是缺乏根据的。

其三，人性永远是社会历史的产物。自私的人性产生于私有制社会，但决不是永恒不变的。诚如理论界一些人性自私论者所引证过的那样，恩格斯的确这样说过："自从阶级对立产生以来，正是人的恶劣的情欲——贪欲和权势欲成了历史发展的杠杆，关于这方面，例如封建制度和资产阶级的历史就是一个独一无二的持续不断的证明。"②但是，一旦人类社会摆脱了私有制和阶级对立，那

①马克思恩格斯全集（第23卷）．北京：人民出版社，1972．829（注释250）
②马克思恩格斯选集（第4卷）．北京：人民出版社，1972．233

么，这种自私人性自然也就不复存在了。

寓意深长的是，爱尔维修本人一生的追求恰恰就是对他所尊崇的"自私心"的反证。爱尔维修的哲学研究从一开始就受到专制政府和天主教会的迫害，书被焚毁，人身自由也被限制，但他依然执著于启蒙思想的宣传和研究，以大无畏的精神著述不止。就如狄德罗指出的那样，这显然不是什么自私心、贪图荣誉、财富和肉体的满足所能解释的，而是一种追求真理和正义的热忱才能使之然。

如果做点总结的话，我认为人性自私论试图揭示一个共同人性的存在：自私。但这种揭示却是虚假的。在我们每一个自我中，既有利己的自然倾向；但更有超越自私的利他主义道德情感。现实生活中的一些自我其人生之所以滋长越来越多的失落感、局外人感、无意义感和冷漠感，究其很重要的一个原因就是，他们在唯我主义、利己主义的自私情感中陷得太深了。在自私的情感里难以自拔的人，其人生一定充满着负面的情绪。

随便再说一下，我曾经看到一个报道说《自私的基因》一书的中文版发行量远远超过了英文版。我觉得在中国这个既有儒家"仁者爱人"（《孟子·离娄下》）之古老传统，又有着 1949 年后作为主流意识形态的马克思主义倡导的集体主义传统的国家，却出现了这一现象无疑是令人遗憾的。为此，希望我的这些学理回应的文字能够让你廓清认知上的迷雾，重新回到人性的真理性立场中来。

在去四川阆中古城的途中，突然看到高
速路牌上有张思德纪念馆的标识。我们
一行人毫不迟疑地驱车而入。参观过
后，我深深地意识到在中国这个既有儒
家"仁者爱人"之古老传统，又有着
1949年建国后作为主流意识形态的马克
思主义倡导的集体主义传统的国家，却
出现了诸如精致利己主义流行的现象，
这一现状无疑是令人遗憾的。

4. 合理利己主义并不合理

[来自学生的问题]

从生物学意义上可以说人都是自私利己的动物,因而人从本能上一定是自私的;但同时人性的确也有其社会性,故人的利己心在实现的过程中又必须是合理的。有鉴于此,我很认同那种认为在我们的社会提倡合理利己主义是唯一切实可行之原则的观点。我觉得这是一种既超越集体主义、自我牺牲的说教,又不至于因极端的利己主义而四处碰壁的新理性原则。老师以为然否?

[我的学理回应]

我首先想告诉你的是,你所谓的新理性原则并不新。合理利己主义的原则早在人类思想史上就已被提出来了。

众所周知,利己主义的伦理学说是建立在人类的所谓生存和发展的利己天性上的。这种理论认为,为了生存和发展,人就天性而论是利己的,这是人作为动物所有的一种自然本能的特性。在古希腊的亚里士多德那里,便已涉及人追求自身利益的"生物倾向性"。他认为人一方面是理性的政治动物,另一方面又是自然界的一种生命存在,故总有利己的欲望和冲动。[1]在亚里士多德之后的中世纪宗教神学则使人性走向了异化。中世纪的伦理学家们承认人有利己的天性,但认为它和上帝的神性相背离,因此是应遭诅咒的 "恶" 之品性。但这种对利己倾向的诅咒,并未真正消灭人的天性中真实存在的利己欲望的骚动。相反,即使宗教神职人员本身也正如意大利作家卜伽丘在其名作《十日谈》中所尖刻讽刺的那样,是一些道貌岸然的利己主义或纵欲主义者。

① 冯契主编. 哲学大辞典 [M]. 上海:上海辞书出版社, 1992: 285.

于是，文艺复兴运动对中世纪的以神性压抑人性的异化现象进行了彻底的批判。在人性问题上，一大批思想家们的观点惊人地一致，这就是承认人的利己天性的合理性。他们认为，利己心是人固有的权利，哲学应从这种现实的人性出发。这种思想经过启蒙思想家的论证和发展，到了18世纪法国唯物主义哲学家那里得到了全面的阐述，并第一次系统地提出了所谓合理利己主义的思想。主张合理利己主义的思想家们坚信，人就其本性来说是自私的，但人们又必须对这种自私利己之心有所克制，在追求个人幸福的时候要兼顾他人的存在。否则，利己的追求必然要受到他人的干扰和阻碍，最终势必危及自我利己心和幸福的实现。霍尔巴赫曾有过如下一段著名的说法："为了自保为了享受幸福，与一些具有与他同样的欲望、同样厌恶的人同住在社会中，因此道德学将向他指明，为了使自己幸福，就必须为自己的幸福所需要的别人的幸福而工作；它将向他证明，在所有的东西中，人最需要的东西乃是人。"[1]

合理利己主义原则在费尔巴哈那里几乎达到了最完整而系统的阐发。费尔巴哈从感性主义的人本学理论出发，认为人既然是一个自然的本质存在，为了维护自己的生命和存在，为了感官的欲望，人必然是追求自我保护的。因此，人的本性必然是利己的。而且，利己主义的这种本性是根植于人的生理的新陈代谢之中，因而与人的生命共存亡。为此，他说："这种利己主义和我的头一样是这样紧密地附着于我，以至如果不杀害我，是不可能使它脱离我的。"[2]然而，费尔巴哈同时又认为，由于单个人是无法生存的，因

①北京大学哲学系外国哲学史教研室.十八世纪法国哲学[M].北京：商务印书馆，1979：649.
②费尔巴哈著作选集（上卷）[M].北京：生活·读书·新知三联书店，1959：565.

而人与人之间是相互需要的。这样，他得出的结论便是在追求自己幸福的同时必须顾及他人和社会的幸福。因为个人的利己主义幸福追求，只有在人们的共同生活中才能实现。

费尔巴哈称这是一种"完全的、合乎人情的利己主义"原则。这个原则有两个最基本的方面：其一是正确估计自己追求幸福行为的个人后果，对自己行为要进行合理节制；其二是正确估计自己追求幸福的社会后果，不要影响别人对幸福的追求。在他看来，这一原则的实施依靠爱，即既爱自己又爱别人。费尔巴哈认为，爱是人的另一种本质。为此，费尔巴哈认为正是这个爱的本质使利己主义走向合理有了可能："如果人的本质就是人所认为的至高的本质，那么，在实践上，最高和首要的基则，也必须是人对人的爱。"①

可见，合理的利己主义思想是资产阶级革命时代的必然产物。这种伦理原则把呻吟于中世纪神性压抑和专制统治下的人性解放出来了，这无疑具有历史的进步性。而且，我们还必须指出的是，合理利己主义的理论还有一个可取之处，这就是并没有只停留在自私利己的自然本性中认识人性，而是同时还意识到人总处于与别人的社会关系之中。因此，我们暂且不论这种伦理主张在实践中是否可行，但至少在理论上，它合理地强调必须兼顾他人，自我节制，以爱心去追求个人的幸福等。因而，这一理论比之人性自私论要进步和深刻一些。

然而，在我看来合理利己主义从根本上讲却是不合理的。因为它不可避免地要在生活实践中使人陷入窘境。因为合理利己主义内含了一种最基本的逻辑：人性是自私的。从人性自私的基本点出发，因而这种理论仅把自己视为目的，而他人必然地只是实现自

①费尔巴哈著作选集（上卷）[M]. 北京：生活·读书·新知三联书店，1962：315.

己目的的手段。这一点，无论是合理利己主义理论的倡导者，还是信奉者都是明白无误地承认的。比如霍尔巴赫说："爱别人，就是爱那些使我们自己幸福的手段，就是要求他们生存，他们幸福。因为我们发现我们的幸福与此相联系。"[①]爱尔维修则声称："如果爱美德没有利益可得，那就决没有美德。"[②]但是，显然所有的人都要把自己视为目的，而把他人作为实现自己目的的手段。个人与个人之间，以及个人与许多他者构成的社会之间因自私的目的而必然会发生或大或小的冲突。而冲突的最终结果又不可能做到合理地自我节制，因为合理的自我节制只是为了实现自我幸福这个目的的一个手段。如果这个目的也在自我节制中丧失了，那么，不仅自我节制的手段是没有意义的，而且失去目的的手段其本身就不再可能存在了。

在我看来，合理利己主义在自我人生的实践中最终无非是两种结果：要么是导致极端的利己主义行为的出现。因为手段要服从于目的，"合理"作为手段是为了利己的目的服务的。当手段无法"合理"时，目的就会使得他放弃这种手段，而采取极端自私的行为来实现利己的欲望和目的。这种由合理利己主义走向极端利己主义的情形，在历史和现实中都是屡见不鲜的。合理利己主义在实践中的另一个比较罕见的结果则是导致自我牺牲的出现。也就是说，当"合理"的手段与"利己"的目的发生冲突时，人们自觉或被迫地牺牲目的，以维持手段的合理性。而这必然或多或少地以自我的某种牺牲为代价。比如，爱尔维修虽然竭力宣称"人

①北京大学哲学系外国哲学史教研室．十八世纪法国哲学 [M]．北京：商务印书馆，1979：650．
②北京大学哲学系外国哲学史教研室．十八世纪法国哲学 [M]．北京：商务印书馆，1979：512．

都为利己的目的而存在着"，但他自己的一生却表明他并没有去追求这一目的。正如我们知道的那样，他在反对专制政府和天主教会的斗争过程中，在书被焚毁、人身遭到攻击甚至迫害的情形下，依然著述不止。这显然不是自私利己的目的所能解释的。因此，无论爱尔维修本人是否承认，在他的人生中是超越了自私和利己而具有了自我牺牲精神的。

由此可见，无论是从理论还是从实践上看，合理的利己主义追求最终必然使自己陷于一种走不出的窘境。

其一，或者是走向极端利己主义。从资本主义发展的历史上考察，资产阶级思想家倡导的合理利己主义几乎从来未被真正实现过。这就正如恩格斯所深刻揭露的那样："资本主义对多数人追求幸福的平等权利所给予的尊重，即使一般说来多些，也未必比奴隶制或农奴制所给予的多。"①现代西方社会人与人之间关系的普遍冷漠，正义感和热忱感的消失，比如萨特等一大批哲学家所深刻揭示而又显得无可奈何的"他人即地狱"的境况，以及一些西方社会学家称之为"道德木头人"之病态人格的出现，都印证了合理利己主义人生理想追求的破灭。

其二，或者是放弃利己主义，走向自我牺牲。这是合理利己主义的一种更改初衷的追求。这在行为实践中表现为把某种程度的自我牺牲作为代价，从而规范自我本能属性中的利己倾向，在追求这个"合理"的过程中造就完美的人性。但这种道德追求显然已不是什么合理利己主义所能解释的了。也许正是从这个意义上我们可以理解马克思、恩格斯如下一段论述："共产主义者既不拿利己主义来反对自我牺牲，也不拿自我牺牲来反对利己主义；理论上既不是从那感情的形式，也不是从那夸张的思想形式去领会这个对立……无论利己主义还是自我牺牲，都是一定条件下个人自我实现的一种必要形式。"①

因此，我认为在利己主义和自我牺牲之间，从来不存在折衷的所谓合理利己主义这样一种"新理性"追求。

事实上，使合理利己主义走向这种窘境的最根本的根源在于，合理利己主义的人生追求，其"合理性"实质上本身就是一种虚假的、不合理的行为规范要求。我们即便从语义学的角度分析也可以知道，合理利己主义从实质上讲，依然是以利己主义作为基本出发点的，所谓的"合理"仅仅是附加的一个要求。这样，只要以利己主义为基本准则和人生目的来追求，那么行为一旦无法"合理"时，利己主义的目的便必然使行为主体要抛弃"合理"的手段。至于那些能放弃利己主义而甘愿自我牺牲的人，无论他们是否意识到，他们的确已不再是利己主义者了。

可见，最终的结论只能是：合理利己主义依然是一种利己主义，只不过这是一种在人性问题上羞羞答答的利己主义。而且，合理利己主义的"合理"手段因为利己主义的目的，在大多数情形下是无法真正地被实现的。我们人生中诸多美好的东西往往就在这种利己主义的自私情感中被消解了。这不能不说是人生的一大遗憾。

①马克思恩格斯全集（第3卷）[M]. 北京：人民出版社，1958：275.

三十多年执教生涯的体会之一是，教师这个职业最需要战胜利己主义的天性，其职业活动最需要利他主义精神的支撑。由此体会到古人为何有"天地君亲师"条幅供奉于中堂的个中缘由，也由此深刻体会到为什么世人要以李商隐"春蚕到死丝方尽，蜡炬成灰泪始干"之句来赞美教师这个职业的道理。

5. 继承与弘扬传统文化中的利他主义道统

[来自学生的问题]

记得老师在讲到 20 世纪初 "主义的论战" 时, 断言马克思主义之所以被中国人接受的一个重要缘由是这个学说与中华传统文化的道统有着某种契合性。老师举了人我之辩的例子, 但却没有展开。我很想以此来写课程论文, 恳请老师能否在这个问题上更详尽地展开论述一下?

[我的学理回应]

如果借用中国古代哲学人我之辩的范式来概括马克思主义的立场, 那可以说主张人我合一, 反对人性自私论, 批判形形色色的利己主义是其最基本的立场。这不仅表明马克思主义的人我观是对西方文艺复兴以来以人文主义名义生成的个人主义、利己主义传统的反叛, 而且也表明它与中国古代人我关系问题上悠久的利他主义道统是相一致的。

在中国古代哲人看来, 世界上无非就两个人: 一个是 "我", 一个是 "他人"。这个 "他人" 可以是 "我" 的父母, "我" 的家人, "我" 的合作伙伴, "我" 的单位同事, 也可以是与 "我" 素不相识的陌生人, 如此等等。由此, 中国古代哲人相信纷繁复杂的人际关系无非就是人与我这样两个人之间的关系。这就是人我之辩的人生哲学缘起和基本内涵。

正是由此, 董仲舒断言: "春秋之所治, 人与我也。"(《春秋繁露·必仁且智》)重要的还在于, 先秦儒家明确地承认, 人从天性上讲是自私利己的。比如, 孔子就将自私利己好色等称为天性，他曾经感慨："吾未见好德如好色者也。"（《论语·卫灵公》）因为在孔子看来，好色是人的一种自私利己的天性，好德则必须是后天才能够培养的。由此，儒家认为，这样一个自私利己秉性中诸如好色、贪生之类的冲动①，既然在天性当中就已经根深蒂固地存在了，作为一种后天的文化熏陶，作为一种德行的教化之道，当然就不能再去刺激它，更不能刻意去张扬它，相反，恰恰要矫正、规范和引导它。正是由此，儒家文化讲了几千年"克己复礼""君子慎独"的道理，主张守持"仁道""恕道"之类的基本原则。这显然强调的是后天教育中以超越自私利己天性而生成利他主义德性为主要内容的伦理教化与文化熏陶。所谓的人性正是这样生成的。这就正如冯契先生所言："人性就是一个由天性发展成为德性的过程。"②

　　孔子曾明确地把"仁"的内涵定义为："夫仁者己欲立而立人，己欲达而达人，能近取譬，可谓仁之方也矣。"（《论语·雍也》）依照冯契先生的理解，孔子在这里对"仁"的解说主要包含有两层意蕴：一是人道原则。"仁者，二人也"，故"仁"表现在人我关系方面即在承认自己的同时也要肯定别人，主张人与人之间的尊重与友爱，不仅"己欲立而立人，己欲达而达人"，而且"己所不欲，勿施于人"（《论语·颜渊》）。二是理性原则。即肯定每个人都会有仁义之心，而且人同此心，心同此理，亦即"能近取譬"③。

①其实，在承认人的天性（动物性、生物性）方面儒家与西方传统没有太大的差异。比如，依据弗洛伊德的研究，人的两大本能一是性本能，二是求生本能。弗洛伊德相信，这两大本能决定了利己主义的生物必然性。但是，与儒家的立场不同，弗洛伊德认为利他主义往往只是外部力量强加给生命个体的，这种强加会压抑甚至伤害个体的精神世界。（参见弗洛伊德．精神分析新论．北京：商务印书馆，1933：77．）
②冯契．智慧的探索[M]．上海：华东师范大学出版社，1994：166．
③冯契．中国古代哲学的逻辑发展（上册）[M]．上海：上海人民出版社，1983：92．

特别值得一提的是，孔子还进一步认为"仁"是一种优雅快乐的人生境界，即"仁者不忧"（《论语·子罕》）。也就是说，仁作为一种美德，它能带给人审美的愉悦、审美的快感。正是在儒家文化的熏陶下，汉语的美德一词把美和德连用，其所要表达的意思就是：美德之所以称美德是因为它给人带来美感。但同时，孔子又强调了"仁者不忧"的境界不玄远，不高深，也不神秘。以孔子的话来说就是："仁远乎哉？我欲仁，斯仁至矣。"（《论语·述而》）

孟子直接继承了孔子的仁学思想，但他更注重从仁义并举的角度理解这一仁义理想。在他看来："仁，人心也；义，人路也。舍其路而弗由，放其心而不知求，哀哉！"（《孟子·告子上》）可见，孟子讲"仁"和孔子略有区别：孔子谈"仁"注重行为，孟子则把"仁"理解为内心态度，而这种"仁"的内心态度表现在外就是"义"。由此，孟子认为："人皆有所不忍，达之于其所忍，仁也；人皆有所不为，达之于其所为，义也。"（《孟子·尽心下》）

可见，在孔子孟子看来，"仁道"的本质在于学会爱人。恰恰是因为这一点，人超越了动物，脱离了弱肉强食、适者生存的丛林法则而变成了人。这是一个将心比心的过程：我有这个想法，他人也有这个想法；我有这个欲望，他人也有这个欲望。"我"和"他人"是人与人的关系，不是人和动物的关系。也就是说，这样一个人和人之间的关系不能等同于人和鸡鸭、马牛的关系。因为每一个人都是人，所以必须要遵循"己欲立而立人，己欲达而达人""己所不欲，勿施于人"这样一个基本的伦理原则。这就是儒家给出的人我关系当中的中国答案。儒家认为这是一个人在德性方面的最基本要求。事实上，在儒家看来它也是人区别于动物（禽兽）的最主要标识。

　　值得指出的还在于，不仅儒家在人我关系问题上形成了一个源远流长的、利他主义的文化传承，其他的诸子百家也颇有这样的情怀。比如，墨家的"兼爱"理论。墨子曾这样具体描绘过"兼爱"的情形："天下之人皆相爱，强不执弱，众不劫寡，富不侮贫，贵不敖贱，诈不欺愚。凡天下祸篡怨恨可使毋起者，以相爱生也。"（《墨子·兼爱中》）当然，与儒家不同的是，墨子又是道德问题上的功利主义者，他强调"兼相爱，交相利"（《墨子·兼爱下》）。他认为："爱人者，人必从而爱之。利人者，人必从而利之。恶人者，人必从而恶之。害人者，人必从而害之。此何难之有？"（《墨子·兼爱中》）正是由此，墨子非常强调"兼爱"则人己两利的思想。但与此同时，作为人生的一种最高理想，墨子又提出了无功利的"兼爱"情怀："文王之兼爱天下之博大也，譬之日月，兼照天下之无有私也。"（《墨子·兼爱下》）事实上，这种带着博爱情怀的爱犹如日月之光普照大地，而从不企望从中获得些什么私利回报的兼爱理想，其实也是墨子自己所躬身践行的一种理想人格。从这一点上讲，墨子的功利主义道德学说与西方的功利主义伦理观相比，显然又带有更多的人我之辩中的利他主义特性。

　　由于儒家和墨家都在道德学说中强调一种人道主义原则，因而儒墨两家在人我关系的利他主义立场和道德理想的建构方面常常是相通的。也因此，在儒家所构画的"大同"理想中，我们可以看到其渗透着墨家的"兼爱"情怀："大道之行也，天下为公。选贤与能，讲信修睦。故人不独亲其亲，不独子其子，使老有所终，壮有所用，幼有所长，矜寡孤独废疾者皆有所养。男有分，女有归。货恶其弃于地，不必藏于己，力恶其不出于身也，不必为己。是故谋闭而不兴，盗窃乱贼而不作。故外户而不闭，是谓大同。"（《礼记·礼运》)这个大同的理想社会,无疑正是儒家"仁爱"和墨家"兼爱"理想的具体描绘。从中华民族千百年的历史发展中,我们可以发现,《礼运》的这一以"兼爱"为基础的"天下为公"理想,对中国历代志士贤人的道德理想人格追求发生了广泛而深远的影响。比如孙中山先生当年就非常喜欢手书"天下为公"四字赠与党内同志,毛泽东更是有"太平世界,环球同此凉热"(《念奴娇·昆仑》)的诗句来抒发自己追求天下为公之大同理想的博大情怀。

此外,佛家非常推崇普渡众生的境界,这其实也是人我之辩中的利他主义立场。它的教义一直叫世人要有一颗慈悲心,要学会对别人的苦难给予一种关怀。当年观音菩萨有一个宏愿:"只要人世间尚有苦难,就誓不成佛。"于是,无心个人修炼而一心救苦救难的观音,虽然她永远只是一个菩萨而没有修习到佛的境界,因为她把解救众生的苦难视为头等大事。正是由于她的这种利他主义、普渡众生的情怀,而成为备受中国文化推崇的一位神。正由于此,没有成佛的观音其像前却供品很多、香火极旺,她的皈依者甚多。在这里,佛家是以神的方式讲了一个人间的道理:人要像观音菩萨那样关爱别人,就会得到别人的认同和追随,也只有这样才能在人与人的交往中形成一种良性的循环。由此,《金刚经》里佛祖教导弟子说:"菩萨为利益一切众生故,应如是布施。"(《金刚经·离相寂灭品》)这里的道理与儒家、墨家是相同的:"爱人者,人必从而爱之;利人者,人必从而利之。"这是一种善的因果循环;同样的道理,"害人者,人必从而害之。"这是一种恶的因果循环。

从人我之辩来看,佛家"不二法门"中的"自他不二"正是揭示自己和他人关系的一个真谛。在佛家看来,自我与他者的存在不是对应的，而是圆融合一的。因此，一个觉悟的人一定懂得持一份对他者的慈悲心。以禅宗的口头禅来表达，即是修行就是修一份好人缘。星云和尚曾把这个修行概括为三好：存好心，说好话，做好事。[①]事实上，已经有无数成功和失败的事例表明，一个人缘好的人其事业一定是好的。如果撇开佛家"六道轮回"里讲的包括飞禽走兽在内的众生，而只是着眼于人道的范围，那么佛家这一倡导对"他者之爱"的思想，作为处理自我和他人关系的一个原则，它强调的是"众生相聚即是缘"的平常道理。这显然是佛家伦理智慧中很高明的待人之道。我认为，它能够让习惯于接受个人主义甚至是自我中心主义的现代人领悟出平等、合作、互利、共赢精神的必要性和重要性。

可见，在人我之辩中传统文化形成的人我合一道统和由此推崇的利他主义甚至是自我牺牲的情怀，与马克思主义的理论立场具有本质上的一致性。这种一致性正被新时代的中国共产党人所继承和弘扬。比如在党的十九大报告的结束语部分，习近平总书记曾援引了儒家"大道之行，天下为公"这一经典名句。[②]它让我们直观地感受到优秀传统文化的当代价值。这一名句既契合了共产党坚守的《共产党宣言》的基本立场，又体现和彰显了中国历代志士仁人推崇的人我观。令人欣慰的是，中国共产党作为这一人我观的继承创新者，正努力使这一优秀传统文化得以在新时代不断地弘扬光大。

① 星云. 迷悟之间·福报哪里来？ [M].台北：佛光文化出版公司,2014：86.
② 习近平. 决胜全面建成小康社会，夺取新时代中国特色社会主义伟大胜利——在中国共产党第十九次全国代表大会上的报告[M].北京：人民出版社，2017.

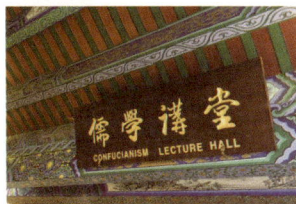

在人我之辩中，传统文化形成的人我合一之道和由此推崇的利他主义甚至是自我牺牲的情怀，与马克思主义的人我观在立场上具有本质上的一致性。这种一致性正被新时代的中国共产党人所继承和弘扬。这显然是中国化马克思主义在当下的一个重要实现路径。

6. 利己与利他的合题: 合理利益主义

[来自学生的问题]

在人性问题上既然人的天性是利己的, 但人的后天德性培植又要求利他。那么, 当下的我们为什么不在利己与利他之间寻找到一个平衡点呢? 合理利己主义是这个平衡点吗? 如果不是, 那又会是什么主义呢?

[我的学理回应]

我很欣赏你的问题, 尤其是你提到了两个关键词特别精当: 一是当下, 二是平衡点。当下中国最基本的社会现实是选择了社会主义的市场经济体制。在这个体制下, 我们永远绕不过去的一个话题就是利益和利益的最大化获取。但显而易见的是, 以人我之辩而论, 利益显然包含着我与他者(集体无非是许多他者的集合体)的不同利益。于是, 就有了我和他者的平衡点问题。我认为在当下既超越利己与利他的对立, 又契合人性基本特性的平衡原则可以表述为合理利益主义。

无论是从社会主义市场经济的客观事实存在, 还是对道德的实质作进一步的探究, 我们都会发现人的行为背后隐藏着一个最本质的东西: 利益。这样, 人生实践所导致的结果就是, 每一个自我要生存和发展, 必然要千方百计地谋取自身的利益, 但与此同时, "人同此心, 心同此理", 每个人又都会有这种各自不同利益的诉求。于是, 现实的生活情形是出现了诸多个人利益的对峙和冲突, 尤其是当人们无法同时获得满足自己的利益追求时, 这种对峙和冲突表现得尤为明显。这就如尼采举过的一个例子: 独木桥对岸是一堆数量有限的象征着财富的金子，有许许多多的人都想得到这笔财富，但这笔财富又不可能同时满足所有的人，这时个人利益的冲突就必不可免地要发生。在这种情形下人们便会产生一种以整体利益来规范和调节个人利益的要求和愿望。否则，只能是一场残酷的竞争、厮杀或格斗，获胜者获得这笔财富，而许多失败者则可能会为获得这笔财富而以生命作为代价。显然，以生命为代价是最不人道的。这是人类的理性所能形成的共识。因为生命不存在，自我人生的一切也都丧失了。我觉得尼采的例子非常形象地表明了社会成员必然存在的利益冲突。事实上，我们社会的整体利益正是在这个冲突中为了维持一定的秩序而产生的。法律和道德也正是为了满足这个整体利益与个人利益的调节而产生的。

因此，由于人注定要处于社会、集体的关系中，所以人就注定要受到社会集体的各种限制和规范。为了在个人利益冲突中保证每个社会成员能获得起码的利益，社会便要以整体利益来约束和规范每个人的利己行为。比如，人类道德的最初形式，原始共产主义道德之所以是共产主义的，就是因为只有按照这种原始共产主义的道德原则，原始状态下的自我个体才能得以生存。否则，原始人将无法抗御来自大自然的各种袭击和灾难。同样，我们今天在市场经济的条件下，强调遵循合理利益主义原则来规范自我的行为，其最充分的必然性根据也在于，只有在承认整体利益的过程中每个人才能获得个人利益的满足，从而自由而全面地发展自己。正是因此我们说，走出利己主义与利他主义的对立，其根本途径在于寻求到道德背后的实质：利益。而且，这个利益的追求又必须是合理的。这个合理性从最一般的意义上讲包含两个要求：一是合乎法律，二是合乎道德。

　　但必须紧接着要强调指出的是，合理利益主义原则中的"利益"，显然不仅仅是单纯个人的利益，这是因为任何个人都是"在一定历史条件和关系中的个人，而不是思想家们所理解的'纯粹'的个人"①。当然，这种整体利益也不是指那种和个人利益无关的所谓整体利益。作为对人性进行基本道德规范的合理利益原则是个人利益和整体利益的结合体或"化合物"。从这样一个理解出发，我认为在现时代主张以合理利益主义原则作为人性自我规范的基本原则有着最充分的必然性（亦即"真"）根据。

　　其一，合理利益主义原则超越了利己主义的樊篱。合理利益主义原则揭示了一个最基本的事实是，任何个人利益的实现都有赖于整体利益的实现。人永远处于个人利益和整体利益的交织之中。彻底的个人利益追求必然会破坏整体利益的实现，因而不为他人、集体和社会所容忍；而由于这种追求要遭到他人、集体和社会唾弃，自我行为个体最终也根本无法实现个人利益的追求。

　　其二，合理利益主义原则也摈弃了纯粹利他主义、自我牺牲的道德说教。不仅从人的天性上讲，人有利己、自私的天性，而且从人的后天德性培养中也同样必须承认人有个人利益的追求。这正如马克思所指出的那样，人的自我实现、人的自由全面发展永远是人生的一个重要目的，"每个人的自由发展是一切人自由发展的条件"②。所以，脱离个人利益，离开人的自身发展的纯粹的利他主义、自我牺牲是不存在的。如果有，那也只能是一种自欺欺人的道德说教。

　　其三，合理利益主义原则是利己主义和利他主义的"合题"。

①马克思恩格斯全集（第3卷）[M].北京：人民出版社，1960：84.
②马克思恩格斯全集（第3卷）[M].北京：人民出版社，1960：84.

利己主义和利他主义的"合题"经典地体现在儒商"君子爱财，取之有道"的经商理念中。"君子爱财"是利己主义的盘算，"取之有道"是利他主义、家国情怀的境界。这恰是中国企业最根本的生存和发展之道。哪怕常被讥为说教，我也想方设法地要把这个理念灌输给商学院的 MBA 和 EMBA 学生们。

合理利益主义原则揭示了人性利己与利他的统一性，真实地把握住了人性的最基本诉求。在合理利益主义原则的基本规范中，我们走出了利己主义与利他主义的片面性与狭隘性，使法律与道德的规范有了一个坚实的合乎人性的基础。正是在对合理利益主义原则的遵循中，我们对人性进行有效的自我规范，从而实现理想人的。

在讨论过合理利益主义的基本道德原则之后，我还想指出的是，这一原则的具体形态应该是多元的，就最低层次的合理利益主义我将其称为"底线主义"，即指不触碰道德与法律底线去攫取个人利益的立场。合理利益主义的理想形态则可理解为集体主义这一最高原则。

在马克思主义立场看来，所谓的集体显然不是若干人的简单组合，而一定是根据某种共同利益组织起来的社会集团或组织。历史唯物主义的一个基本原理是"人们奋斗所争取的一切，都同他们的利益有关"。[①]这样，无论人们处于怎样的集体关系中，集体必然要依据利益原则行事。每个人有权力从中获得个人利益，也有义务维护整体利益。这是一个双向的过程：没有对个人利益的权力保障，集体没有凝聚力，个人就会选择另一个集体；而若没有个人对维护集体利益而自觉承担的义务，集体同样无法存在，因为共同的利益正是集体联系每个成员的纽带。也就是说，个人与集体之间存在着一个基本的利益关系。而这正是理解个人与集体关系的一个根本出发点。可见，只有从个人利益与集体（或称整体）利益的关系中才能真正把握集体主义的原则。因而，我们对集体主义的把握首先在于观念上要正确认识个人利益与集体利益之间客观存在着的辩证关系，并在我们的道德认知活动中，把这一社会本体论的关系内化为社会认识论的结论，然后，集体主义才可

① 马克思恩格斯选集（第1卷），北京：人民出版社，1972.82

能作为一种行动原则和道德理想在人的道德实践中被真正自觉自愿地奉行和追求。

集体主义原则的最初的系统论述者马克思、恩格斯，就是从这一社会本体论和社会认识论相统一的角度来界说集体主义原则的。他们这样写道："既然正确理解的利益是整个道德的基础，那就必须使个别人的利益符合于全人类的利益。"①"只有在集体中，个人才能获得全面发展其才能的手段，也就是说，只有在集体中才可能有个人自由。"②在这里，马克思、恩格斯提出了集体主义原则的两个基本原则：其一，集体主义必须"正确理解利益"，也就是说只有坚持个人利益和集体利益统一的集体主义才是真实可信的；其二，不仅个人利益必须符合集体和全人类的利益，而且个人利益也是在集体中才能全面获得的。离开了集体，个人永远无法实现自己。列宁对马克思、恩格斯的上述思想作了进一步的阐发，并通俗地把集体主义原则理解为"人人为我，我为人人"的道德规范："我们将双手不停地工作几年以至几十年，我们要努力消灭'人人为自己，上帝为大家'这个可诅咒的常规。……我们要努力把'人人为我，我为人人'的原则灌输到群众的思想中去，变成他们的习惯，变成他们的生活常规。"③

我觉得列宁的上述论述不仅生动而且异常精辟。"人人为自己，上帝为大家"的道德原则之所以要诅咒，那是因为上帝是不存在的，剩下的便只有"人人为自己"才是真实的存在。而这种"人人为自己"的追求必然导致社会整体利益的破坏和丧失，从而最终使每一个成员的利益也直接受到损害。因此，这种"人人为自己"的

①马克思恩格斯全集（第2卷）[M].北京：人民出版社，1959：167.
②马克思恩格斯全集（第3卷）[M].北京：人民出版社，1959：84.
③列宁全集（第31卷）[M].北京：人民出版社，1963：104.

追求是对人的社会本性的否定。而"人人为我，我为人人"的原则却是真实可行的。因为一方面每个人有自己的个人利益，因此之故，必须"人人为我"；但另一方面，每个人又处于一定的社会集体之中，必须在集体中才能获得个人的发展，所以又必须"我为人人"。这正是一种人我一体、利己与利他合一、个人利益与集体利益统一的道德境界。而这两个方面的相互规定也就是集体主义道德原则的一般本体论根据。

可见，我们可以得出的一个最终结论或许就是，尽管合理利己主义理论和实践在反封建专制的斗争中有过一定的启蒙意义，但是，把合理利己主义作为一种基本的伦理追求则是错误的。为此，我明确地否定你信中提及的合理利己主义的合理性问题。我想说的是，合理利己主义的错误不在于承认了人的所谓利己的自然属性，而在于它以"利己主义"作为关键词，"合理"只是修饰这个关键词的一个点缀。故它放任了利己这一自然属性。事实上，人性永远需要后天的社会规范，这是一个对利己的自然属性进行真善美的理性规范和引领过程。

也因此，我认为道德的基础决不是合理利己主义，而是合理的利益主义原则。这是一种基于个人利益和整体利益相结合的行为规范原则。人是个体的存在，故有个人利益；但人又是社会的人，故又有整体利益。个人利益的追求往往凭本能、天性便可获得，而整体利益的维护更多地要依靠法律的强制规范和道德的自觉规范。普列汉诺夫曾非常深刻地指出过这一点："实际上，道德的基础不是对个人幸福的追求，而是对整体的幸福，即对部落、民族、阶级、人类幸福的追求。这种愿望和利己主义毫无共同之点，相反地,它总是要以或多或少的自我牺牲为前提。"①这也就意味着,我们对人性的自我规范往往要以某种程度的自我牺牲为代价。但也正是在这种自我牺牲中, 我们感受到自己对他人、对社会的价值, 我们有了自身价值的一个重要方面的实现。也正是在这种自我牺牲中, 我们使自己变得完善和崇高, 从而造就自己人生的真善美境界。

这可以说是我们对人性问题的一个最根本的认知结论。

①普列汉诺夫哲学著作选集(第1卷)[M]. 北京: 生活·读书·新知三联书店, 1961: 551.

三、关于自由的对话

1. 自由不是随心所欲

[来自学生的问题]

我看到我们学校社会学系的一位教授在自己的推文中提及西方对自由的执著追求时举了个例子：疫情袭来许多西方人宁愿不戴口罩也要自由呼吸，宁愿冒被感染的风险也不愿意被剥夺自由封闭在家里。他认为我们的主流媒体批评西方人不戴口罩是对西方文化的无知。我和同寝室的室友争论时并不认可这位教授的观点，但又说不出所以然。不知老师您怎么评价这个观点？

[我的学理回应]

我关注过这位教授的观点，我查了一下朋友圈，他的原文是这样的："我们一个对自由没有任何感觉的民族，当然无法理解西方抗议戴口罩、抗议居家禁令、抗议封城等一系列举措，这是文化差异！"坦率地讲，我非常不认同某教授的这个观点。事实上，从中国与西方在抗击疫情方面形成的巨大反差，我们可以直观地感受到西方人把自由理解为任性或随心所欲，恰是他们疫情防范失控的一个重要文化根源。所谓的事实胜于雄辩。当然，只有事实层面的陈述是远远不够的，接下来我愿就这个问题做一些学理的分析。

自由这个概念最早来源于古希腊的奴隶社会，基本含义是指人可以摆脱外在依附关系的束缚，有一种行为的自主性。[①]可见，自由最初的含义就是同被限制、被约束、被控制等根本对立的。所以，就最一般的意义而言，自由是与限制相对立的。人只有摆脱了外在力量的限制，才会感到自由。也就是说，自由就是对外在限制的摆脱。哲学家们对于自由的这个一般含义是普遍认同的。但是，在究竟如何才是摆脱外在限制以及如何才能摆脱外在限制的解释上，哲人们却存在着根本分歧。这一分歧就集中体现在如何看待自由与必然的关系问题上。

从哲学史上看，对待自我人生实践中的自由问题，无论哪个历史时期的自由观都涉及一种关系，即人的自主性和外在强制性的关系。在哲学上，这就是自由和必然的关系问题。所谓必然或必然性，就是指客观事物本质的、确定的基本趋势和方向，它是和规律或规律性具有同等涵义的概念。因此，它的存在作为一种异己力量是对自由的一种限制。从过往的思想史上考察，在自由和必然的关系问题上，历来就存在着两种根本对立的观点。

①古希腊奴隶社会就把社会成员分成奴隶主、奴隶和平民三个等级，由于平民可以摆脱奴隶主的人身依附关系，因此又被称为"自由民"。相反，不自由则是指人无法摆脱外在依附关系的限制，使自己的行为失去了自主性。奴隶就是不自由的人，他们被戴上手铐脚镣拴在一起进行集体劳动，他们作为奴隶主的"私有财产"和"会说活的工具"已经完全失去了行为的自主性、自由性。

其一是"机械决定论"。它认为一切事物都是由必然性产生的，这种观点试图从客体本性中解释自由，认为自由是人对客观必然性的顺应和服从。它片面地强调了客观必然性，忽视了人的能动性、创造性，结果人被理解为只能消极、被动地受客观规律支配的存在。比如狄德罗把人比喻为钢琴，感官就是键盘，只有当外界某种力量来弹奏它时才能发出声响①；爱尔维修认为人和动物的活动没有本质的区别，都是消极地适应外在的环境，这就是所谓的"肉体感受性"②；霍尔巴赫也说："我们的思维……既不能是自愿的，也不能是自由的""我们所有的行动都时常是命定如此的"③。

其二是"非决定论"。它认为世界上根本不存在什么客观必然性，一切事物都是人们自由创造的产物。这种观点在主观唯心主义哲学中得到了充分的表现。比如，康德就提出"人为自然界立法"的命题。在他看来，自然界中的必然性是由于人的作用产生的，认为只要人的行为服从内心意志的"绝对命令"，实现意志自律、自决，就是实现了人的自由。叔本华也把人的自由的生命意志看成是世界的本质，认为自我生命意志是绝对自由的。可见，主观唯心主义所讲的自由是一种脱离客体，超越现实，没有任何限制的、纯粹精神活动的自由。

显然，"机械决定论"的自由观和"非决定论"的自由观，在对待自由和必然之间的关系问题上，各自夸大一个方面而否定另一个方面，所以都不能科学地揭示自由的真实内涵。事实上，西方人在疫情袭来时许多人宁愿不戴口罩也要自由呼吸，宁愿冒被感染的风险也不愿意被剥夺自由封闭在家里，正是"非决定论"自由观在日常行为中的一种表现。

① 冯契主编. 哲学大辞典 [M]. 上海：上海辞书出版社，1992：897.
② 冯契主编. 哲学大辞典 [M]. 上海：上海辞书出版社，1992：1023.
③ 马晓宇. 西方哲学家人生箴言录 [M]. 香港：海风出版社，1987：102.

斯宾诺莎企图解决这种自由和必然关系问题上的矛盾，提出了"自由是对必然的认识"[①]这一著名命题，从而把对自由问题的研究引向了深入。黑格尔在这个基础上进一步研究了自由和必然的辩证关系：其一，他反对"非决定论"的观点，认为"自由以必然性为前提，包含必然性在自身内"[②]。他举例说一个对必然性毫无所知而盲目地受必然性支配的人是不自由的。在黑格尔看来："无知者是不自由的，因为和他对立的是一个陌生的世界……他住在这个世界里不像居住在自己家里那样"[③]。其二，他也反对"机械决定论"的观点，认为人们一旦认识了必然性就会获得自由。由此他认为："必然性只有在它尚未被理解时才是盲目的""因此必然性的真理就是自由。"[④]黑格尔关于自由和必然之间的关系的观点显然达到了相当真理性的高度。也为我们正确解决自由问题上决定论与非决定论的机械对立提供了基本的认知思路。

其实，自由与必然决不是两相不协调的对立两极。解决这个对立的方式除了承认必然否定自由或承认自由否定必然之外，还有第三种方式，这个解决的方式就是：如果我们能够把外在的规律和必然性转化为自我人生存在和发展的内在要素和环节，那么规律和必然性对自我主体的支配和限制，就由外在的支配和制约，转化为内在的、主体自己对自身的支配和制约。主体对自己的支配，就是主体的自主和自决，主体对自己的约束，就是主体的自律，而自主、自决与自律，正是自我主体意志自由的特征。当一个人受到种种外在力量的支配和限制的时候，他往往觉得很不自由；而如果这种外在的支配和限制转化为自我支配、自我制约，即自主、自决和自律，则他就是自由的。

①冯契主编. 哲学大辞典 [M]. 上海：上海辞书出版社，1992：1087.
②黑格尔. 小逻辑 [M]. 北京：商务印书馆，1980：323.
③黑格尔. 美学（第1卷）[M]. 北京：商务印书馆，1958：307.
④黑格尔. 小逻辑 [M]. 北京：商务印书馆，1980：322.

可见，人类获得自由的关键不在于摆脱外在规律和外在必然性，而在于使外在的规律和必然性转化为主体自身的要素和环节，也即要使客体成为主体的要素和环节。这就是解决自由与必然之二律背反的第三种方式。在我的理解看来，这种解决方式与那种非此即彼的解决方式的区别在于，它是一种辩证的解决方式。

这样，在社会历史活动和自我人生实践中欲使客观规律、客观必然性转化为自我主体的内在要素，其第一步便是认识规律，把握必然，即认识客体存在和发展的本质。这是认知的符合，即思想对客体之本质和规律的认知和反映。它是自由的第一个要素。在这个认知和反映的过程中，外在的自然客体、社会客体以及自我客体及其蕴含的规律、必然性，以信息的形式被主体所吸收和改造，然后整合、储存在人的认知过程中。这是客体、客观规律和客观必然性转化为主体的要素的一种认识论方式。也就是列宁说的："尚未被认识的'自在之物'在转化为已被认识的'为我之物'，盲目的、尚未被认识的必然性、'自在的必然性'在转化为已被认识的'为我的必然性'"[1]的过程。

认识客观规律与必然性，对于自我主体达到自由境界具有重要的作用。这个作用就体现在它是自我主体实现意志自由的认识论前提。正是因此，恩格斯说："意志自由只是借助于对事物的认识来作出决定的那种能力。因此，人对一定问题的判断愈是自由，这个判断的内容所具有的必然性就愈大；而犹豫不决是以不知为基础的，它看来好像是在许多不同的和互相矛盾的可能的决定中任意进行选择，但恰好由此证明它的不自由，证明它被正好应该由它支配的对象所支配。"[2]

① 列宁选集（第 2 卷）[M]. 北京：人民出版社，1972：191.
② 马克思恩格斯选集（第 3 卷）[M]. 北京：人民出版社，1974：154.

在这里，恩格斯精辟地论述了意志自由与必然性的关系，并指出了自我主体的意志自由所具有的三种情形：果断、武断、优柔寡断。优柔寡断和武断都是以不了解事物发展的客观必然性为根源的，在面对问题与情势发展的多种可能性时，优柔寡断者无法确定他在所面临的多种可能性中，哪一种是符合其需要并且能够有必然性作根据从而有实现的可能性，因而总是犹豫不决，踌躇再三，最后只得依据某种偶然的因素任意地做出选择。而这就从优柔寡断滑向了武断。在马克思唯物史观的基本观点看来，意志自由是以自主、自决、自律为特征的，而犹豫不决缺乏的正是自主与自决的能力：一事当前，手足失措，无以应对，其不自由显而易见；而武断者的任意选择，貌似自由，实则"被正好应该由它支配的对象所支配"，因而也不是自主、自决、自律，而是他决、他律。其不自由最突出地表现在鲁莽行事所招致的恶果上。

可见，意志自由是以对必然性的认识为前提的。也就是说，自我主体通过对客观规律与客观必然性的认识，已经将它们转化为主体自身的要素，据之所做出的决断，就是自主与自决。由于主体已获得了关于规律与必然性的充分认识，因而能够从他所面临的多种可能性中，分辨出能够实现而且最有利的可能性，并迅速地做出决断。显然，在自我人生的活动中，对必然性的认识越全面越深刻，决断就越迅速越正确，自我主体的自由度也就越大。

写到这里，我想引用恩格斯给自由做过的如下定义与你分享："自由是在于根据对自然界的必然性的认识来支配我们自己和外部自然界。"[1]这也就是说，正确地认识必然性是人类获得自由的认识论前提。我们只有在承认必然性的基础上对它加以正确的反映，才能科学地预见行动的结果，才能为自己确定的行动目标设

①马克思恩格斯选集（第3卷）[M]. 北京：人民出版社，1974：154.

计最佳的实现方案，从而获得真正的人生自由。换句话说，我想告诉你的是，这个世界上从来没有某教授欣赏的那种绝对的、不受任何东西制约的所谓自由。

由衷地希望你认同我的这一结论，否则我们就很容易把自由理解为任性。而任性终究会招致自我人生这样或那样的失败。

2. 自由的真义究竟是什么

[来自学生的问题]

感觉马克思的历史唯物论强调了太多身外之"物"对人的自由的限制、比如地理环境、比如历史传统、比如经济状况、比如道德与法律的规范，甚至这次疫情面对新冠病毒时我们不得不宅在家里自我幽禁，无奈地失去很多自由。是不是可以说所谓的自由只是幻觉，从本质上讲人不可能获得自由？

[我的学理回应]

世界上有了人就有了对自由的追求。因为对自由的渴望与追求同样是人的天性。也许正是从这个意义上，马克思认为："自由的有意识的活动恰恰就是人的类特性。"[1]但从唯物论的常识中我们知道，客观规律不以人的意志为转移，它不仅决定着外部的环境而且也决定着人自身的行为。故马克思又说："人作为自然的、肉体的、感性的、对象性的存在物，同动植物一样，也是受动的。"[2]一部人类的生存发展史也充分证明了这一真理，而每个人的生活经验也都不同程度地印证了这一点。既然人的行为都受规律的支

①马克思.1844 年经济学哲学手稿 [M].北京：人民出版社，2014：53.
②马克思.1844 年经济学哲学手稿 [M].北京：人民出版社，2014：103.

配,那么,人的自由这一被马克思称为类的特性又如何成为可能? 能否由此得出结论说,从本质上讲自由只是人类的幻觉?

其实,马克思的历史唯物论并不否认自由的真实存在。只不过,在马克思看来自由总是在一定客观的、历史的前提条件下才得以实现的。

作为人类自我活动前提的自由,既包括一定历史时代为我们提供的按自己的目的和愿望行动的可能性,也包括我们独立地按自己的愿望在这些可能性中做出决定并采取行动的能力。在这其中,社会历史时代提供给每一个自我主体按自己的意愿行动的可能性,是指一种外在的自由。这是人们既得的由一定历史条件所决定的自由,它包括有利于人们在活动中实现自己目的和愿望的各种条件,尤其指一定社会政治经济制度和社会环境。显然,缺乏外在的自由,会使人的活动处处受限制,特别是在专制的社会中人只能被动地听任环境的塑造,在他们心灵中被强横地预注入低贱、卑微、奴性、盲从等不自由的品性。而人独立地在社会历史提供的可能性中做出决定和采取行动的能力则是指主体内在的自由。这是人作为主体的一种意志自由,亦即是指人们在行动中的一种凭自己意愿进行选择的自由。

正是因此,我认为意志自由作为人选择活动的主体根据是人的本质内蕴的必然能力。也就是说,意志自由对人的活动起着选择性和指引性的作用。这是自我主体的一种自决能力,它使人在任何事物面前说"要"或者"不要",它赋予自我反抗命运和环境的坚毅精神和内在力量。从这个意义上我们甚至可以说,没有意志自由,就没有人类的实践活动。

意志自由或称主体的内在自由之所以是必然的,因为这正是人类和动物界揖别的根本所在。人为了摆脱各种自然界的、社会的和人自身本能和秉性的奴役,在自身内部理性的觉悟和启迪下,必然要通过自己的社会实践活动去实现自由的目标。这既是人的一种"类的特性"(马克思语),也是人之为人的标志和尊严。也因为这样,人类才对自由抱有非常神圣的执著精神。那"不自由毋宁死",那"若为自由故,生命和爱情皆可抛"的牺牲精神,本身就彰显着人类为维护自由而选择的崇高价值尊严。

显而易见,无论是外在的自由还是内在的意志自由,都是通过人的活动才实现的。尤其是在我们追求自我期望的理想人生的过程中,意志自由表现得最为充分。它没有外在的强制力量的参与干涉,因而特别强调主体的内在信念,特别强调意志的自由选择。在理想人生追求的实践中,意志自由就表现为自我主体在理想与现实、善与恶、美与丑之间有作抉择并采取行动的自由。特别重要的是,自我主体的这种意志自由正构成我们每一个自我创造自己历史的活动前提,也是确认个人行为历史责任的内在根据。

但是,人类生活的实践又表明自我人生的自主活动,总要受主体以外的客观必然性的制约。从理论上分析这种必然性表现为两种不同的形式:其一是自然和社会发展的客观规律的限制。因此,存在主义认为"人就是他打算成为的存在""人是绝对自由的存在"的说法是不真实的。其二是反映这一客观必然之规律的社会政治、法律、道德等规则的限制。这事实上是人类自由活动中所必须遵循的更直接、更普遍同时也更体现于每一个自我日常活动的一种必然性。社会政治、法律及道德规则之所以也是一种必然性的东西,这是因为从根本上讲它正是人类社会和自然界最一般的客观规律的体现,它体现着"天道"和"人道"的统一。

人有腾跃的自由，但如果把这个自由腾跃理解为可以无视地心的引力，那就陷入了唯心论的幻觉。事实上，对自由腾跃的限制无处不在，无论在纳木措湖畔、嘉陵江边，还是故乡云和的崇山峻岭中，我都会感受到引力的巨大制约作用。这恰是自由的真义。

在人类创造历史和追求自我人生价值实现的活动中，外部必然性对意志自由限制主要通过如下两个途径而实现：其一，当历史条件、社会环境还没有提供意志自由选择的客观可能性时，主体就不能对行为进行"要"或"不要"的自由抉择。特别是当人类对自然规律、社会规律惘然无知或知之甚少时，人类活动的自由永远是不可能的。其二，当人们在进行这种自主从而是自由的选择时，由于选择了与真善美相背离的假丑恶的行为，这时社会的政治、法律、道德规则作为一种必然之则便要通过社会的强制力量以及外在的社会舆论和主体内心的信念、良心的机制从而限制自我的自由。

你在问题中提及的那些身外之"物"对人的自由的限制，不外乎就是这两类。就以新冠病毒为例，当我们人类对它一无所知时，自然就不可能有自由。你描述的"我们不得不宅在家里自我幽禁，无奈地失去很多自由"的感觉是真实可信的。从这一点上讲，人确实没有绝对的自由。

但是，我们不能因此而得出"自由只是幻觉"的结论。事实上，自我在书写自我人生历史的活动时必然要表现为在自由和必然之间进行选择的一种活动。人类与动物相揖别的一个显著标志是人具有意志自由的能力。但人类既可以正确地使用这种能力，以它为中介达到对自然、对社会和对自身认识和实践的理想境界，也可能滥用这种能力任性地把表现这种能力当作"自由"，从而使自己沦为必然性的奴隶。尤其是在自我人生理想的追求中，如果我们任性地把意志自由理解为随心所欲，那么，我们就会成为自己人性中恶劣情欲的奴隶。这种情形下，自由当然只是"幻觉"。

我想特别指出的是，从表象上看，当个人把历史必然性、把社会需要、把对行为后果的责任弃置一旁，任凭自己一时的好恶进行选择，这种我行我素、随心所欲的表现似乎十分"自由"，然而这种"自由"却是一种毫无真实性的虚构，它仅仅是主观的自诩、自负和自大。我通常将其称之为"自由的妄念"。

因而，自由在于对必然的认识，意志自由就在于对外在的必然性进行认识并依照这个认识而行动。在这个过程中，自我行为主体是否自觉地认识和把握客观必然性具有重要的意义，因为它是自我获得自由的认识论前提。没有自我主体对客观规范之必然性以及作为这些必然性展开的诸如群体和个体关系，社会发展的需要与自我发展的需要等关系的正确认识，即使社会历史提供最大限度的自主选择的自由，自我主体往往也要惘然不知所措，根本无法获得真正的自由。从这一点讲，当我们可以对必然性进行认识、把握和据此而行动，那么自由就不再是"幻觉"。

当然，需要进一步申明的是，意志自由的获得固然需以对客观必然性的认识为前提，但又不能停留在认识的阶段。显然，正确的认识只为自我人生的自由提供理论上的可能性。要使自由获得直接的现实性，就必须在认识必然性的基础上发挥自由意志，通过实践中的积极选择，从而真正达到自由的境界。在这个实践的过程中，自我不仅不为过去的坏习惯或情欲所支配，而且也日益摆脱"偶然的意志"、任性和冲动的驱使。这样，自我才真正获得现实的自由，开始使自己在实践中走向"自律"的境界，亦即走向孔子声称的"从心所欲，不逾矩"（《论语·为政》）的理想境界。

可见，要正确地把握自我主体的自由问题，不仅要看到人的自由是以认识必然为前提的，同时，还要看到在实践选择的过程中自由也必须处处遵循这种必然性。

我的最终结论就是，自由选择是人类实践活动的主旨。每个人都是自由选择的主体，真或假、善或恶、美或丑都是自我主体运用自己的意志进行自由选择的结果。人通过自由选择创造历史和塑造自己。我们每一个自我正是在这个自由选择中，从而也是在对客观必然性的认识和改造中不断实现自己的生存价值，从中体验到自我生命中真善美的蓬勃生机的。

3. 自由常常在不自由中才得以实现

[来自学生的问题]

老师在课堂上讲自由与必然的关系时提到一个观点，这个观点认为"自由常常在不自由中才得以实现"。这是老师您自己给出的判断，还是思想史上别的哲学家的论断？怎么理解这个论断？

[我的学理回应]

"自由常常在不自由中才得以实现"是我在《人生哲学论》这本小册子里给出的关于人生哲学思考的诸多论断之一。我的立论依据是：既然自由是在遵循必然规律的基础上才得以实现的，那么，我们从社会决定论的角度就可推论出，自我主体在具体行为中的自由选择事实上是在一系列非常不自由的情形下进行的。这种不自由的具体而真实的表现形式就是，我们的意志自由总受来自责任与义务的限制。我们追求自我人生价值的实现，我们同时就必须意味着对这个追求承担责任和义务。

具体地说，我理解的自由中的不自由首先是指我们通常要对自由选择的后果负责。

对于自由与责任的关系，古希腊的亚里士多德曾颇多论及。他认为人的行为当然是自由的，可称之为自由行为的必须不仅是行为者深思熟虑的结果，而且也必然是行为者自由选择的自愿行为。因而，"善"在于我们自己，"恶"也在于我们自己，人自己对自己的"善"或"恶"的后果负责。[①]这样，在亚里士多德看来，即便是某些被迫行为，也只是表面看来是被迫的，实际上行为者依然是自由选择的。比如歹徒要你抢别人的钱，如果违抗则会被杀死。即使在这种极罕见的情形下，行为主体也依然有自由选择的可能，比如我们可以违抗歹徒的胁迫，以死抗争。事实上，古往今来的确存在那些不屈服于淫威且选择死的殉道者。可见，即使在这种被迫的情形下，我们也依然要对抢钱这种"恶"行负一定的责任。

存在主义哲学家萨特进一步表述了相似的思想。他认为，人一方面是绝对自由地选择自己的行为的；但另一方面，人又必须对自己的自由选择负责。他的人学理论有一个很重要观点就是："人要为自己所作的一切承担责任。"他在《存在与虚无》里甚至这样认为："如果我被迫征调去参加一场战争，这场战争就是我的战争，……因为我随时都能够从中逃出，或者自杀，或者开小差……由于我没有从中逃离，我便选择了它。"[②]也就是说，尽管战争是好战分子策划的，但我们每一个哪怕是被迫的参战者，也应负道义上的责任。因为从根本上讲，这也是我们自己自由选择的结果。

两位不同时代的思想家，对自我主体自由选择与责任之间关系的论述当然是深刻的。但我认为，无论是亚里士多德还是萨特，他们又都赋予自我主体过于沉重的责任。尤其是萨特，他甚至宣称第二次世界大战中一个普通的德国士兵也须对整个法西斯战争承担责任。这显然是不公正的。这种对自主行为责任的片面理解表面上似乎是强调了责任，但事实上其结果却是使责任变成自由选择的一种"包袱"。而且，这个沉重的"包袱"由于其强人所难的不合理性往往要被自我主体所抛弃。这样，道德主体所应承担的责任便走向反面：变成了没有任何责任！这在我们的传统文化中特别能看到这样的情形，因过于强调一个人对自己的亲人、对国家、对民族的道义责任，结果却如俗语所说"事不关己，高高挂起"，这就使得实践效果适得其反，责任变成了没有责任。

其实，对自由与必然关系问题的正确解决是把握责任的关键。我认为，自由与责任不可分，自由事实上是一种对责任的可负状态。正是从这个意义上讲，责任应该成为自由的题中应有之义。也就是说，责任作为一种必然性的东西，是不以人的意志为转移的。因而，自由包含责任，责任体现自由。我们强调自我主体行为选择中的意志自由，其目的就是要使人通过自觉意识到自己的自由选择是可能的，从而也应自觉意识到自己的责任是必须承担的。人正是在对这个所负的责任中体现其主体价值和尊严的。

在现实生活实践中，许多人往往无视自己自由选择的可能性，而在一味地强调客观因素的同时，逃避自己所应承担的责任。

但是，必须指出的是，由于行为选择中的自由是有限的和相对的，因而在这其中人对自己行为所负的责任也是有限度的。所以，不能像萨特那样无视社会条件的限制，把一切责任无情地加诸个人身上，使个人在这种责任感的重负下陷入无穷的烦恼、孤独和绝望之中。按照我的理解，自我所应负责任的"度"是由客观条件所提供的选择可能性，以及个人在社会环境和社会关系中具有的选择能力决定的。由于决定行为主体应负责任的两个客观条件，即选择可能性的大小和人所具有的选择能力的大小，是一个无限变化的量，因而个人所负的行为责任的限度也是一个不断变化的量。显然，随着自由选择可能性的增大，人的意志自由活动的范围也就必然扩大。与这个增长与扩大相适应，个人在承担对自己行为应负的责任的过程中不断提高自己自由选择的能力，使自我人生在实践中获得真正的自由。

自由中的不自由其次也指自由是对义务的一种自觉承担。

马克思曾经说过："作为确定的人，现实的人，你就有规定，就有使命，就有义务，至于你是否意识到这一点，那都是无所谓的。"[1]自我的这个义务是由人的社会性存在及其与现存世界的诸多联系而必然产生的。自我人生所应承担的义务则正是这样一种一定社会对处于一定社会关系的人在行为方面的要求。亦即是说，凡是有人与人的关系存在的地方，有共同生产、生活和活动的场所，都会有义务的产生。这是人生义务存在的客观必然根据。

正因为这样的缘故，对义务范畴的探讨在哲学史上可以说是亘古及今的。因为没有一定的义务感，就不会有人的行为的真正产生。"义"这个范畴在中国古代哲学家那里就是"应当"的意思。朱熹认为"义之为义，只是一个宜"（《朱子语类》卷二十七）。这个说法是深刻的，因为它涉及义务最本质的属性：应当。

在中国传统哲学中最根本的义（宜）就是对"道"的遵循。因此，在古代哲人那里，一个人的自由首先意味着他必须循道而行。《孟子·滕文公下》记载了如下一则故事：有一位善于驾驭车

①马克思恩格斯全集（第3卷）[M]. 北京：人民出版社，1960：329.

马的人名叫王良。一次，晋国大夫赵鞅命王良与其宠信的大臣嬖
奚一同驾车打猎。王良以循正规的方法驾驭马车，结果一天下来
连一只鸟也打不到，而违反驾车之道的嬖奚却一早就猎获数十只
飞鸟。王良认定嬖奚为小人，而不与之为伍。孟子称赞王良说：违
反正道驭车，即使射得的禽兽能堆成丘陵也不可为之。事实上，在
中国传统人生哲学中历来强调对道义的遵循义务。

　　西方哲学史对"义务"作了更为详尽的探讨。柏拉图把"义务"理
解为"上天所赋予的智慧和德性"。康德从"善良意志"出发把义
务视为自己伦理学的中心范畴。为此，在他那里义务是"善良意
志"发出的"绝对命令"，这是一种绝对的行动规律。这样，在康
德看来，义务就其表现在人的行动过程而言，"就是牺牲我的一
切爱好，我也应该遵守这个规律"①。费尔巴哈则从人的自然本性
中把握义务。在他看来："对于自己应尽的各种义务不是别的，而
是一些行为的规则。这些规则为了保持或获得身体和精神的健
康是必要的，并且是由追求幸福而出现的。"②因而，义务在费尔
巴哈看来具有双重的含义：一是承认他人对幸福的追求，即利他
主义；二是为了自我将来的幸福而抑制自己的许多不合理欲求，即
自我克制。故他进而认为"义务是自我克制，而自我克制无非是
使我服从别人的利己主义"③。这些思想家们对义务的探讨虽然
不完全正确，但对我们的人生无疑是有启迪意义的，特别是他们
都把义务视为自我行为的内在调节机制，这是非常恰当的。

　　其实，在我的理解看来，义务作为一种被意识到了的人生责
任，它既非来自上帝或神的启示，也非来自人的"善良意志"或自

①康德．道德形而上学探本 [M]．北京：商务印书馆，1968：15.
②费尔巴哈哲学著作选集（上卷）[M]．北京：生活·读书·新知三联书店，1959：561.
③费尔巴哈哲学著作选集（上卷）[M]．北京：生活·读书·新知三联书店，1959：432.

然本能的需要，而是来源于人性的社会性之本质存在、历史发展的客观要求和社会进步的必然趋势，以及人类对这种必然性和进步的自觉认识。这样，从自我行为个体的义务感产生而言，义务是社会关系及其社会行为规范在个人内心中的认识和反映。每个人从儿童时代起就从家庭、学校、社会中接受了各种关于人生义务的观念，并仿效大人为自己亲近的人而尽义务。比如尽孝的义务，就被视为启蒙阶段天经地义的功课。民间还有所谓的"百善孝为先"之类的说法来强化这一义务观。随着年龄的增长，人的义务感逐渐强化，并和自己的人生理想、人生目的以及社会崇尚的自我道德规范、原则、理想及家国情怀等联系在一起。这时，我们就可以说作为自我主体内心的一种自觉要求的义务感也就真正诞生了。

义务感在自我个体行为选择中的作用是明显的。义务感是高度自觉的使命感，它是个人自觉自愿因而也是自由地使自己的认知、情感、意志服从于一定社会规范的内在心理机制。这种内在的心理机制，其最重要的作用在于，它构成自我在行为实践中的内驱力或原动力。

我想强调的是，义务感在行为选择中的这种作用首先是基于理性的认知基础之上的，是自由的一种表现。因此，如果我们不假思索地追随某个权威、效仿某个楷模或领袖人物，从而是在盲目执行别人或社会的意志而行动，那么，这决不能被理解为是在履行自己的社会义务。也就是说，真正的义务感是自我主体人格中的理性对情感、意志、信仰的唤醒，而不是不知所以然地、盲目地从他人或社会中去"接受"所谓的义务。同时，义务作为高度自觉化了的使命感，它也不应是我们对社会义务之重压的一种被迫接受，自我仿佛只有无可奈何地执行义务的命令。惟有那些把社会义

义务作为高度自觉化了的使命感，不仅没有限制我们的自由，而且恰恰是我们自由选择的。比如师者的义务就是教书育人。事实上，正因为义务是我们克服了任性而自由选择的结果，所以我们才特别享受这一选择带来的成就感和愉悦感。

务的要求和自己内在的信念、理想的要求结合起来，使义务成为自我心灵和人格中的一种内在需要，并能从中享受到欣慰愉悦心情的人，才可称为真正达到了自由境界的人。

义务感正是基于在理性的觉醒和可负的社会责任这两个前提下，真正发挥其行为实践的内驱机制的。如果作进一步的具体分析，那么我认为，义务作为自我人生实践选择中的行为机制是通过如下两个途径实现的。

其一，义务通常是以牺牲自己的某种个人利益而实现对行为的调节的。当然，"没有无义务的权利，也没有无权利的义务"（马克思语），自我个体对义务的履行，也总会相伴以这样或那样的方式得到社会给予的或名或利作为报偿。而且，这其中不同的义务在行为实践中的权利回报还有所不同。但无论如何，义务的履行肯定需要行为主体以牺牲自我的某种利益为表征的。

其二，义务也是在对自由境界的追求中实现对行为的调节的。义务其实恰是行为自由的表现，因为在行为实践中义务是自觉自愿地履行的。当然，这种自觉自愿的履行是建立在行为主体认识了社会发展的客观要求，认识到了自己存在的价值、使命与职责的基础之上的。否则，自我主体要自觉和自愿地履行义务就没有了认知的前提。因此，自我义务首先是一种自觉的认知。这种自觉的认知正表明主体是自由选择的。这种自由的选择表现在自我主体那里，就不会把义务作为一种外在的沉重负担，而是看成是主体追求自由自觉活动中的一个愉悦的行动。黑格尔曾深刻地指出过这一点："在义务中个人毋宁说是获得了解放。""义务所限制的并不是自由，而只是自由的抽象，即不自由，义务就是达到本质、获得肯定的自由。"①

① 黑格尔．法哲学原理 [M]．北京：商务印书馆，1961：167．

作为自由人生中一种不自由的表现，义务感无时无刻地制约着我们的行为。没有义务感的人是不成熟的人。但是，尽管从义务感在人的行为中的调节作用看，义务无疑有着某种意义上的"强制"因素，是对自由选择的一种限制，但义务决不能简单地被归结为一种强制因素。正是在这一点上，我认为康德的伦理学虽然博大精深而且在许多问题上不乏精辟独到之处，但是他在义务的理解和阐释方面却陷入了片面性。他采取了过于严酷的态度，以"绝对命令"来解决义务问题。因为在康德看来，义务中所体现的必然之则作为一种行为规律一定是强制的，人总是强迫自己去履行和遵循这一必然之则的义务，而不可能任意地按照自己的意愿自由地采取行动。但他认为也惟其因为这样才显示出人的意志与理性的价值。显然，康德在这里的错误是他忽视了义务还是一种自由自觉的责任感，他片面地夸大了义务的强制性。如果我们如康德那样来理解义务，那么在自我人生的行为中，或者使义务因为太多的强制性而走向自己的反面，履行义务变成了逃避义务；或者使义务因为太多的无可奈何的消极特性而不能很好地发挥其作用。这无疑都是对自我人生追求自由的一种否定。

在自我人生的现实生活实践中，许多人不了解义务的真实含义，从而也就无法把握义务作为行为选择的必要机制作用，而把义务视为个人自由的枷锁，是对个人兴趣、爱好等个性的否定。其实，这恰恰是对义务的误解或无知。义务作为对他人、社会的一种责任，诚然是一种限制与约束，但这是一种自我生活实践中的必要限制与约束。从人的行为本质特性中考察，我们可以认为义务的限制与约束的必然性与自由要被规范的必然性从本质上讲是一致的。

正是有鉴于此,黑格尔认为:"义务仅是限制主观性和任性。"①一个在主体意识和实践行为方面都高度自由的自我个体,总是善于在扬弃主观性和任性的基础上,把自己的个性、爱好纳入一定的社会义务之中,从而真正造就自己的优美品性。自我人生的自由也正是在这里真实地获得实现的。

这就是我对"自由常常在不自由中才得以实现"命题的两个维度的展开。希望它对于我们走出任性,确立起自由人生必须的责任意识和义务感有所帮助和启迪。

4. 敢于在冲突中进行自由选择

[来自学生的问题]

我和我的女友都具有了保研的资格。前几天我女友突然决定要去贵州山区支教两年再回来读研,还希望我也做同样的选择。从内心的真实想法而言,我并不认同女友的选择,但我实在是太喜欢她了。于是我左右为难,好几天睡不好觉。老师能够替我做个选择吗?

[我的学理回应]

首先我想说的是,你是成年人了,你应该自由地进行选择。如果别人替你选择,那无疑就剥夺了你的自由。重要的还在于,让你左右为难、难以抉择的这两件事在你今后的人生中孰重孰轻,只有你自己最清晰、最明了。你说是不是这个道理呢?

其实,在人生追求自我价值实现的过程中,我们总是可以发现一定社会倡导的社会规范和每个人自我个体之间并不总是相一

①黑格尔 . 法哲学原理 [M]. 北京:商务印书馆,1961:158.

致和相吻合的。换句话表述也就是说，社会规范和个体生存与发展的意愿有时是对立甚至是冲突的。

作为活动的主体，每一个自我的个体差异是导致个体与社会规范之对立和冲突的必然性根源。在任何社会中，具体的个人的情况总是千差万别的。这些个体自觉不自觉地要从自己的特殊经历、特殊角色、特殊的主体素质等个人存在的特殊性中来自主地选择和接受社会规范。这就使得个体的欲求常常和社会整体规范不一致。而另一方面，即使个体强制、迫使自己与社会整体规范相一致，然而，由于缺乏坚强的意志和信念，他们也不会有积极的情感。因而，在实际生活中，认识到"应该"并不等于在自我人生实践过程中必然产生实现这种"应该"的情感和信念。因为个人的认识可以借助社会的教育和灌输而形成，而内心的情感和意志的培养则需克服自身的欲望与冲动才能得以完成。

这样，人的生存本能和利己天性促使个人为自身利益而行动，而人的社会本性则要求自我按社会要求行动。这就形成心灵世界上理智与情感的内心冲突，从而必然使自我个体呈现出表里不一的社会性表象。有时，人们的社会地位和担任的社会角色迫使他们按社会预先规定的范式规范自己，他们在自己的职业所扮演的社会角色中，可以是一个不折不扣地服从社会整体规范的人。然而，他们的内心很可能与此截然相反。这种内心的智情冲突、表里不一的情况，在自我人生的生活实践中是大量存在着的。只要社会要求和每一个人内心欲望不完全吻合，个人总会程度不同地偏离社会要求。

于是，我们便不可避免地面临着自我个体欲望与社会整体要求的冲突。但冲突并未消除主体意志的自由选择。只要对冲突的情形做一认真的审视，我们就可以发现，冲突并不否定选择的自由，而是相反，冲突恰恰是由于人能自由地选择而产生的。因为冲突至少表明自我主体可以在两种可能性的行动方案中选择，否则，如果行为主体只能如此，别无选择，那也就无所谓内心的冲突了。

人生哲学的智慧告诉我们，冲突中的自由选择的实现，首先就必须对冲突所涉及的自我个体欲求和社会整体规范做一认知上的把握。这种认识不仅能帮助行为主体区分真实的冲突还是虚假的冲突，而且更重要的还在于能对一种冲突进行质与量上的分析和审视，从而为解决冲突提供认识论的根据。比如萨特就曾经描述过这样一则实例：二战爆发后，他的一位学生遇到了上前线抗击德国法西斯入侵还是留在后方赡养年迈的母亲之间的冲突。事实上，只要他对战争的性质有一正确的认识，便不难做出抉择。因为这是一场反法西斯的正义的抵抗运动，如果他不参加，不给抵抗运动以力所能及的支持，客观上就是有利于法西斯，就是道德上的"恶"。这样，只要把对祖国和全人类的利益看作更高的"善"时，这位学生就能自觉暂时放弃对母亲的赡养义务。其实，在历史与现实的生活实践中，我们可以看到大量解决这种冲突的高尚行为，比如中国古代的岳飞在"忠""孝"不能两全时义无反顾地选择忠于国家民族的慨然大义，就是对这种冲突的一种自由抉择。也因为它是行为主体的自由抉择，所以历史上如岳飞这样的以忠义为先的志士仁人其人生有了令后人敬仰的崇高价值。

当然，也正因为主体具有自由选择的可能性，故在个人生命欲求和社会欲求相冲突的自由选择中，行为主体的确常常处于一种

在呼伦贝尔大草原上，虽然很羡慕牧民们在马背上自由驰骋的飒爽英姿，但作为游客的我却懂得告诫自己：绝不可做这样的尝试。好几次，在"骑还是不骑"纠结中的最终的自由选择都是非常明确的：不骑。于是，结果往往就是选匹最温顺的马，静态地与其合张影过过干瘾。这不是胆怯，而是理智。

非常为难的窘境。因为主体一方面可以自由选择，另一方面又必须对选择进行负责。这样，伴随着冲突中的自由选择，自我主体的内心通常是痛苦的。存在主义的哲学家们甚至据此认为，人的自由选择注定要使人痛苦和绝望。比如萨特就认为，人是自由的，但也因为有了这个自由，人对人生必然是悲观绝望的。因为在他看来，任何在冲突中的自由选择都是同样有价值的，因而任何选择都是可能和可以的；但这种自由选择背后又有沉重的责任。正是这种责任的重负又使任何选择必然要伴随犹豫、痛苦和绝望。①

尽管萨特夸大了这种自由选择中的痛苦心境，但他的这个思想是有一定合理性的。的确，自我主体在面临冲突的选择中内心常会体验到一种难言的孤独、焦虑和不安的痛苦心情。行为主体要避免这种痛苦就要放弃选择，放弃自由，而听凭他人或权威或社会集团对冲突所作的裁决，行为主体只要顺从这个裁决行事即可。但这样一来，自我行为主体的实践就丧失了自由的特性。正是因此，就通常的情形而论，自我主体一般不会放弃这种自由自主的抉择权力，从而也就注定要忍受痛苦的折磨。但我认为，自我主体也正是在这种痛苦的选择中显示了自己人生存在的道德与审美价值的。

当然，作为文明社会的一个标志，自我个体在冲突中进行自由抉择的过程中，社会同时又应允许其成员根据自己的爱好、能力和可能程度来选择适合于自己的行为。我历来反对"道德绑架"的所谓舆论谴责或舆情造势。因为这恰恰在剥夺行为主体的自由选择权。事实上，自我个体愿以什么样的价值目标和道德水准作为自己人生的实践目标，必须是从自我的实际情况出发的。占主导

① 萨特. 存在与虚无 [M]. 北京：三联书店，1987：301.

地位的社会整体可以要求个人"应当"如何，而不应"强迫"个人如何。这样，我们就会发现，自我个体在日常生活实践中的自由选择应该而且可能是各种各样的。也是因此，对你来信中提及的选择困境我既不会替你选择，更不会在你做了某种选择后给你简单地贴个"善"或"恶"的标签。我想说的是，你应该学会自己选择！

重要的还在于，正是在面临着冲突时我们敢于抉择，我们才实现真正意义上的自由。我们的人生也才拥有真正现实的而非观念上的成功。为此，我在行文最后送你一句马克思的名言："人不是由于有逃避某种事物的消极力量，而是由于表现本身的真正个性的积极力量才得到自由。"①

我觉得马克思在这里表述的无疑是自我人生所能获得的自由的最真实的情形。这也可以说是人生哲学在自我心性自由方面所得出的又一个基本的认知结论。

①马克思恩格斯全集（第2卷）[M]. 北京：人民出版社，1957：167.

第二编
理论与德性之"善"

[题记] 理论向德性转化过程中,"善"是一种自觉与自愿的状态。

四、关于善恶观的对话

1. 善的内涵与外延

[来自学生的问题]

刚进大学的时候在一位学兄的推荐下读过尼采的《善恶的彼岸》，觉得有些晦涩。唯一记得的一个观点就是尼采认为人类试图区分道德和不道德而发明的"善"与"恶"这两个词是相对的。于是，在尼采看来"善就是恶，恶就是善"。老师您能不能具体谈谈善的含义是什么的问题，而且最好不要抽象晦涩。

[我的学理回应]

尼采的《善恶的彼岸》一书对西方以及中国伦理学的影响不可小觑。但我一直认为书中的非理性主义立场是不可接受的。道德必然是一种基于理性的认知和实践。就这一点而言，我更认可康德把伦理学理解为"实践理性"的立场。具体到人们的善恶观，这就更是基于理性主义的基础之上的、具有确定性内涵的东西。

当然，我也承认在人类思想史上，对善与恶的把握和界说是歧义纷生的。从词源上考察，善原是一个佛教名词，意指符合佛教教理的思想与行为，而不符合教理的思想与行为则为恶。在佛家教义衍生的语境下，作为伦理学的基本概念，通常把善理解为符合一定道德原则和规范的思想与行为，反之则为恶。比如亚里士多德就对善下过这样一个定义："人类的善，就应该是心灵合于德行的活动；假如德行不止一种，那么，人类的善就应该是合于最好的和最完全的德行的活动。"①

亚里士多德的说法无疑是对的。然而，他并未具体解释什么是善的问题。而且，我觉得亚里士多德在这里走入一个循环论证之中：道德是德行的规范，因而道德是一种善；而善又是一种道德上的德行，所谓的善就是符合一定的道德规范。这种循环论证从某种意义上正表明了作为伦理学的创始人，亚里士多德对善的认识和理解也是陷于困惑之中的。

正由于最初对善未能有一个明确的界说，所以伦理思想史上对善与恶的界定便有了各种各样的理解和不同的说法。比如古希腊的苏格拉底、柏拉图等人以知识为善，认为"善的范型是最高的知识，无知则是恶"。奥古斯丁认为，信仰上帝为善，要达到"至善"就必须靠上帝的帮助，怀疑或亵渎上帝则为恶。康德则把他的"绝对命令"，即先天的善良意志作为唯一的善的标准，认为离开善良意志的一切行为都不能算是善的。一些快乐主义伦理学家，如伊壁鸠鲁、斯宾诺莎、费尔巴哈等人，则以获得快乐和幸福为善。斯宾诺莎对善与恶就曾下过这样的定义："所谓善是指一切的快乐，和一切足以增进快乐的东西而言，特别是指能够满足愿望的任何东

①周辅成. 西方伦理学名著选辑（上卷）[M]. 北京：商务印书馆，1964：287.

西而言；所谓恶是指一切痛苦，特别是一切足以障碍愿望的东西而言。"①你提及的尼采的《善恶的彼岸》一书则干脆从相对主义的立场消解了善与恶的界限。

如此众说不一的善与恶的理解和界定，孰是孰非，无疑地使道德理性陷于一种困惑、迷惘之中。这一困顿必然地影响人们具体的道德实践。可见，迫切需要从伦理学的元原理出发，确立善与恶的一般含义。

正如道德的本质源于人类活动的内在必然要求那样，善与恶的观念从最一般、最普遍必然、最本质意义上的确定也必须植根于人类的活动本身。从规范人性的意义上讲，善与道德是同义的。只有从这样一个对人性规范的角度出发把握善与恶的内涵，我们才可以理解孟子对善所下的一个著名定义："可欲之谓善。"(《孟子·尽心下》)按照孟子的理解，"人之异于禽兽者几希"(《孟子·离娄下》)，因而人有和动物一样的各种本能的欲望和冲动，这是一种真实的存在。但道德上的善则要求人能以理性和意志区别于动物，即依据理性与意志来判断什么是"可欲"的，什么是"不可欲"的。在动物那里是没有这种区分的，这个区分只有人才特有。故人的行为中"可欲的"就是善的。所以，孟子说："可欲之谓善。"

如果作更加明确的界说，那么可以认为，所谓的善就是指人"应当"有的品性，而所谓的恶则是人"不应当"有的品性。日本伦理学家西田几多郎正是从这样的角度来论述善的："所谓善就是我们的内在要求即理想的实现，换句话说，就是意志的发展完成。"②可见，人性特有的理性在确立了"应当"的理想之后，意志对于这

①周辅成. 西方伦理学名著选辑（上卷）[M]. 北京：商务印书馆，1964：619.
②西田几多郎. 善的研究[M]. 北京：商务印书馆，1983：107.

个"应当"的努力就是善。之所以用"应当"与"不应当"来界定道德的善与恶，那是因为人的存在除了"应当"的追求以外，还有诸多"是"的存在。这就正如生物进化论所揭示的那样，人"是"动物，这是一个基本的事实。但道德上的善则要求，超越这个"是"，进而达到"应当"的境界：人"应当"超越动物，人应当在这个超越的过程中使自己成为大写的人。也就是说，人应当使自己走向另一个基本的命题：人"应当是"道德的动物。人类如果无法使自己达到"应当"的境界，那么，就只能使自我沉沦于"是"的层次。在这种层次上的生活，那无疑像孟子所鄙视的那样"与禽兽为伍"了。这正是道德上恶的最基本的含义。

正是从这个立场，我尝试性地对善做如下的界定：善是人超越自我本能的一种自觉规范，它表现为人不断以"应当"来规范自己造就理想人性的一种价值追求过程。

从这样一个一般的界定出发，我们也就可以理解，由于不同政治经济制度和文化背景下的人们对"应当"的理解不同，善与恶的具体解释依然是众说纷纭、莫衷一是的。我们要寻求一个永恒的关于善与恶的观念是不可能的。比如马克思曾借歌德的诗形象地描绘过资本家的善恶观："我是一个邪恶的、不诚实的、没有良心的、没有头脑的人，可是货币是受尊敬的，因此，它的持有者也受尊敬。货币是最高的善，因此，它的持有者也是善的。……"①其实，不仅仅是资本家，古往今来所有的货币拜物教者几乎均持这样的善恶观。但是，在一个非货币拜物教者看来，资本家如上的善恶观就完全可能被颠覆。

马克思的历史唯物主义把道德上的善和"应当"理解为符合

①马克思.1844年经济学哲学手稿[M]. 北京：人民出版社，2014：139.

人类社会进步，从而也是符合最大多数人利益、愿望和要求的一切思想与行为，反之则为恶。因此在唯物史观看来，人们的善恶观念是人类社会活动的历史产物。也因此，善恶观念必然地具有鲜明的时代性、民族性、阶级性和随社会历史的发展不断变化的相对性等基本特点。

接下来，我觉得有必要具体地来探讨一下善恶观的表现形态。这一方面是为了避免过多抽象的释义和推演，另一方面也是回应你信中提及的"最好不要抽象晦涩"的要求。我将就如下具体的问题来展开究竟什么是善的问题讨论。

比如义利观。义利问题作为古老而又常新的伦理学问题，一直是人类道德生活实践中必然涉及的。"义"通常指思想行为符合一定的道德规范准则。故朱熹说："义者，宜也。"（《四书集注·中庸章句》）"利"是指功利、利益。汉代王充曾进一步对利作了区分："夫利有二：有财货之利，有安吉之利。"（《论衡·刺孟》）因此，所谓的义利观就是指对义利的基本观点、看法和根本态度。①

作为一种道德意识和伦理态度，义利观从来是社会历史发展的产物。这是因为一方面"人们奋斗所争取的一切，都同他们的利益有关"②。但另一方面这个利益又是不断发生变化的。这样，我们也就能理解为什么在人类历史发展中从来不存在所谓天经地义的东西。在我们社会主义公有制为主体的社会，对义利观上善与恶的理解就是，个人利益与社会整体利益是否一致；个人利益与社会整

①有必要指出的是，作为一种伦理态度，在中国古代思想家的义利之辩中，"利"更具体地如王充所理解的那样是指私利，是指个人的功利、物质利益的追求。因此，义利观也就是指对个人的私利与社会的道义即道德规范之间的一种观点或看法。
②马克思恩格斯全集（第 1 卷）[M]. 北京：人民出版社，1956：82.

体利益发生矛盾冲突时，个人利益能否服从整体利益，以及个人利益是否通过正当的合法的途径和手段获得。对上述三方面问题的不同看法和采取的不同态度，令善与恶因此有了一个分水岭：如果个人利益与整体利益是背道而驰的；或个人利益和社会整体利益发生冲突时，是以个人利益为重的；抑或个人利益的获得是不道德的甚至是违法的，那么，它就是不义，就是道德上的恶。反之，才能称之为正义和善。

如果对义利观上的善恶问题做进一步展开，那么可以认为，在现时代的政治经济文化条件下，道德思想行为在认识和处理个人利益与他人、社会利益关系上，"见利思义"为善，"见利忘义"则是恶；在处理个人利益与集体、国家、民族乃至整个社会利益关系问题上，"急公好义"为善，"自私自利"则为恶；在处理局部利益和整体利益关系问题上，"舍利取义"为善，"弃义逐利"则为恶；在处理眼前利益和长远利益的关系时，"深明大义"为善，"急功近利"则为恶，如此等等。毛泽东同志曾这样认为："我们是无产阶级的革命的功利主义者，我们是以占全人口百分之九十以上最广大人民群众的目前利益和将来利益的统一为出发点的，所以我们是最广和最远的革命的功利主义者，而不是只看到局部和目前的狭隘的功利主义者。"①这里当然指的是作为整个共产党人所应有的义利观。但无疑这对每一个道德行为个体正确义利观的确立也同样是有启迪意义的。

随着我们社会生活实践的变化，义利观也在不断地随之变化着。尤其是适应着市场经济的发展，改变传统的"尚义反利"观念，而确立"崇义顾利"的观念就显得非常的重要。也就是说，群体

①毛泽东．毛泽东选集（合订本）[M]．北京：人民出版社，1969：821．

道德要充分顾及个人必要和正当物质利益的获得。否则，这种道德就会沦为一种说教。但与此同时，我们又必须十分注重对"唯利是图"观点的扬弃和批判。事实上，在改革开放之初，邓小平就曾指出："我们提倡按劳分配，承认物质利益，是要为全体人民的物质利益奋斗。每个人都应该有他一定的物质利益，但是这决不是提倡各人抛开国家、集体和别人，专门为自己的物质利益奋斗，决不是提倡各人都向'钱'看。"①

比如爱憎观。与义利观一样，爱憎观也是指道德主体对爱和憎的根本看法和态度，它包含什么是爱和憎、爱和憎的客观标准以及如何才能有正确的爱憎观等等问题。

休谟曾在《人性论》中断言："给爱和恨两种情感下任何定义是完全不可能的。"②在我看来，这个相当武断的说法在一定意义正表明了要抽象地下一个普遍一般的爱与憎的定义是困难的。但我们不是不可知论者，作为一种特定的、具体的道德感情，或许可以从如下意义上理解爱与憎的内涵：爱就是对善和应当存在的一种美好情感和心理体验；而憎则是对恶和不应当的存在的怨恨和厌恶的情感和心理体验。

从这样的角度理解人类的爱与憎，那么可以非常明显地看出爱憎观所具有的社会性。这就正如鲁迅先生所指出的那样："自然，'喜怒哀乐，人之情也'。然而，穷人决无交易所折本的懊恼，煤油大王那会知道北京捡煤渣老婆子身受的酸辛；饥区的灾民，大约总不去种兰花，像阔人的老太爷一样；贾府上的焦大，也不爱林妹妹的。"③这种爱憎观上的社会性以及这种社会性决定的阶级性，就

①邓小平.邓小平文选（一九七五－一九八二）[M].北京：人民出版社，1983：297.
②休谟.人性论[M].北京：商务印书馆，1980：365.
③鲁迅.鲁迅全集（第4卷）.北京：人民文学出版社，1957：164.

表明了所谓普遍永恒的"人类之爱""博爱"的不可能性。事实上,作为博爱理论先驱之一的休谟,就曾这样直言不讳地表明过私有制的社会历史条件下因"富贵贫贱"而异的爱憎观:"没有东西比一个人的权力和财富更容易使我们对他的尊视;也没有东西比他的贫贱更容易引起我们对他的鄙视。"①

但我想说的是,爱憎观上同样必须学会辩证地思考。这就是说,与此同时也应该看到,人类作为马克思说的"类存在"在自己的人性发展中毕竟还拥有许多共性的因素,在特定的社会历史时期更是会有许多共同利益的存在。这就必然使得某种程度上共同的爱憎观的存在也是可能的。人们从自身的忧患中产生同情心;从自身的孤单中发出互助的渴求;从对自身的爱中萌生出对他人乃至全人类的爱,比如《论语》里就有"四海之内皆兄弟也"(《论语·颜渊》)的语录。正是通过这种爱,人类彼此间获得关切和尊重,获得了理解和信任,并使"爱"和"憎"这一万古长存的精神情愫成为推动社会历史向"大同"世界迈进的巨大精神力量。

必须进一步探讨的问题是,爱憎观是否有其客观的标准?按照历史唯物主义的基本观点,无论是带着社会性和阶级性的爱,还是某种意义上的共同的人类之爱,作为一种道德意识与善恶观念同样有着自己的客观标准。这个标准从最本质的意义上可归结为:是否有益于人类社会的发展和进步?只有正确坚持这样一个标准,那么一个人在自己的道德生活实践中才能不以个人的感情好恶作为爱与憎的取舍,而是能自觉地走出个人主义、利己主义的藩篱,自觉地把个人的爱憎汇于广大人民群众的爱憎之中,以达到道德意识的至善境界。

①休谟. 人性论 [M]. 北京:商务印书馆, 1980:394.

　　再比如得失观。每一个人生活在现实世界上，为了生存和发展总需要对社会有所索取；与此同时，作为索取的依据和基础，我们又必须对社会有所奉献或将有所奉献。作为道德意识的一种表现，得失观就具体反映人们对得到和失去的观点和态度。

　　得失观作为社会意识的形式之一，除了具有鲜明的时代性、社会历史性外，还有着鲜明的个性指向。事实上，作为一个人的道德觉悟程度如何的一个重要标准，得失观最容易也最直接反映人的道德本质。这正如诗人北岛在其诗作《回答》中所写的那样："高尚是高尚者的墓志铭，卑鄙是卑鄙者的通行证。"[①]人性是高尚还是卑鄙往往就在得与失的抉择中表现出来。现时代在得失观上，唯有以人民大众的利益为重，才成为毛泽东在《纪念白求恩》中写的那样："是一个高尚的人，一个纯粹的人，一个有道德的人，一个脱离了低级趣味的人，一个有益于人民的人。"[②]

　　这也就是说，正确的得失观必须以人民大众的利益，从而也就是以整个社会历史进步作为取舍的唯一标准。得失观的实质是利益问题，因而它有一个以"公利"还是"私利"作为衡量得失的标准问题。在历史与现实的得失观考察中，人们既可以看到从公利甚至是从整个人类的进步的利益出发理解得失的如白求恩那样的高尚者，也可以看到以自己私利出发，甚至"拨一毛以利天下而不为"（《孟子·尽心上》）的极端自私的利己主义者。

　　真正的善只能是那种以公利出发来理解的得失观，以私利甚至是极端的自私自利为基础来理解的得失观只能是人性上的一种恶。也许这也就是为什么历代的诗人要颂扬和讴歌春蚕和蜡烛

①北岛.北岛诗文集萃[M].香港：香港文艺出版社，1997：117.
②毛泽东.毛泽东选集（合订本）[M].北京：人民出版社，1969：621.

精神的一个重要的学理依据。事实上，这样的得失观也是现实生活中一个人的人性是高尚还是卑微的考量标准。

还再比如苦乐观。苦乐观作为道德意识的一个具体方面，和一个人的人生态度、道德信念相关。所谓的苦乐观是指道德主体以一定的人生观和道德观去对待人生的痛苦和欢乐及其关系的总的根本的观点和看法。

可以肯定的是，不同人生观和道德观境界下的人们，必然有着不同的苦乐观。一些人把物质生活的享受视为快乐，信奉"人生在世无非吃喝玩乐"的信条。另一些人则鄙视这样的生活。比如古希腊赫拉克利特就竭力反对当时盛行的只注重感官享受的快乐主义，认为"如果幸福在于肉体的快乐，那应当说，牛找到草吃时是幸福的了"。[1]中国古代的孔子则把快乐和痛苦与行仁道相联系，明确主张"君子忧道不忧贫""饭疏食，饮水，曲肱而枕之，乐亦在其中矣。不义而富且贵，于我如浮云。"（《论语·述而》）梁启超直接秉承了孔子的如上思想，提出了他理解的苦乐观："真苦真乐不必存于躯壳，而存于心魂。躯苦而魂乐真乐也，躯苦而魂苦而真苦也。"（《德育鉴·存真》）

在历史唯物主义的视阈来看，苦乐观上的善和"应当"是指能为最大多数人的利益和幸福，从而也是为整个人类社会的进步而工作的人生就是快乐的；不能为人类社会进步的事业而贡献自己才智的，碌碌无为，虚度年华的人生就是痛苦的。

值得特别指出的是，历史唯物主义既承认物质生活需要的满足对人生快乐的影响作用，但更强调为着一个崇高理想和目标孜

[1]北京大学哲学系外国哲学史教研室. 西方哲学原著选读（上卷）[M]. 北京：商务印书馆，1981：28.

孜以求、安贫乐道的精神欢愉。不知你是否读过《马克思的自白》这本小册子？据书中记载，有一次，马克思的女儿用当时很流行的一种问卷游戏的方式向马克思提出许多问题，其中一个问题就是："你所理解的幸福是什么？"马克思回答得很干脆："斗争！"[1]

事实上，马克思不仅是这么说的，也是这么做的。青年时代的马克思为了追求真理，就开始了自己一生的流亡生涯。因为在《莱茵报》上揭露了反动的普鲁士政府，他主编的报纸被查封，他被迫流亡巴黎。巴黎的基佐政府在普鲁士政府的要求下，又将他驱赶出巴黎，他又被迫流亡到布鲁塞尔。1848年革命中，他绕道巴黎回科伦参加德国革命。革命失败后，他典当家产又流亡伦敦。直到逝世，他仍是一个无国籍者。在一生的流亡中，马克思政治上受反动政府的迫害，经济上则贫困交加，这种贫困程度有时简直令人心碎。他常因无钱买一枚寄信的邮票或一张刚出版的报纸而苦恼。他的小女儿病死之后，遗体还是在一批正直的流亡者资助下才得以安葬的。但即便如此，马克思依然著述不止，以自己博大精深的科学理论，实践着他"斗争即是幸福"的信念。重要的是，在这个异常艰辛的斗争中，他一直是快乐和幸福的。因为他把自己所从事的事业自觉地和整个无产阶级的解放事业联系起来。这堪称一个真正大写的人的苦乐观。

写了很多了，不过我还是很想在这里表达如下一个观点：我们的课程是马克思主义哲学原理。这门课是以马克思的名字来命名的。为此，我们除了要学习基本的理论外，也很有必要从马克思的生平中去汲取思想养分。事实上，在诸如善恶观及其具体形态义利观、爱憎观、得失观、苦乐观的有效构建之类的问题上，马克

[1]瓦连京·奇金，达·梁赞诺夫.马克思的自白——卡尔·马克思对女儿20个问题的回答[M].北京：解放军文艺出版社，1997：2.

思的一生都给出了绝佳的示范。它对于我们理解什么是至善的人生境界无疑大有裨益。

2. 个体的道德善恶意识是如何形成的

[来自学生的问题]

记得老师您在课堂上常说"善良比能力更能成就一个人"。我很认同您的观点。尤其在习近平总书记提出"立德树人"的教育观后，我相信这更加是一个彰显中华优秀传统文化智慧的成才之道。我的问题是，一个人如何才能够拥有清晰而正确的善恶意识？

[我的学理回应]

善良品性的造就有一个认识论前提，那就是对善良的自觉认知。针对你的问题，我首先要特别强调的是要自觉建构起关于善与恶的道德自我意识。这是个认知前提。古希腊哲人说"知识即美德"，我理解大概说的就是这个意思。

道德自我意识是道德主体对一定社会所确立和崇尚的道德规范的一种认知和依这种认知而产生的信念。每一道德个体的自我意识作为主体必然地在其中具有自觉、自主从而也是自由的选择权利。事实上，从社会治理的一般规律而言，社会道德要对其成员产生影响作用首先就必须内化为道德个体的自我意识。

社会为其成员确立的道德规范是众多的。正如我们已熟知的那样，这些道德大致包括宗教道德、自然道德、个人道德、社会道德这四大类。而这其中又以社会道德最为庞杂，有社会公德、职业道德、爱情婚姻道德等等。不仅如此，每一种道德都有自己一系列的规范、原则要求人们遵循。但这仅是问题的一个方面。事实上，与法的规范不同，这些内容不同，要求各异的道德及其规范、原则仅仅只是作为社会对我们每一个人的要求。相对于每一个自我而言，这还是一个外在的、异己的东西。因而人们可以接受它，也可以不接受它；可以这样接受它，也可以那样接受它。这一切显然取决予个体道德善恶意识作如何选择。

可以肯定地说，人们有怎样的道德善恶意识，才选择怎样的道德规范，从而也才有怎样的道德行为，并因此拥有怎样的道德境界。外在的道德规范如果不内化为主体内在的道德善恶意识，道德行为就不可能发生。

当然，完全没有道德善恶意识的人是不存在的。因为从最一般意义上讲，人和动物的不同就在于人是有意识的动物，因而在道德实践中，道德善恶意识也总是与之相伴而生的。但真正的道德善恶意识是一种高度自觉的自我意识。依据这种界定，那些被迫的、随大流的、不由自主的道德善恶意识，都不能称为真正的道德自我意识。

正是基于这样的理解，我在这里尝试性地对道德自我意识作一个比较具体的界说：所谓的道德自我意识是指道德主体对社会道德规范以及道德规范内含的必然性、价值意义所产生的一种内心体验、自觉认知和自由选择的意向。对一个正常的道德个体而言，这是一个必然充满着矛盾和经历着反复的心路历程。笛卡儿曾把这一过程归结为不断地"怀疑、理解、理会、肯定、愿意、不愿意、想象和感受"①的心灵过程。这是一个从怀疑开始，到最终

①北京大学哲学系外国哲学史教研室．西方哲学史原著选读（上卷）[M]．北京：商务印书馆，1981：369.

感受到道德规范的必要性，及其领略到由此而来的责任感和义务感、幸福感和荣誉感的精神旅程。

在历史与现实的道德生活中，可以发现许许多多的人非常遗憾地失落了这种道德自我意识，因而他们也就必然失落对自我人生价值的自觉追求。甚至在一些曾被我们广为颂扬的道德楷模身上，也可寻觅到诸多失落了道德自我意识的表现。也就是说，许多人其实只是在自发的、或被迫的、或只是承袭世代相传的传统习惯和心理定势下做出了"善"的行为，但却没有"善"的自我意识。这不能不说是道德生活实践中的一个极大的遗憾和欠缺。

研究道德与道德自我意识的关系，并强调道德自我意识的自觉培养是重要的。从根本上讲，没有道德主体对"善"之规范的自我意识，那么，道德实践中"善"的行为就没有了可靠的主体性保障。而且，在人类诸多的行为中，道德行为尤其强调自觉意识，因为能称为道德行为的总是那些在众多可能的选择中选择那"善"的行为。没有意识中对诸种可能性的自觉比较，并探寻将选择的那种可能性行为的道德意义及其对自己和社会所产生的价值，那么，其行为是很难在实践中产生真正"善"的效果的。

在具体道德实践中，我们也总是看到道德善恶意识中无知、被迫、不由自主或者甚至是依靠外部的行政命令而强行灌输而产生的行为，其行为或许是"善"，但也可能会走向"善"的反面。比如我们曾有过的毫不利己、大公无私之类的共产主义道德教育和宣传，在许多人那里之所以收效甚微，甚至产生逆反心理，很重要的一个原因是没能启发道德主体的道德自我意识，而只是靠行政命令的强行灌输。它甚至还导致了诸多口是心非、表里不一的伪君子的出现。这充分表明一定社会的道德善恶意识转化为道德主体内心的道德自我意识的必要性和重要性。

你在来信中提出了"一个人如何才能够拥有清晰而正确的善恶意识"的问题。作为对这个问题的回应，我想特别强调指出的是，一个人道德上的善恶意识在道德主体的自我意识中无疑是被高度综合化了的。从这个意义上讲，要对道德主体的道德善恶意识结构进行分门别类的分析是困难的。但尽管如此还是可以借助理论上的抽象，依据道德主体人格的知、情、意统一特性，抽取出道德善恶意识中的认知、情感、意志这三个主要的构成要素进行分析，以达到"知其然"的学理目的。

首先是道德善恶意识中的认知要素。从认识论上讲，道德善恶意识的认知就是指对道德规范必然性之"真"的把握，道德主体在这里具体表现为认识主体。道德主体的认知过程表现为两个指向；一是对道德规范所蕴藏的客观必然性的把握，亦即获得真理性认识；二是对道德所具有的满足主体需要的价值属性的把握，亦即获得价值性认识。道德主体认知过程的这两方面内容是相辅相成的。

其一，对道德规范所蕴藏的客观必然性的认识是道德善恶意识自觉性的认识论前提。没有这种认识就不会有对道德规范必然性的遵循，从而在生活实践中主体便会有意无意地破坏甚至践踏一定社会道德所倡导的道德规范。因而，道德上的"善"，事实上是以认识上的"真"为前提的。

其二，对道德规范所具有的满足主体需要的价值属性的认识是推动主体从事一定的道德实践的精神驱动力。在人类的一般活活动中超功利的实践是不存在的，道德实践的活动也总是为了满足主体道德价值的一种追求。道德善恶意识中自觉地意识到这一点，无疑构成道德实践的一种认知前提和精神驱动力。

恩格斯曾十分推崇黑格尔提出的一个命题："自由是对必然的认识。"[1]同样，道德领域中的自由也是基于对道德规范必然性的认识基础之上才是可能的。而且，从知行合一的角度看，这里的认知过程是一个"知"引领和指导"行"，而"行"又印证和修正"知"的互动过程。古语说的"读万卷书，行万里路"即是这个意思。从这一理解出发我们可以断言，道德善恶意识中的认知因素直接构成道德行为的认识论前提，具有最重要的前阶性。

其次是道德善恶意识中的情感因素。道德善恶意识是一种需要意识，而人的需要又是与情感直接相关的：一方面，人的诸种需要的诉求要通过情感表现出来，由此才成为人们的行为动机，所谓不安感、内疚感就是这样的情感体验；另一方面，需要的满足也是通过情感来实现的，所谓幸福感、自豪感就是某种需要得到满足的情感体验。显然，道德情感往往成为道德实践的直接动因。

道德情感的这种重要作用，是由情感自身的性质所决定的。因为从心理机制上看，情感体验是一种相对稳定的条件反射形成物。道德主体为了寻找相应的刺激条件，就不断地要在道德实践中创造这种条件，亦即不断地以自己的德行去创造满足幸福感、自豪感、荣誉感、义务感等等的情感条件。这个过程也就是道德情感推动道德实践的过程。

[1]马克思恩格斯选集（第3卷）[M]. 北京：人民出版社，1974：153.

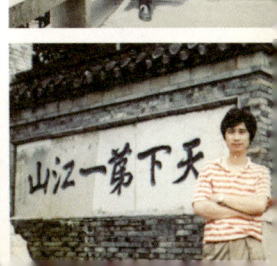

就知行关系而论，中国古代伦理学有一个倾向性的结论：知易行难。正是因为这个缘故，孔子要强调"学而时习之"。同理，古语说"读万卷书，行万里路"。哪怕是旅游，如果有这样的觉悟自然便会有别样的收获。

道德心理学的研究表明，缺乏热烈情感的道德善恶意识只是枯燥而乏味的，从而也是没有感召力的教条。列宁甚至认为："没有人的感情，就从来没有，也不可能有人对真理的追求。"①同样，没有人对道德规范之"真"的热忱追求，就不可能形成正确的道德认识。而没有正确的对道德必然性之"真"的认识，就不会有高尚的道德行为的产生。可见，道德情感的培养是重要的。

道德情感的具体形式很多，正义感、义务感、良心感、荣誉感、幸福感等等就是一些主要的道德情感形式。无论何种道德情感，在道德生活实践中它都构成道德主体在道德选择行为中向善而行的直接动因。

有一点必须指出的是，道德情感决不是盲目的感情冲动，而是一种建立在道德认知基础之上的理智的情感。也就是说，情感尽管不完全是理性的范畴，它包含着明显的非理性成分，但道德情感应该以理性作为自己的基本原则和必然性根据。

在道德情感问题上，感情主义伦理学提出了其独特的理论。它是 20 世纪 30 年代逻辑实证主义所创立的一种伦理理论。其基本观点是：伦理学上的概念如"善""责任"等和道德判断如"人不应该说谎"，与科学上的概念和判断不是一回事，它既不像数学那样能得到证明，也不像实验科学那样可以用观察或实验加以检验。因此，感情主义伦理学家认为道德概念和判断不能说是"真"或"假"，其反映的只是主体的道德激情或感情的一种愿望。这样，感情主义伦理学的一个自然结论就是：道德善恶意识中的道德情感决定了道德行为中的一切，而各种伦理学的分歧也不过是道德情感上的差异所致。

显然，感情主义的理论是有一定合理性的，它的确看到了道德感情在道德善恶意识和道德实践中的作用。但感情主义理论又走向了另一个片面，即过于夸大了道德情感在道德善恶意识和实践中的影响作用，它把感情理解成道德行为的决定因素显然是片面的。也许正是这个片面性使它在 20 世纪 40 年代末就逐渐趋向末日，而被别的伦理学思潮所取代。

再次是道德善恶意识中的意志因素。意志和人的整个意识一样，是人所特有的。恩格斯就曾说过："一切动物的一切有计划的行动，都不能在自然界上打下它们的意志的印记。这一点只有人才能做到。"[1]道德善恶意识中的意志因素既指主体能根据预先拟定的计划调节自己行动的能力，也指主体使自己行动服从于道德规范，抑制同这些规范相抵触的诱感，从而克服达到目的之障碍的能力。道德意志当然建立在一定的道德认知、道德情感上，但另一方面，道德意志反过来又是保障道德认知、道德情感得以顺利实现的主体性条件。

道德意志中的自由意志具有最重要的意义。因为自由意志作为一种特殊的心理选择，能在道德选择存在着几个可能性方案的情况下，抑制其中一个或几个方案，而保证那合理或最符合道德规范（即善）的方案的实现。不仅如此，在道德实践过程中，自由意志还构成保障道德行为对选择了的行动方案不忘初心，勉力而行贯彻始终的重要心理机制之一。

但是，在意志问题上必须反对道德善恶意识论中的唯意志论。这种理论主张在道德善恶意识中意志高于理智，意志不仅是

①恩格斯. 自然辩证法 [M]. 北京：人民出版社，1971：158.

本质的东西，而且是决定其他一切心理活动的东西。比如，叔本华的"生命意志"，尼采的"强力意志"，萨特的"自由意志"，都构成他们伦理学的核心范畴。他们正是从这种意志主义的理论出发去论证和阐述自己的道德规范、道德原则和道德理想的。比如在尼采看来，作为道德理想人格的"超人"，就是一个充分体现强力意志，鄙视以往一切道德而遵循"把自己的意志强加给别人"这样一个唯一道德原则的强者。显然，这种"超人"的意志只是一种狂妄，一种不可能真正实现的幻想。

可见，尽管意志主义伦理学就其看到了意志因素在道德善恶意识中的作用而言是无可非议的，但问题在于意志因素却被不恰当地夸大了。在意志主义伦理学那里，意志自由似乎可以完全摆脱客观规律和社会道德规范的制约。这在理论和实践上无疑都是完全错误的。

这就是我对你"一个人如何才能够拥有清晰而正确的善恶意识"问题的回答。最后我还想告诉你的是，一方面道德善恶意识的认知是重要的，这就正如培根在引证亚里士多德的语录时所说的那样："关于德性，我们既要确定何为德性，也要确定德性由何发生。因为若不能知道获得德性的方法和途径，那么仅认知德性，并没有什么用处。因为我们不但要探讨德性是什么，还要探讨怎样获得它。"[①]但另一方面，道德意识毕竟只是道德意识，意识不可能在意识自身中实现自己，还要有行动的跟进与久久为功。这即是王阳明说的知行合一。

惟愿我们不仅在认知上认同抑恶扬善之德性的必要性和可能性，而且在实践中能够"积善成德"，使自己成为一个因德行而受人尊重的人。

① 周辅成. 西方伦理学名著选辑（上卷）[M]. 北京：商务印书馆，1964：563.

3. 道德善恶意识的自发、自觉和自由

[来自学生的问题]

我非常欣赏老师把德性的培植理解为"抑恶扬善"四个字。问题是，我发现自己自觉地这样做的时候通常体会到的是无奈，体验不到您课堂里说的美德带来的美好感觉。我甚至常常被女友嘲笑：自觉有余，自在不够。这是怎么回事呢？

[我的学理回应]

我很欣赏你女友对你当下境遇"自觉有余，自在不够"的评价。看样子这是个很睿智的女孩。为你祝福的同时，更为你感到欣慰。

从学理上分析，道德主体从认知、情感和意志诸方面的综合作用，形成了道德以善恶观念为主要内涵的道德自我意识。这个发展遵循意识发展的一般认识论规律，表现为感性形式向理性形式的过渡，在道德主体自身的自我意识中它具体表现为一个"自发—自觉—自由"的发展过程。你女友用的"自在"一词大致可对应第三个阶段，即自由阶段。

也就是说，道德善恶意识发展实质上是道德认知、道德情感、道德意志共同作用、相互协调的建构和发展过程，亦即表现为逐步把握道德必然性而获得道德自由的发展过程。借助理论抽象也许可以把这样一个意识的发展过程划分为如下三个具体发展阶段。

首先是自发阶段。这是道德自我意识的萌芽阶段。人作为主

体；一开始就是一个充满各种自我欲望的存在。当他和社会及他人发生联系时，总带着实现自我欲望的冲动。可经验又使他能自觉地意识到在他实现欲望时有一个他人和社会的"可以"和"不可以"的反馈，以及随之而来的相应的对行为结果的善恶评价。这样一个"可以"和"不可以"的经验积累，再加之于家庭、学校和社会的教育，就必然导致主体意识认知内省的出现。这个基于经验和直观基础上的认知内省便是一种自发的道德自我意识。

在自发阶段道德主体只有不自觉的道德自我意识。因而道德主体对道德规范及其规范所蕴含的必然性表现为无知或知之甚微的状态。道德善恶意识的主要表现形式是惘然和犹豫。当然，处于自发阶段的道德主体也会有自己的道德选择和道德评价，但它却是不自觉的。甚至由于道德主体对道德规范的惘然或无知，可能在道德行为选择上表现为稚童的天真无邪，但这种天真无邪是无知的产物。比如人们不对儿童的行为进行道德评价就是缘于这个理由。事实上，自发的道德善恶意识就规定了道德主体在进行道德选择时，要么是惘然不知所措，要么是凭自己情感的倾向性而不由自主地选择自己的行为。同时，在道德的善恶判断和评价上也往往失落了自我，人云亦云，缺乏独立的判断。因此，当道德自我意识尚处于自发状态时，道德主体是非常不自由的。

其次是自觉阶段。这是道德自我意识的"知情冲突"阶段。在自觉阶段，由于道德主体通过不断知觉内省，从而对道德规范及其客观必然性有了较多的和较全面的认识，道德自我意识开始摆脱了自发和无知的状态。和自发阶段主要表现为情感的作用不同，道德自我意识在自觉阶段主要表现为意志的作用。也就是说，道德主体在认识和把握了道德规范的必然性根据以后，在道德实践中能凭意志勉力而行。这种勉力而行的过程往往是以克服不合道德规范的欲望冲动而表现出来的。这就如黑格尔在《法哲学原理》中所深刻地指出的那样："冲动是一种自然的东西，但是我把它设定在这个自我中，这件事依赖于我的意志。"①

对于道德主体内部这种已认知的道德规范和自我欲望冲动之间的冲突，弗洛伊德曾以"知情冲突"这一概念予以界说。②在他看来，这是一种"知"与"情"的冲突，亦即道德主体所认知的道德与自我本能及情欲之间的对峙和冲撞。应该承认，弗洛伊德正确地揭示了这种"知情冲突"的不可避免性。但由于他没有充分关注人的理性和由理性而决定的意志，终于使得他理解的这种冲突对人生具有极强的无可奈何的色彩。事实上，正是在自我欲望的冲动和凭意志抑制其中不合理冲动的抉择中，每一个道德主体显示了其自身的道德价值。也正是在这里，人类的道德实践才开始有了善与恶、崇高与卑俗、伟大与渺小的分野和揖别。

但是，道德自我意识在这里尚未获得完全意义上的自由。因为只要主体还在把道德规范的必然性视为异己的东西，只凭意志自觉而不是自愿地去遵循这个"必然之则"，这就表明主体的道德选择和评价依然没有真正的自由。而且，在自觉阶段中，主体由于意志的不够坚强还常常会有一种摆脱道德规范约束和限制的欲望冲动。但道德规范实质上是一种必然性的东西，试图摆脱它的种种努力都是徒劳无益的。而这正表明道德主体在这里依然是不自由的。

①黑格尔. 法哲学原理 [M]. 北京：商务印书馆，1961：23.
②弗洛伊德. 精神分析新论 [M]. 北京：商务印书馆，1933：195.

最后是自由阶段。这是道德自我意识的完全"自律"阶段。它是道德自我意识发展的最高阶段。在这一阶段，道德主体不仅对道德规范的必然性有了正确的认识，而且无须或很少借助意志就能自愿地接受道德必然性的约束。道德规范作为一种"必然之则"已转化为主体自身的"当然之则"了。由于道德主体不再把道德规范消极地视为异己的、外在的东西而强制自己遵循，而是自觉自愿地把道德规范转化为内心的一种信念，因而道德主体凭着这种内心信念就能很自然地使自己的一言一行都合乎一定社会的道德规矩。道德自我意识只有达到了这样的境界，才可以认为获得了真正完整意义上的自由。在这个境界里，不仅外在的道德规范变成了内在的道德要求，而且单纯被动地遵循社会道德规范变成了根据自己的意愿主动地带有创造性地去实践道德规范的过程。在古代中国的佛家哲学那里，这被视为"得道"的境界。在这个境界中，"诸恶莫作，众善奉行"（《大智度论》）是一个理所当然的过程。

如果借用康德的表述，那么道德自我意识的自由实质上就是"道德自律"。道德主体在这一发展阶段能自觉自愿地为自己立法，把自己对欲望、目的的追求主动地置于社会的道德规范之下。道德规范与欲望之间的冲突依然存在，但"自律"却使这种冲突在主体知、情、意的融合中得以圆满地解决。从这个意义上讲，道德主体意识的自由与"自律"事实上已标志着道德个体道德善恶意识社会化的圆满完成。

一个真正的完整意义上的道德自我意识的形成，总是要经历"自发—自觉—自由"这样的心灵历程。自发意识支配的德行无论其效果是多么有利于他人和社会，都还不能称为真正的"善"；自

諸惡莫作
眾善奉行

唐鳥窠禪師開示白公樂天語

公元一九九零年夏日 啟功敬書

在对人的自由进行限制的过程中，如果说法律是"他律"，那么道德即是"自律"。事实上，相比于法律以"他律"来限制自由，道德的"自律"体现的却是意志自由。我们恰恰是在把"诸恶莫作，众善奉行"的道德律视为是一个理所当然的过程中实现自由的。

觉意识支配下的道德行为当然是一种"善"，但这种"善"毕竟带着一点无可奈何的色彩；唯有自由意识支配下的道德行为才是真正完整意义上的"善"。因而，道德自我意识历程的理想归宿应该是道德自律意识的形成。正是在这种自律从而也是自由的道德善恶意识的指引下，道德行为才能达到孔子声称的"从心所欲，不逾矩"（《论语·为政》）的理想境界。

你信中提及的"自在"是自由阶段的自然衍生物。它表明你拥有了成熟的道德善恶意识了。事实上，所谓的道德自我意识的成熟就是指达到道德善恶意识中的自律从而也是自由、自在的境界。因而如何拥有成熟的道德善恶意识的问题，实质上便可归结为如何造就自己道德善恶意识的自由、自在境界。从道德善恶意识发展过程的考察中可以发现，达到道德的自由意识境界是通过如下两个途径来实现的。

其一，使道德认知、道德情感、道德意志稳定化和系统化。道德自我意识中基于道德认知基础上的道德情感和道德意志，又往往具有摆脱认知和理性的相对独立性。道德情感的体验既丰富多彩又瞬息万变，即便是对同一道德现象的感受，也常常此一时彼一时。道德意志也同样具有较大的波动性和随意性。而且，人心常常是很软弱的，有时明知是外界的诱惑，却也会甘受诱惑而沉湎于一时一地的享乐或放纵之中。可见，尽管有自觉的道德认知，但道德情感和道德意志却没能与其相互协调，共同发生作用，从而在道德行为中依然时有道德行为"逾矩"的现象发生。

在我看来，道德情感、道德意志的多变性、波动性、随意性，恰恰是道德自我意识不自由的一种表现。道德认知非但无法支配道德情感和道德意志，反而被一种盲目的情感和意志冲动支配了理性。在这种情形下道德主体无论如何都是不自由的。唯有道德情感和道德意志达到一种稳定的状态之后，道德自我意识才是真正自由的，才具有"从心所欲，不逾矩"（《论语·为政》）的理想特性。因为在这个状态中道德情感和道德意志不再作为道德认知的异己力量，而是能够自觉地纳入道德自我意识基于理性基础上的稳定的心灵系统之中。

其二，使道德认知、道德情感、道德意志走向高度的统一。在道德自我意识中，道德认知、道德情感、道德意志的关系错综复杂，就其包含的内容而言，有同有异；就其作用的强度而言有强有弱；就其影响的范围而言有宽有窄。尤其是道德认知、道德情感、道德意志，不仅它们之间的关系纷繁复杂，而且还常常相互矛盾冲突。这就对道德自由意识的形成产生了一个极大的限制。

正是因此我在这里强调指出，道德主体要超越这种限制就必须对道德认知、道德情感、道德意志三者的关系进行统一的整理和协调，肯定一些内容，否定一些内容，从而在更高的基础上使知、情、意三者统一起来。有学者主张对这个统一可以借用康德纯粹理性的一个概念"统觉"（apperception）[1]来形容。在"统觉"中道德主体知、情、意的同与异、一与多、感性与理性得以高度地统一和融合。

萨特的存在主义伦理学中有一个著名的例子：第二次世界大战期间，德国法西斯入侵法国，萨特一个学生因此面临着一个困难的抉择：从道德认知上讲，他应该走上前线保卫自己的祖国，可

[1]杨国荣. 伦理与存在 [M]. 上海：上海人民出版社，2002：231.

从道德情感上讲，他又不忍心抛下辛勤抚育他长大成人的年迈母亲。他向萨特求教。萨特并没告诉他究竟应该如何选择，而只是说："你是自由的，所以你自己选择吧！"②其实，萨特在这里忘记了他的这位学生正因为无法自由选择才来求教的。因而萨特的回答貌似机智其实却无济于事。事实上，道德善恶意识的自由选择在这里只能在更高的统一中才能真正实现。因为不去保卫祖国，那么包括自己母亲在内的更多的母亲就会蒙受灾难。以这样一个更高基础上去统一知、情、意，就能像三段论中的推论那样直接演绎出最终的结论：必须保卫自己的祖国。可见，由于道德的认知、情感、意志在更高基础上统一起来了，从而道德的自由意识也就重新获得了实现。

因此，道德自我意识由于其内部的认知、情感、意志诸要素的稳定化、系统化和高度的综合统一，便达到了真正自由的境界。这种自由意识的特性是以摆脱偶然性、模糊性和随意性为表征而获得的。只有这时，一个道德个体才可以欣慰而自豪地说：我拥有了成熟的道德自我意识。

写到这里，我还想特别强调的一点是，以马克思的实践唯物主义立场来看，人的道德自由当然不能在意识范围内得到切实的实现，它的真正实现有赖于道德主体的实践努力。但是，道德善恶意识的自由却构成道德主体在实践中获得自由的主体化条件。

也就是说，从孔子描述的"从心所欲，不逾矩"（《论语·为政》）的自由境界来看，道德自由的获得实质上必须表现为实践中道德主体价值要求得到最大程度的满足。但要在道德行为实践中获得这种自由显然有两个必要的前提：其一，道德善恶意识首先要自由，能"从心所欲"，而不会受各种异己力量的制约和压抑。如果没有道德善恶意识自由地为道德实践建构目的和指向，那么道德实践就会因没有目的和指向而陷于惘然不知所措的窘境。其二，道德善恶意识在追求"从心所欲"时又必须对"不逾矩"之"矩"有所认识。没有这种对道德规范必然性的具体认知和把握，道德自由也只是一种抽象的可能性。这两个道德自由的前提首先都是道德善恶意识上的自由。意识自由了，行动也才可能是自由的，从而道德行为选择中的自由也才真正具备了认识上的可能性。

与此同时，我们必须意识到，道德善恶意识的自由只具备了道德实践自由的某种可能性。事实上，由于道德生活实践的错综复杂性，这种自由在具体的道德实践活动中，往往又是在非常不自由的情形下经历心灵的诸多抗争和冲突才得以最终实现的。但无论如何，道德善恶意识的自由却是一个认识上的必要前提。

这正是从学理上探讨道德善恶意识的自觉、自由和自在问题的最终指归之所在。

五、关于善行抉择的对话

1. 道德抉择中的动机和效果如何统一

[来自学生的问题]

我原来是个工科生，之所以改考并被顺利录取为哲学系的研究生，一个很重要的推动力是我非常想从学理中探讨一些与人生相关的问题。毕竟人不能糊里糊涂地活着。比如我从小到大常常被家长、老师及朋友嘲笑的一点就是经常"好心办坏事"。我自己有时候也挺尴尬的。不知道老师您能否替我做点理论或方法指引，以使我今后的人生避免再出现类似的尴尬？

[我的学理回应]

在道德抉择中，人们诚然是以"善"与"恶"作为标准的。但如果对这个标准作进一步的考察，那么便可以发现，"善"与"恶"本身总是被进一步具体化的。正如没有抽象的道德一样，也没有抽象的道德抉择。事实上，人们通常是对道德行为的动机与效果作善恶评价的。你来信中提及的"好心办坏事"其实就是动机与效果没有统一的问题。

在伦理思想史上对评价道德行为善恶的问题上，一直存在着动机论与效果论这样两种观点的对立。康德是动机论的著名代表。他认为善良意志之所以是善良的，并不是因为它引起或产生好的后果，只是因为它的活动是致力于善的。比如有人见小孩不慎落水，只要有救人的"善良意志"，至于人是否救上来并不影响其行为的道德价值；倘若救人者是抱着期望被救小孩父母报答的愿望而救人，那无论其行为结果如何都是不道德的。可见，在康德看来，动机"不仅与任何爱好、愿望、效果无关，而且还正是与它们的对峙和冲突中，才显示出道德伦理的崇高本质"①。效果论的最著名代表是英国功利主义伦理学家边沁和密尔。他们认为动机本身无所谓善恶，其善恶是由效果所决定的，即由功利原则决定的。针对动机论的观点，密尔针锋相对地提出过如下一个思想：一个极力从水中把人救起的人，即使他的动机是想得到别人的报酬，但这行为使人免于死亡，这无论如何总是道德的。所以边沁认为："就善恶而论，动机也同任何本身既非苦又非乐的其他东西的情况一样。假如动机有善恶可言，那只是因为它们的效果使然。动机善，是由于它有产生'快乐'或阻止'痛苦'之趋势；动机恶，是由于它有产生'痛苦'或阻止'快乐'的趋势。"②可见，功利主义效果论是直接和动机论相对立的。

功利主义原则可以概括地表述为：一个行为是否道德，取决于它是否有助于"幸福"，即"功利"总量的增加。这样，"功利"被

①李泽厚. 批判哲学的批判 [M]. 合肥：安徽文艺出版社，1994：297.
②边沁. 行为的动力 [M]. 台北：智慧大学出版有限公司，1991：312.

普遍地解释为：功用、效用、后果、收获、事实、好处、利益、幸福等，"道德"被直接地解释为"能够给最大多数人带来最大幸福或功利的行为"①。但是功利论有其自身不可克服的问题与矛盾，因为效益大的政策或行为可以是非正义或不人道的，因为功利总量的追求有可能使那些因不合法、不合理或不合情的手段获得的"最大利益"成为可能。而且，功利主义必然会把人的发展导向"单向度"的"经济人"。正如马克思、恩格斯指出的那样："我们第一次在边沁的学说里看到：一切现存的关系都完全从属于功利关系。"②"把所有各式各样的人类的相互关系都归结为唯一的功利关系，看起来是很愚蠢的。这种看起来是形而上学的抽象之所以产生，是因为在现代资产阶级社会中，一切关系实际上仅仅服从于一种金钱的盘剥关系。"③

其实，动机论和效果论各执一端，均有其片面性。动机论固然看到了判断道德行为善恶的主要根据是主观动机，但却排斥了效果在道德抉择中的地位和作用，割裂了动机与效果的统一性。效果论则正相反，虽然它意识到了动机要通过效果表现出来，但这只适合于对动机与效果相一致的情形下进行的道德抉择。事实上，由于人的行为的复杂性和诸种主客观因素的限制，动机与效果往往是不一致的。在这种情形下，效果论就不可避免地要导致道德抉择上的困惑。

因此，我们认为道德抉择的内在根据应是动机与效果的统一。这正如毛泽东指出的那样："唯心论者是强调动机否认效果

①边沁. 行为的动力 [M]. 台北：智慧大学出版有限公司，1991：329.
②马克思恩格斯全集（第3卷）[M]. 北京：人民出版社，1979：483.
③马克思恩格斯全集（第3卷）[M]. 北京：人民出版社，1979：479.

的,机械唯物论者是强调效果否认动机的,我们和这两者相反,我们是辩证唯物主义的动机与效果的统一论者,为大众的动机和被大众欢迎的效果是分不开的,必须使二者统一起来。"①历史与现实的道德生活实践经验证明,在道德抉择中,道德行为者的动机和效果不仅应该统一,而且也是能够统一的。动机是行为所产生的主观原因,效果是行为结束时出现的客观后果。动机构成道德行为的起点,而效果则是行为的终点;动机总要指向并转化为效果,效果也总是一定动机的直接或间接的产物。从这样的理解出发,可以认为就一般而言,好的动机产生好的效果,坏的动机产生坏的效果,动机与效果是统一的。

当然,在道德活动的现实生活中动机向效果的转化由于其中受主客观诸多条件的制约,有时会发生背离的情形。这种背离的情形大致有如下两种:其一,好的和善的动机,产生坏的和恶的后果,亦即你信中所谓的"好心办坏事"的尴尬;其二,坏的和恶的动机产生好的和善的效果,亦即所谓的"歪打正着"。在这种情形下,显然必须在动机与效果相统一的基础上做辩证的评价:由于动机是行为的真正开端,而且也是激励行为成功的内在动因,因而道德抉择中首先必须确认行为动机的善良与否。如果动机是善的,那么道德行为的性质一般地也就可以被认为是善的。但必须指出的是,动机总要指向未来的效果,因而动机的善还必须进一步用效果来检验。当一个行为从善的动机而引出了恶的效果,那么行为者就必须要能够按照效果的检验来检讨或修正过失,绝不文过饰非,否则,行为者的动机就是"不善"的。

①毛泽东.毛泽东选集(合订本)[M].北京:人民出版社,1969:825.

不仅如此，对善的动机引出"不善"的效果作道德抉择，还要从行为的全过程来分析，即分析这种结果的出现是对客观条件把握不够或不当引起的，或是客观情形发生了变化引起的，还是缺乏道德责任感或坚持性而引起的，等等。显然，如果是前两种情形，那么道德行为依然是善的，而如果是后一种情形，那么其道德行为则被认为是不善的。同样，对恶的动机引出善的效果这种背离情形的评价也当作如是观。也就是说，要进一步从动机与效果相统一的角度对行为过程本身作具体的分析评判。

可见，只有从动机与效果相统一的基础上进行道德评价，才可能是客观的和公正的。关于这一点，我建议你不妨读一读如下这个故事："鲁君谓子墨子曰：我有二子，一人者好学，一人者好分人财，孰以为太子而可？子墨子曰：未可知也。或所为赏誉为是也，钓者之恭，非为鱼赐也，饵鼠以虫，非爱之也。吾愿主君之合其志功而观焉。"（《墨子·鲁问》）这段对话是说，鲁国国君向墨子讨教："我有两个儿子，一个爱好学习，一个喜欢将财物分给人家，谁可以作为太子？"墨子答道："这无法判断。两个孩子也许是为着赏赐和名誉而这样做的。钓鱼人躬着身子，并不是对鱼表示恭敬；捕鼠人用虫子作为诱饵，并不是喜爱老鼠。我希望主君把他们的动机和效果结合起来进行观察。"可见，在墨子看来，行为评价的标准只能是"合其志功而观"。这是动机与效果统一的观点。

与此同时，当志功无法统一，或者说当功效尚未出现时，墨子则强调动机的重要性。"巫马子谓子墨子曰：子兼爱天下，未云利也，我不爱天下，未云贼也。功皆未至，子何独自是而非我哉？子墨子曰：今有燎者于此，一人奉水将灌之，一个掺火将益之，功皆未至，子何责于二人？巫马子曰：我是彼奉水者之意，而非掺火者之意。"(《墨子·耕柱》)这里记载的是另一个对话。巫马子对墨子说："您博爱天下,谈不上什么好处;我不爱天下人,谈不上什么害处。两者都没有产生什么效果,您怎么能认为只有您对而我不对呢?"墨子回应说:"现在有一个地方失火,一个人端来水,要浇灭它;一个人举着火把,要使它烧得更旺。也是都还没有产生后果,您更赞同二人中的哪一个呢?"巫马子说:"我赞同那个端水者,而否定那个举火人。"可见,墨子认为在"功皆未至"的情况下,则应该注重考察主体的行为动机以作善恶的评价。中国古代墨子的这些思想无疑是深刻的。

为了在道德抉择问题上真正坚持动机与效果的统一性,从方法论上讲必须注意如下三方面的问题:其一是认真地分析动机的客观可能性。动机应该是一种客观可能性的反映,娓娓动听者往往属于一种"高言伪议"或"哗众取宠"。因而如果无视客观可能性而任意确立自己所谓善的动机,这恰恰表明这种动机是不善的,因为这是一种根本无法实现的可能性。其二是全面地考察动机与效果的相互联系。由动机所产生的效果本身有局部的和整体的、有眼前的和长远的、必然的和偶然的等等之分。那些"因小失大""舍本逐末"的效果从现象上看,往往很能以善的结果迷惑人,但由于它本质上是"因小失大""舍本逐末"的,所以恰恰是最大的不善。其三是要以发展的眼光把握动机与效果的统一性。动机向效果转化有一个辩证发展过程。好的动机尽管一时不能产生好的效果,但这种好的效果只要条件具备终究是要产生的。只有从效果和动机统一的发展过程中进行考察,对道德行为的评价才能是恰如其分的,也才是真正坚持了动机与效果的统一。

值得一提的是,现代西方一些学者常常把马克思主义者说成是极端的效果论者。比如被誉为英国自由主义历史学派先驱的阿克顿就认为:"了解人根据其效果这是马克思主义和共产党信奉的格言。"他指责说:"当马克思主义的政策的某一方面遭到失败,负责执行这个政策的领导者就可能遭到抛弃、诽谤和枪决,尽管他可能曾为了使这个政策的成功尽了他最大的努力。"[①]其实,这如果不是一个误会,就是别有用心的攻击。事实上,马克思主义强调实践效果是检验动机的标准,这并不表明它忽视动机本身。只不过它认为这个动机作为一种内在的意向还必须由实践效果为依据,才能对行为做出正确的评价。这恰恰是一种克服了动机论和效果论之片面性的动机效果统一论。

写了那么多,是希望尽可能地把你提及的"好心办坏事"背后的动机与效果方面的义理讲透彻。惟愿能够解开你的困惑。

2. 道德抉择中的真善美问题

[来自学生的问题]

老师在课堂上提及一个话题我特别感兴趣,就是老师认为"伪善不是善"。但遗憾的是我在网上搜寻却发现这方面的讨论比较少。我想老师能否做点展开?

[我的学理回应]

你的问题非常好。事实上,在道德主体抑恶扬善的行为中,不仅有伪善,也有伪美、伪真的问题。我在这里就这一问题做一个简单的学理展开供你参考。

如果从人类行为的终极目的是追求真善美的统一这样一个根

[①]阿克顿.自由与权力:阿克顿勋爵论说文辑集[M].台北:中天出版社,1992:241.

本的动机出发来考察，那么，道德抉择中的善恶评价必然与真善美的问题相关。众所周知，自然界不存在真善美及其统一的问题，因为自然界没有人所特有的意志和理想特性，从而也就不可能产生追求真善美及其统一的主观动机。唯有人类社会才存在真善美的理想建构及其对这三者统一在实践中的追求。也因此，人类才有可能对他人及自我人生包括道德行为在内的所有行为，作是否真善美的问题探究。

我的导师冯契先生曾经针对太注目本体论探究的偏颇，非常强调哲学要把握真善美问题："哲学是关于世界观的学问，是世界观和人生观的统一。哲学要探讨真善美的问题。"①从道德行为评价的角度理解真善美问题，我觉得可以对真善美的特定内涵作如下的理解：所谓的真就是指社会现实存在的人的活动的客观现实；善是在真的前提下，对社会现实存在和自我人性的现实所作的一种合乎规律、又符合人类社会进步这一根本目的的价值选择和行动；美则是真和善的感性的、直观的、悦人的外在显现。

在对人的道德行为所作的评价中，在真善美统一的视阈下，"真"构成前提和基础。这就如美国作家德莱塞认为的那样："真实是生命的命脉，是一切价值的根基。"②因为如果不真，那么任何善和美的价值都没有了根据和确定的标准。也因此，在道德抉择的"真"的问题上可以从中引申出两个最基本的结论。

其一，不真的善不是善，或称伪善不是善。在道德生活实践中，伪善是指用一种善的外表掩盖着不善或恶的本质的假象。这

①冯契. 智慧的探索 [M]. 上海：华东师范大学出版社，1994：74.
②德莱塞. 关于我自己 [M]. 香港：香港商务印书馆，1996：57.

种不真的、虚伪的善，在一定程度和一定时间范围内可能遮蔽其恶的本质。但本质总要表现出来，一旦恶的本质昭然若揭时，那么，不仅伪善之"善"被否定了，而且这其中的恶行将尤其显露其卑劣性。这一结论还可直接推论出另一个相关的结论就是，与伪善的情形相反，行为者的某些行为由于受诸种社会历史条件和人的认识水平的限制，本来是善的，却被误认为"恶"而蒙受不白之冤，甚至遭到无辜的谴责或迫害。但只要本质是善的，那么这种善就一定会被首肯和嘉许。这既是历史发展的辩证本性所使然，也是道德抉择中常常真实发生着的情形。

其二，不真不善的美不是美，或称伪美不是美。既然美是真和善的感性显现，如果丧失了真和善的内在根据，那么这种美就只能是一种虚假的，或者形式上的美。这种美就犹如塑料花那样是注定缺乏内在魅力的。事实上，在道德生活实践中，人们的行为从外表上看似乎是美的，可实质上却是丑的情形是极多的。也因此，在道德行为评价中，人们更注重内在德性和情操上的美，这是一种以真和善为基础的心灵美。正是因为这样一个原因，在道德抉择中，人们总是可以发现一个道德高尚的人，由于他的内心世界是无私、无畏、无邪念、无秽欲的，因而也就必然是纯净、晶莹、坦荡、动人的。这是一种内在的善和内在的美而必然呈现出来的悦人属性。

正是由此，我认为在道德抉择的真善美问题上，从哲学认识论意义而言，"真"显然具有最重要的意义。这就正如拉罗什福科所说的："真实是完善和美的基础和根据：一件事情不管它是什么性质的，假如它不是它所应是的那样完全真的，假如它没有它所实有的一切，它就不会是美的和完善的。"[1]

[1]拉罗什福科. 道德箴言[M]. 北京：生活·读书·新知三联书店，1987：138.

可见，在道德行为评价过程中必须从真善美的相互关联和统一中去考察行为动机与效果的善与恶。比如真心实意，讲实话，务实事，知错即改，诚恳老实，脚踏实地，兢兢业业等等，这一切行为品性是真，也是善和美，因而这种道德行为就是善的，是应该得到肯定评价的。反之，不从实际出发，好高骛远、浮夸、急躁、虚荣、说假话以及目空一切，文过饰非等等，这一切行为品性就是道德上的假丑恶，因而是必须予以谴责、摈弃和否定的。

毛泽东说过："真的、善的、美的东西总是在同假的、恶的、丑的东西相比较而存在，相斗争而发展的。"[1]这是人类在真善美理想追求过程中的一个历史发展规律，它同样也是道德行为评价中必须遵循的一个基本原则。因为道德行为从本质上讲，正是人类对真善美理想追求的一个必要的组成部分。事实上，作为历史发展进程中的一个现实个体，我们也是在对假丑恶的谴责、摈弃和否定中才实现自我人生的真善美价值的。

中国朦胧诗派的重要代表诗人顾城，曾在其题为《一代人》的这首诗中这样写道："黑夜给了我黑色的眼睛，我却用它寻找光明。"[2]我一直非常认可这句被誉为"中国新诗最经典名句"背后的内蕴的哲理。我觉得这是用诗的语言宣示了与假丑恶抗争，拥抱真善美的理想主义情怀。为此，我在行文结束之际，将它摘引在这里，与你共勉。

①毛泽东. 关于正确处理人民内部矛盾问题 [M]. 北京：人民出版社，1972：27.
②顾城. 顾城的诗 [M]. 北京：人民文学出版社，1986：46.

3. 如何看待道德抉择中社会舆论的作用

[来自学生的问题]

我进大学已经两年了，可内心一直忘记不了高三时校园里的一则悲剧：我们同年级隔壁班有一位学霸，因为在晚自修时与恋人偷尝禁果的事被曝光后，无法面对来自方方面面的舆论压力而在高考前夕跳楼自杀。我想一个人如果能够培植起内心强大的力量，这种悲剧是可以避免的。老师您说对吗？

[我的学理回应]

看了你的来信我心很沉重。为了避免这样的悲剧一而再再而三地发生，我很愿意与你谈谈道德舆论以及如何培植起内心信念以从容应对那些明显属于"道德绑架"的社会舆论的话题。

首先，我想我们必须承认社会舆论在道德行为抉择中的作用。作为影响道德抉择的一种经常性形式，社会舆论一般指众人的议论。所以古人在论及人生"至道"追求时，认为"自古贤圣，乐闻诽谤之言，听舆人之论"①。这里的"舆人之论"就是众人的议论。这或许也是"舆论"一词最初的语义学来源。

伦理学把这种作为道德抉择外在形式的社会舆论作如下的理解：社会舆论是指一个或几个社会共同体通过思想和观念形式表现出来的对社会道德生活的事件或现象而持的态度。它既由阶级、集团、政党等有明确目的指向而自觉形成，也由人们遵循实际生活经验和传统习俗影响下自发形成。社会的精神生产机构和大众传播媒介诸如报刊杂志、广播电视、网络等则是社会舆论的载体。也就是说，社会舆论尽管有相当一部分是来自一般群众的自发

① 房玄龄，等. 晋书 [M]. 北京：中华书局，1974：1143-1144.

议论，但这些议论要产生一种广泛的道德抉择力量，往往必须借助于一定社会共同体的传播媒介。这是一个自觉的、有目的意向的、有选择的过程。从这个意义上讲，社会舆论作为一种道德抉择的外在形式，从根本上讲是一种自觉行为。

事实上，在人们的道德生活过程中，社会舆论通常表现为是一种社会自觉形成的道德引领或道德否定的力量。日常生活中所谓的"舆论的谴责""舆论的压力"等就是指的这样一种力量。"人言可畏"这句生活中的格言，从其积极意义而言，它正表明了社会舆论对一个人行为的评价力量：社会舆论通过肯定褒扬一些行为品性，否定谴责另一些行为品性，从而形成一种对道德个体行为无形的但却是强大的约束力量。可见，由于社会舆论具有"可畏"的评价力量，它对人的道德行为起着极大的规范作用。

如果对社会舆论作进一步的分析，那么就会发现，社会舆论的形成一方面是直接来源于人们对现有的道德规范、道德原则和道德理想的理解和维护，并以此出发褒奖那些合乎现行道德规范准则的行为，谴责违背甚至践踏现行道德规范准则的行为。这无疑构成社会舆论的主要来源。但另一方面，由于人们的生存方式总要受传统文化的影响和制约，因而人们对道德行为评价的社会舆论的形成也不可避免要受传统习俗的影响。也正是从这个意义上，可以把这一通过社会舆论形式表现出来的传统习俗也作为影响道德抉择的一种外在形式。

传统习俗，有时也称传统习惯，它和社会舆论有着共同的行为评价能力。但和社会舆论不同，传统习俗是历史的产物。它是指那些由历史发展中因沿袭而巩固下来具有稳定性的，并演变成了一

种风尚和行为常规的东西。作为道德抉择的一种外在力量，传统
习俗由于其流传久远而又深入人心，并以民族情绪、社会文化心
理、历史风尚等结合而成，所以它对人的道德行为抉择及道德行
为评价有着不可小觑的影响力量。

传统习俗之所以具有这样的评价力量，从根本上讲是由它自
身的特性所决定的：其一，传统习俗的一个重要的特点是它的源
远流长特性。再加上它总是和民族情绪、社会心理、习惯风尚等交
织在一起，因而有着比社会舆论更强的稳定性。其二，传统习俗由
于它不完全依靠大众传播媒介，更主要是依赖历史沿袭，所以又
有其广泛渗透性、简洁性等特性。这一切就使得传统习俗在道德
抉择中具有更大、更普遍、更持久的影响力。也因此，在道德抉择
问题上，既继承优良的传统文化习俗，又对传统习俗中的糟粕移
风易俗就是一个艰巨的但又是非常重要的任务。你信中提及的悲
剧，我想是与我们自古以来视性行为如洪水猛兽的封建传统有关
系的。可见，对传统文化中的糟粕及其现实危害性，我们切不可掉
以轻心。否则，道德抉择中的社会习俗评价方式对人的行为就往
往无法起到积极的、向善的激励作用。

在当今的网络时代，社会舆论正借助日益普及的网络平台更
是发挥着超强的道德评价作用。由于网民的积极参与，它对一个行
为善或恶的评价瞬间即可遍布全球。可见，因特网的出现，不仅是
一项新技术的诞生，更重要的是它为人类展现了一个全新的生存
空间，构建了一种新的生存方式和价值评价方式。当然，它也带来
新的伦理问题。比如隐私权——这种原本体现着作为人之尊严的
权利在网络时代却遭遇到了前所未有的挑战，以至有人发出"透

明人时代到来""个人隐私于大数据时代终结"的喟叹。因此,如何以"善"的方式利用好网络技术本身正成为一个全球性的问题而引起世界的广泛关注。

可见,在影响道德抉择力量的作用发挥上,社会舆论及通过社会舆论表现出来的传统习俗通常是相互补充的。社会舆论很重要的一部分来源于传统习俗,是通过传统习俗的制约力量而实行其评价、监督机能的;传统习俗本身又是依靠社会舆论才表现出来,并实现对道德行为进行评价的。显然,没有社会舆论的形式,传统习俗只是一些历史的清规戒律,无法参与到对当前现实社会生活的道德评价中来。

任何时代的伦理学均注重社会舆论及传统习俗在道德选择、道德评价中扶正祛邪的影响力。要使社会形成普遍的、广泛而深刻的道德舆论的评价环境,固然在于一定社会共同体的倡导,但更重要的还在于每一个道德行为个体扬弃明哲保身的个人主义思想。因为社会舆论正是许多个人舆论所汇集而成的。每一个人抑恶扬善的言行构成了社会的道德舆论。《旧唐书》曾载过一位名叫苏味道的一段介绍为官之道的话:"处事不欲决咎不明,若有错误必贻断谴,但模棱以持两端可矣。"时人嘲讽其为苏模棱。这当然是私有制社会里一个封建官吏的保命、保官哲学。但在我们当下的日常道德生活实践中这种模棱两可甚至是沉默的道德态度也是存在的。可问题在于,如果没有每一个人对诸如正义感等"善"的道德品性的充分弘扬,就没有良好的社会道德舆论的蔚然成风。没有了这种真善美的社会道德舆论环境,道德行为实践中真善美理想品性的造就会因此丧失了重要的外因条件。

　　写到这里我更想指出的是，社会舆论作用的发挥与否与一个人的内心信念是密切相关的。也就是说，虽然社会舆论及传统习俗通过对道德行为的评价而对人的行为起着重要的规范与引导作用。为此，恰当而持久地营造社会的道德舆论，倡导或斥责、赞赏或揶揄、鼓励或鞭笞这样或那样的道德意识或道德行为，可以督促人们自觉或不自觉地反省自己，增强道德义务感和责任担当。

　　但考察现实生活中的道德个体可以发现，社会舆论及传统习俗对人的行为所具有的评价力量及其作用，对每一个人而言是不一样的。在同样的社会舆论及传统习俗环境中，一些人的行为受到了激励，转化为自己道德行为的重要督促力量，而另外一些人则充耳不闻、置若罔闻。这其中的原因当然不是社会舆论及传统习俗本身的问题，只能是道德行为主体内心信念的不同所致。正是从这个意义上我们讲，社会舆论及传统习俗由于只是一种外在的影响力量，所以它还得通过主体内心的信念才能真正发挥其影响作用。

　　也就是说，你在信中提出的"一个人如果能够培植起内心强大的力量，这种悲剧是可以避免的"假设是有非常有意义的。这个"内心强大的力量"就是道德主体的内心信念。

　　所谓主体的内心信念从道德意识上讲是一种道德认知、道德感情、道德意志等综合而成的自我心灵需要系统。内心信念作为社会外在的道德舆论得以发挥作用的内在心理机制，并不像一些伦理思想家认为的那样是什么先天"良知良能"，或是"上帝植入人心中的启示"，它只是外在的社会道德必然性在道德主体自我意识中的反映。只不过这种反映内化为道德主体的精神追求，并以责任心、荣誉心、同情心、正义感、义务感等形式表现出来而已。可见，主体的内心信念是这样一种渗透着认知、情感和意志的道德综合心理意识。社会舆论及传统习俗的影响事实上是经过内心信念才得以实现的。也就是说，道德主体的内心信念对社会舆论及传统习俗有一个"过滤"后的接受过程。特别是主体认为社会舆论及传统习俗已严重影响自己道德上的意志自由时，往往会对它进行在主体可能范围内的极力抵制。这种自主选择的抵制显然要大大削弱社会舆论及传统习俗对道德行为评价的影响力量。

当然，有必要提出的是道德主体对社会舆论及传统习俗的"过滤"性选择并不意味着社会舆论及传统习俗对人的行为的影响作用就等于零。事实上，尽管社会舆论及传统习俗要通过行为主体的内心信念才能起作用，但如果没有社会舆论及传统习俗的影响、熏陶和规范，人们的内心信念往往也就无从产生。而且，即使人们已经形成了一定的内心信念，但如果耳濡目染的都是与此相反的社会舆论及传统习俗，那么长此以往，其内心信念也就在潜移默化中改变了。古人有"近朱者赤，近墨者黑"之说。这无疑是真实和经常发生着的情形。

如果要做个总结，我想大致可以这样说：对社会舆论及传统习俗与行为主体的内心信念的关系问题，一方面强调社会舆论及传统习俗作为外在的、异己的评价力要通过主体的内心信念而发挥作用；但另一方面，又不能过于夸大主体内心信念的这种选择作用。事实上，不仅主体的内心信念完全不顾及外在的道德舆论的情形是较罕见的，而且主体的内心信念本身往往就是外在的社会舆论及传统习俗的产物。当然，内心信念一经形成，那么又必须承认其一定的相对独立性。尤其是当行为主体在道德认知上判定外在的社会舆论是代表了一种错误的舆论导向，通过社会舆论表现出来的传统习俗只是一些陈腐之见时，那么，道德主体的内心信念的坚定性又恰恰是非常重要的。这就正如马克思在《资本论》序言中说的那样："任何的科学批评意见，我都是非常欢迎的。而对于我从来不让步的所谓舆论的偏见，我仍然遵守伟大的佛罗伦萨诗人的格言：走你自己的路，让人们去说吧！"[①]马克思的这一思想正是其人格中坚定执著品性在内心信念上的必然表现。这或许也就是马克思的德性为世人所景仰的重要根据之一。

4. 荣誉在道德抉择中的特殊作用剖析

[来自学生的问题]

老师在课堂上总是说要坚持唯物史观的立场，总是强调道德作为一种社会意识形态归根到底是由经济基础决定的，是一定社会经济关系的产物。可是，出生和成长于军人家庭的我一直觉得荣誉感往往是德行的直接动力。尤其在学习与践行胡锦涛总书记八荣八耻的活动中，我更加认定荣誉对人的道德行为构成直接的策动力。老师您认为这是唯心论的观点吗？

[我的学理回应]

正如你信中提及的那样，马克思主义唯物史观坚持社会存在决定社会意识的基本立场，认为作为社会意识形式之一的道德是被社会的物质基础所决定的。但马克思主义一贯坚持唯物辩证法的立场，它在承认道德被社会的经济基础所决定的前提下，承认道德作为社会意识具有能动的反作用。也就是说，一方面人们的确

①马克思. 资本论（第1卷）[M]. 北京：人民出版社，1975：13.

是从一定的经济生活中汲取自己的道德观念的，但另一方面这又是一种渗透了主体选择和创造的汲取，而不是对某种外在既定道德要求的简单接受。这是一个从认知、情感和意志方面充分体现主体性特性，充分体现道德的"应当"品性的创造性过程。只有这样，我们也才能理解道德荣誉感为什么能够被人们如此热忱地珍惜，并对社会的生活实践产生如此重要的影响作用。

新时代的荣誉观就集中于你提及的八荣八耻中。我查了一下文献资料，时任总书记的胡锦涛是于 2006 年 3 月 4 日两会期间在看望政协委员时首次提出八荣八耻的。他强调要引导广大干部群众特别是青少年树立社会主义荣辱观，坚持以热爱祖国为荣、以危害祖国为耻，以服务人民为荣、以背离人民为耻，以崇尚科学为荣、以愚昧无知为耻，以辛勤劳动为荣、以好逸恶劳为耻，以团结互助为荣、以损人利己为耻，以诚实守信为荣、以见利忘义为耻，以遵纪守法为荣、以违法乱纪为耻，以艰苦奋斗为荣、以骄奢淫逸为耻。正如我们看到的那样，这一社会主义荣辱观对良好社会风气的形成和个人道德修养的提升均发生了积极而深远的影响。

从学理上分析社会主义荣辱观的这一积极作用，是与荣誉在道德评价中的作用相关联的。可以肯定地说，荣誉作为社会舆论的一个特殊的、具有权威性的评价方式，对人的道德行为具有重要的不可忽视的导向作用。

所谓荣誉是指人在履行了义务之后所得到的道德上的褒奖和赞许。因而荣誉必然表现于外与内两个方面：其一，荣誉的外在方面主要指社会舆论给予的赞许，即一个行为由于履行了应有的社会义务而得到国家、社会、集体或他人的肯定和赞扬。其二，荣誉的内在方面是指由于得到了社会舆论的认可和嘉许而在自我意识上产生了个人道德情感上的满足感和自豪感。荣誉的这一内在方面的含义又称荣誉感。荣誉所包含的这两方面内容是互相联系和互相影响的。作为社会道德评价之外在尺度的社会舆论，对道德行为的认可和褒奖是荣誉的客观基础；而自我意识中的满足和自豪感则是对社会舆论这一客观评价的主观感受。

　　和任何道德观念、道德意识一样，荣誉的观念受一定的社会历史条件限制。不同时代、不同阶级以及同一阶级内部的不同阶层的人们，由于他们所处的地位不同，因而必然会有不同的荣誉观。在道德发展的不同历史形态中，各个时代、各个阶级的荣誉观是和阶级的道德规范、道德原则和道德理想联系在一起的。比如奴隶主阶级把出身的高贵和拥有奴隶的多少视为荣誉的象征；封建贵族把特权门第视为荣誉；而资本家阶级则把金钱和财富及其由此决定的社会地位视为荣誉的代名词。难怪恩格斯要说："每个社会集团都有它自己的荣辱观。"①在当今的现实社会里，我们把荣誉视为社会集体对行为者诸如利他主义德行的嘉奖和鼓励，因而荣誉不再是财产、特权、门第的副产品。这无疑是现时代所应确立的一种正确的荣誉观。

　　当然，由于人性也有其共性，因而在人性向善的追求中不同时代的人们也会有相当的一致性。比如在荣誉问题上中国古代一些思想家所提出的诸多命题无疑有相当的现代价值。比如孟子说："仁则荣，不仁则辱，今恶辱而居不仁，是犹恶湿而居下也。"（《孟子·公孙丑上》）荀子说："荣辱之来，必像其德。"（《荀子·劝学》）他由此在义利之辩中主张："先义而后利者荣、先利而后义者辱。"（《荀子·荣辱》）汉代的贾谊总结先秦思想家的这一传统，提出了"贱而好德者尊，贫而有义者荣"（《新语·本行》）的思想。这种认为荣誉不在于门第、势位、财产而在于"德"与"义"的观点无疑是难能可贵的。再比如，主张为官者以廉忠为荣的思想也颇具现代启迪。据《史记·鲁周公世家》记载："五年，季文子卒。家无衣帛之妾，廏无食粟之马，府无金玉，以相三君。君子曰：'季文子廉忠矣。'"可见，廉忠为荣的思想可谓源远流长。

作为社会舆论对行为者德行的一种褒奖，荣誉在个人的道德行为中必然会产生特殊的影响作用。关于这一点，洛克曾这样说过："嘉赏或不悦，称赞或惩责，就是决定一般所谓德性或失德的一种尺度。这些称、讥、毁、誉，借着人类底隐秘的同意，在各种人类社会中、种族中、团体中，便建立起一种尺度来，使人们按照当地的判断、格言和风尚，来毁誉各种行动。"[1]可见，荣誉作为一种评价尺度，不仅判定了人的行为善恶，而且通过这种判定要激励更多的行为者按这种导向自觉地行动。

显然，荣誉之所以有这种激励作用，那是因为荣誉通常是社会公认和赋予的，具有一定的权威性和公信力。这样，荣誉在道德抉择中的特殊作用就具体表现为：其一，荣誉使劝人行善的外在形式带有了某种公共权威性。这种公共权威性促使人追求德行，避免耻辱，从而达到行为的弃恶行善。其二，荣誉的评价由于采取的是正面肯定形式，所以它更能调动人的奋发向上精神。这种肯定性评价既使荣誉的获得者更加努力、加倍珍惜荣誉，也使尚未获得荣誉的人发愤努力，有了一个在德行方面积极进取的具体目标。

[1]周辅成. 西方伦理学名著选辑（上卷）[M]. 北京：商务印书馆，1964：737.

曾经组织公共管理学院 MPA 的学员以"为官之道，以何为荣"为题进行课堂讨论。众多学员给出的答案自然是见仁见智。其实，以我的观点而论，古人"为官者以廉忠为荣"的思想就颇具现代性。也就是说，这一职业的荣誉感不是来自所谓的权力、待遇、公共影响力之类，而是来自廉忠之德的谨守，即在对己廉洁、对国忠诚的职业活动中赢得荣誉。

从道德心理上分析，荣誉通常还通过羞耻之心而发生作用。耻辱作为荣誉的对立面是社会对不道德行为的贬斥和否定。知羞耻，能内疚，人的行为往往便能向荣誉的方向转化。孟子把"羞耻之心"视为人之"善端"（《孟子·公孙丑上》）并认为"无耻之耻，无耻矣"（《孟子·尽心上》）。马克思也指出："耻辱是一种内向的愤怒。"①羞耻之心是因为对不道德行为的愤怒，才使人产生了向善的欲望和冲动。俗话说"浪子回头金不换"，说的正是这样一种情形。

珍视荣誉是德行的一个保证。对荣誉漫不关心者，其德行也就失去了激励的机制。必须指出的是，荣誉心不是虚荣心，尽管在现实生活中荣誉心和虚荣心往往很难区分。而且两者也都构成行为的某种驱动力，但虚荣心只是一种狭隘、庸俗、低级的功名心。虚荣心作为一种私欲使行为者掩盖自己的本来面目以赢得社会和他人的赞许。虚荣心当然并不总是恶的品行，但人的许多恶行却是由虚荣心滋生出来的。荣誉心和虚荣心的区别，就如古巴诗人何塞·马蒂所说的那样："虚荣的人只关注自己的名字，荣誉则关注祖国的事业。"②正因为两者有这种区别，故虚荣心往往以浮夸炫耀为表现形式，荣誉心则以谦逊诚实为自己的美德。

为了区分虚荣心和荣誉心，探讨一下荣誉本身是目的还是行为的客观后果这样一个问题是有意义的。在人们的行为实践中，荣誉常常会被视为类似于目的的一种内驱力。但从本质上讲荣誉本身不该是目的，而只能是德行的一种客观后果。荣誉永远只是客观地反映着公共舆论给出的一种社会评价。也正是从这个意义上可以认为："荣誉只是德行的副产品。"如果把荣誉视为目的，那

①马克思恩格斯全集（第1卷）[M]．北京：人民出版社，1956：407．
②何塞·马蒂诗文选[M]．北京：作家出版社，2015：21．

么荣誉心就开始向虚荣心转化了。相应地，道德行为的"善"也就向"恶"转化了。

可见，要真正发挥荣誉在道德行为评价中的积极影响作用，善于区分荣誉心和虚荣心对个人的道德行为有着重要的意义。这不仅要求道德主体有正确的世界观和人生观，而且更要求道德主体在道德行为中有正确的荣誉观。我们珍惜荣誉，但如果视荣誉胜过德行甚至自己的整个生命，那么我们的人生往往又终将会被荣誉所累。

这应该就是荣誉问题上的辩证法吧。

5. 道德抉择中良心的作用是必须的吗

［来自学生的问题］

在网上看到一个所谓的新人类宣言，其中的内容之一就是："让良心消散在风中，最好无影无踪！"我虽觉得不对，但反过来想想觉得良心这个东西的确在很多人心中早就没有了。为此，我来信希望与老师讨论的问题就是：良心是一个人必须的吗？

［我的学理回应］

现在是一个价值多元化的时代，网上诸如你提及的这个新人类宣言之类的东西可谓多如牛毛。但价值多元并不排斥核心价值或最高价值的确定性存在。否则，我们会在多元中迷失自己。在伦理学中，我坚信良心的存在不仅过去是必须的，而且，现在和将来它也应该是不会消失的东西。

其实，良心是伦理学说中最古老的范畴之一。但是在古代伦理学史上它往往被蒙上一层神秘的面纱。比如在中国古代就有所谓"天理良心"一说，这事实上把良心看成"天之所予我者"。故在孟子看来："人所不学而能者，其良能也；所不虑而知者，良知也。"（《孟子·尽心上》）王阳明也认为："见父自然知孝，见兄自然知悌，见孺子入井自然知恻隐，此便是良知，不假外求。"①

可见，在儒家那里"良知"作为内心的道德意识其实被看成是先验的存在。而且，它还往往被赋予神秘的本体论色彩。比如王阳明就曾这样写道："良知却是独知时，此知之外更无知；谁人不有良知在，知得良知却是谁？"（《答人问良知二首》）既然"谁人不有良知在"，即良知是人先天就存在的，那唤醒良知的功夫就是值得花费心思去揣摩的。相传王阳明在一场讲学中，居然把一个不得已趴在那里偷听的梁上君子感动得痛哭流涕，当场悔过自新。可见，王阳明唤醒别人良知的功夫是何等精湛。

西方伦理学史上对良心的论述更是众说纷纭。作点理论上的归纳，大致可以把这些论述分为两种类型：一些思想家把良心视为先天的情感、理性的原则或上帝的启示。比如柏拉图就认为良心不过是"善的理念在个人身上的显现"。基督教伦理学干脆把良心定义为"上帝神圣的声音"。另一些伦理学家则从人本主义的基本立场出发，认为良心是人性的一种自然要求。比如费尔巴哈认为"只有求得幸福的心才是使人不去或者应当不去作恶的道德规则和良心。"②功利主义者密尔则声称："拘束我而称为良心的东西，只是我内心的一种情感。"这种情感就是一种"功利的道德。"③

①北京大学哲学系中国哲学史教研室．中国哲学史教学资料选辑（下册）[M]．北京：中华书局，1982：197．
②费尔巴哈哲学著作选集（上卷）[M]．北京：商务印书馆，1959：437．
③密尔．功利主义[M]．北京：商务印书馆，1957：31．

在马克思的唯物史观产生以前，黑格尔对良心的论述也许最为精彩和深刻。他明确地把良心与义务相联系，认为："真实的良心"就是"希求善的东西的心境，所以它具有固定的原则，而这些原则对它说来是自为的客观规定和义务"[①]"良心是在自己本身内的自我的自由"[②]"良心就是内部的绝对自我确信……是特殊性的设定者、规定者和决定者"。[③]在这些充满思辨的表述中黑格尔给良心作了两点规定：其一，良心是个体自觉意识到的客观义务在内心形成的一种主体精神原则；其二，良心是主体追求道德自由的表现。这个思想无疑是精当的，因为它已涉及了良心最本质的特性。当然，由于黑格尔对义务作了客观唯心主义的理解，即不是把人所应承担的客观义务视为社会道德关系的必然反映，而只是他神秘的"绝对观念"的产物，因此黑格尔对良心的理解同样带着晦涩而神秘的色彩。

其实，在马克思主义的立场看来，良心从本质上讲是人对自我道德义务的自觉意识。这种意识既是一种强烈的道德责任感，又是一种高度自觉的自我评价能力和形式。事实上，良心作为一种内心深处的道德意识是道德情感、道德意志和道德认识的综合交融。苏联伦理学家季塔连柯认为："良心是人的心理中理性认识和感性感受的特种融合物。"[④]基于这一理解，我在这里把良心简单地定义为：人在履行对他人和社会的义务中形成的道德责任感和自我评价形式。它是一定的道德观念、道德情感、道德意志和道德信念在道德行为个体意识中的整合与统一。

①②黑格尔．法哲学原理 [M]．北京：商务印书馆，1961：139.
③黑格尔．精神现象（下册）[M]．北京：商务印书馆，1957：147.
④季塔连柯．马克思主义伦理学 [M]．北京：中国人民大学出版社，1984：128.

良心的本质正如马克思指出的那样："良心是由人的知识和全部生活方式来决定的。"[1]良心作为人社会本质特性的显现，它在个人行为和精神生活中所维护的那些准则，并不是永恒的、超社会的。良心作为道德主体的自觉意识和自我评价，其发展程度、有效程度和稳固程度，取决于道德个体的全部社会关系的总和。这其中尤其受道德个体所处的阶级关系、社会地位以及他的性格、气质和受教育的程度等社会因素的制约。正是因此，马克思曾这样说过："共和党人的良心不同于保皇党人的良心，有产者的良心不同于无产者的良心，有思想的人的良心不同于没有思想的人的良心，……特权者的'良心'也就是特权化了的良心。"[2]

这也就是说，尽管在表现形态上，良心总是表现为道德个体对自己的道德思想和行为构成或赞赏或谴责，并严厉地要求自己按赞赏或谴责的意图行动。但良心不是先天的具有独立判断善恶能力的"良知良能"，更不是上帝或神的启示，而是社会现实生活中客观的道德关系和规范准则转化为主体内心道德理想、道德信念、道德情感、道德意志的主观表现。

可见，良心是道德主体自我意识中的一种融合物。它把人的心理中的一切层次，理性的、情感的、意志的，甚至潜意识的、直觉的等等因素，都有机地统合成一个严整的内在的道德心理机制。良心要依靠冷静的理性分析和道德上的逻辑评价。因而表现在道德主体的心理上，良心是人在道德选择时发自内心深处的认知和理性的隐约声音。而且，这种声音带着理智的命令性和权威性的特征。从道德认识过程分析，良心的这种理性的机制源于主体在认知上对道德规范必然性的理解、把握和接受，并通过这种认

---

[1][2] 马克思恩格斯全集（第 6 卷）[M]. 北京：人民出版社，1961. 152.

识内化为主体的心灵世界之中。由于有这一认知和体认的基础，良心就必然要求道德行为主体在内心世界中竭力克服异己的力量，而维护那些在社会关系中积淀并巩固下来的道德规范、道德原则和道德理想。

但是，良心不仅仅依靠理性的判断。事实上，道德主体的情感、意志、直觉等品性也都对良心的形成和实现其职能发生着重要的影响。正是因此，在现实的道德生活过程中，良心在表现形式上还总是要表现为情感上的愉悦或不满，意志上的坚决果断或优柔寡断。直觉、顿悟等道德认知的特殊方式就更是以感性或非理性的因素渗透于良心之中。也因为这样一个原因，良心往往会被蒙上一层神秘的面纱。这大概就是为什么一些作家、学者干脆断言，良心是"上帝的启示"或"先天的观念"。比如雨果就认为："人的两只耳朵，一只听到上帝的声音，一只听到魔鬼的声音。"[①]这种理论上的失误无疑和他们不了解良心所具有的理性和感性，理智与情感、意志、直觉相统一的品性相关。事实上，良心所具有的这种特点是可以得到科学解释的。这个解释的基本出发点是人类意识总是理性和非理性统一这样一个基本的事实存在。

这事实上也就是说，作为人类意识的一个特殊形式，良心中的理智因素、情感因素、意志因素、直觉因素等等，就必然是相互联系和彼此制约的。因而某些非理性主义伦理学者把良心说成只是"激情"或"冲动"的驱使无疑是片面的。这个片面性在于否定了良心有其认知和理性机制支配的客观事实。如果良心只是一种"激情"或"冲动"，那么，良心就会变得不可捉摸。与这样一种观点相反，一些实证主义的伦理学者把良心看成仅仅是人类"逻辑

①陈晓.雨果名言赏析[M].香港：中国国际文化出版社，1988：122.

的推理"。这种观点无疑也是错误的。因为这种理论不了解良心在理智的支配下，还有情感、意志、直觉等因素的参与和渗透。否则，人们也就无法理解良心何以在道德生活实践中具有如此巨大的情感力量和意志约束力。

正因为良心具有这种"道德—心理"特性，所以在道德生活实践中一方面没有良心的参与往往就不可能有合乎道德的行为产生；另一方面又不能把良心当作是否合乎道德以及这些行为是否具有道德价值的尺度。因为良心只是主体内部一种感性和理性交融的道德心理反映。这种反映往往是既没有受社会舆论及传统习俗明确评价过的，也没有受道德社会生活实践的检验和评判。比如，一个人的良心也可能是不合乎"善"的，比如偏狭的良心、受欺的良心等等。可见，良心的自我评价最终还必须由一定社会关系下的道德规范和道德实践加以检验和评价。否则，在良心问题上人们就无法有效地在其中确立善与恶的界线，从而走向相对主义甚至是虚无主义。

你在来信中提及一些人质疑良心存在的必要性问题。为此，我接下来尤其想和你谈谈良心在道德行为中不可替代的作用。

其一，在道德行为抉择前，良心要依据履行义务的道德要求和道德责任感，对行为的动机进行自我检查。亦即根据所谓的"问心无愧"还是"问心有愧"的形式对行为动机进行审视，从而对行为动机做出肯定或否定的自由抉择。从道德认知的过程看，这往往以道德上的"如果……就……"的假言判断形式表现出来。对于良心的这种作用，卢梭曾非常推崇地这样说过："良心！良心！你是神圣的本能，不朽的天堂的呼声：你是一个无知且狭隘的生物的

中国古代哲人历来注重良心的作用。在他们看来，唤醒良心有一门重要的功课不可或缺，那就是"洗心"。这是一个涤除内心诸如自私心、利己心、贪婪心、好色心，以造就君子人格的过程。这些年的游学，在遇见诸如洗心石、洗心亭、洗心阁、洗心寺时，在情不自禁考据它由来的同时，更愿意停顿或静默片刻，给自己也洗洗心。

可靠导师，你是理智而且自由的；你是善与恶万无一失的评判者；……"①卢梭在这里把良心视为神圣的本能和天堂的呼声，这当然是不科学的。但他正确地断言了良心作为人类行为的导师能够指导人的行动这一事实。他对良心作用的这一认识无疑是深刻的。在日常生活实践中许多人声称自己是"凭良心办事"，表明的正是良心的这种作用。

其二，在道德行为过程中，良心能起着监督行为的作用。道德行为本身是一个错综复杂的过程，行为动机受良心检查已被证明是"善"的，但这还不能保证在行为过程中就不会有"恶"的行为发生。这样，以"良心的发现"为表现形式的对行为过程的监督就显得特别有意义。这正如英国作家毛姆在《月亮和六便士》中非常形象地说过的那样："我把良心看作是一个人心灵中的卫兵，社会如果要存在下去制定出的一套礼规全靠它来值勤站岗，监督着我们别做出违法的事情来。"②在人类的道德行为实践中，良心的这种对行为趋善避恶的监督保证作用是非常普遍的。

其三，在道德行为结束之后，良心能够对自己行为的后果和影响做出评价，从而起到道德认知方面的反省作用。这是因为良心的这个评价是以理性原则和人道原则作为基本标准的。这是一个"己所不欲，勿施与人"（《论语·卫灵公》）的将心比心过程。这正如费尔巴哈指出的那样："我的良心无非是站在被害的'你'的地位上的'我'；无非是以本人追求幸福的愿望为基础并且遵从这一愿望的命令的别人幸福的代表者。因为，只是由于我从本人的感觉

①北京大学哲学系外国哲学史教研室．十八世纪法国哲学 [M]．北京：商务印书馆，1979：184．
②毛姆．月亮和六便士 [M]．上海：上海译文出版社，2006：23．

中知道疼痛是什么滋味，只是由于我避免受苦的那个动机，我才能由于使别人受苦而感觉到良心的谴责。"[1]这样，道德主体无论是对后果产生满足和欣慰之情，还是充满内疚、惭愧和悔恨，都能对主体今后的道德行为产生巨大的影响和借鉴作用。比如古人称："人须知耻，方能过而改。"这所谓"知耻"往往就是良心上的内疚悔恨感。也因为这个原因，中国古代曾子的"吾日三省吾身"（《论语·学而》）才成为人们普遍认可的道德格言。古希腊哲人德谟克利特也有"对可耻行为的追悔是对生命的拯救"[2]的箴言流传后世。

不仅如此。良心在道德行为及评价中的特殊作用还强烈地表现在如下两种情形中：其一，由于道德主体所处的环境多种多样，使道德规范和体系不可能预先性地规定妥每一行动的方案，更不可能为每一特殊情形下的道德选择提供现成的方案。这时，行为者的自我调节机制往往只能是良心。其二，在道德社会舆论、传统习俗等外在评价形式难以发挥评价作用的情形下，比如个人单独的行动和别人无法干预的私人生活领域里，良心作为内在的、自觉的评价更是显得特别有意义。中国传统道德特别推崇的"君子慎其独"（《礼记·中庸》）的境界，正是依靠良心的作用才能实现的。

可见，良心以这种内在评价方式表现出来的对道德主体产生的指导、监督和反省提高作用，绝不是社会舆论及传统习俗的评价力量所能取代的。

---

①费尔巴哈哲学著作选集（上卷）[M]. 北京：商务印书馆，1959：37.
②北京大学哲学系外国哲学史教研室. 古希腊罗马哲学 [M]. 北京：商务印书馆，1961：108.

　　不过必须强调的是，在道德行为的评价中不能过于夸大良心的这种影响作用。这一方面是因为良心的自我谴责并不总是强有力的，尤其是行为者的道德认知、道德情感和道德意志品性处于较低的境界中时，良心的作用就是微乎其微的。另一方面，更主要的缘故还因为良心只有在社会舆论及传统习俗的相互制约影响中才能发挥作用。甚至对极少数人格卑下的人而言，良心在他们那里是不存在的。因此，社会舆论及传统习俗，乃至于法律法规等外在的评价方式和制裁手段作为一种外在的、异己的力量就显示了良心所无法替代的作用。

　　在良心作用的问题上也必须注意防止另一种片面性的观点，即否认良心的存在及良心的影响作用。比如尼采的伦理观就是否定良心的。他认为良心及善、正义"完全是痴人说梦，只表明生命的没落"①。这当然是和他"重新估价一切传统价值"的思想相一致的。在他看来，良心只是没有意志的奴隶的道德规范，而真正的英雄道德是鄙视一切、无所畏惧，从而也是不需要良心的。其实，尼采在这里以意志论来否定良心作用的观点是片面的。事实上，有人在评价尼采发疯的原由时就说过：一个非常推崇良心的时代当然要把一个号召不要良心的人视为"异类"。这一评价显然不无道理。

　　因而，我们的最终结论就是：良心的培植是充分必要的。记得康德曾经这样论及人生应该敬畏的东西："两种东西，我们愈时常愈反复加以思维，它们就给人心灌注了时时在翻新、有加无已的赞叹和敬畏——头上的星空和内心的道德律。"②这里说的"内

①洪谦主编. 西方现代资产阶级哲学论著选辑 [M]. 北京：商务印书馆，1964：22.
②康德. 实践理性批判 [M]. 北京：商务印书馆，1960：164.

心的道德律"其实就是良心。正是因此，我们可以说在道德抉择问题上不在于要不要承认良心的影响作用，而在于如何全面辩证地理解良心的作用：一方面，必须承认良心的评价作用离不开社会舆论及传统习俗评价作用的有效发挥。因为不仅良心的形成靠社会舆论及传统习俗的影响和熏陶，而且良心上的自我谴责或自我愉悦的满足也依赖社会舆论来实施。另一方面，又必须意识到社会舆论及传统习俗的评价作用再大，毕竟它只是外因，这个外因只有通过良心这一内因才能起作用。离开良心的共鸣，那么任何外在的舆论及传统习俗的压力都将是软弱无力的。这应该是我们正确理解良心这一内心道德抉择方式的两个基本出发点。只有这样，良心对道德行为评价的作用才能真正有效地发挥。

希望我对良心之于人的必要性问题的论证，以及如何评价良心对人的道德行为的影响作用的分析对于消除你的困惑有所启迪。当然，我更希望你在为人处世的过程中，始终有良心培植在自己的内心深处。

六、关于德性修养的对话

1. 道德修养为什么是可能的

[来自学生的问题]

我是来自法国的一位留学生。在学习汉语和准备汉语水平考试的时候我强烈地感觉到中国文化非常推崇德性的修养，并认为这是成就事业的前提。可我总觉得道德修养是个类似于造永动机那样不可完成的任务。我认为，还是法律的约束更靠谱。老师您怎么看这个问题？

[我的学理回应]

谢谢你的来信，你作为一位留学生能够把中国文化坚信德性修养和西方更注重法制约束的不同传统概括出来，很精当。事实上，与西方的法制思路不同，我们中国传统文化的确更希望以德治的路径引领民众，从修身出发，实现齐家、治国、平天下的人生成功。

所谓的道德修养是指道德个体依据一定社会的道德要求而自我修为和自我改造的活动。道德修养构成社会道德职能得以顺利实现的个体基础，也构成德行砥砺的自我熔炉。我们甚至可以说，任何一个道德高尚的人，都是他自我道德修养的必然结果。

道德修养在认识论上有一个前提，这就是相信人性是可以改变的。否则，任何修养目标的确立和实践追求都没有了根据。正是由此，中外伦理思想史上关于道德修养问题的探讨从来就是和人性问题的探讨密切相关的。思想家们一般地要具体地探讨：人性究竟是"善"还是"恶"抑或"不善不恶"的；人性的善恶是否可以改变；人性如果能改变又能改进到什么程度；是否人人都能通过对人性"抑恶扬善"的修养而达到理想的道德境界，等等问题。你信中提到的问题就是这些问题中的一个。

让我们先从人性善恶的话题谈起。人性善恶问题在中外伦理思想史上几乎是最为众说纷纭的一个理论问题。从中国古代先秦诸子百家关于人性论的争鸣中，后人就可发现先哲们对人性问题探讨的答案本身是纷繁复杂的。但无论如何，诸子各家的人性论思想又毫无例外地构成了他们伦理学理论强调道德修养的逻辑出发点和理论前提。比如孟子言"性善"，但认为这仅仅是"善端"，必需后天德行上的"扩而充之"；荀子称"性恶"，更简洁明快得出了"化性起伪"这一道德修养的基本结论；告子则认为"性不善不恶"，人性完全是后天形成的，所以也强调后天道德教化的重要性，如此等等。西方伦理思想史上虽不像中国伦理学史所呈现出的那样对人性问题给予了如此极大的关注，但同样也对人性问题进行了积极的探究。特别是近代以来的许多思想家几乎都推崇"人性自私"的命题，并由此开始探讨如何使这"自私的人性"符合社会和他人的共同利益这样一个个体道德修养的核心问题。

思想家们从人性问题出发开始自己修养理论的建构是精当的。但是他们对人性本身的把握往往又是错误的。以马克思的历史唯物主义视阈来看，以往思想家们的人性论均是抽象的。马克思主义者从来不否认人性的存在。[①]相反，历史唯物主义理论对人性问题的正确揭示恰恰构成道德修养的学理根据。在我的理解看来，马克思主义关于人性问题的基本观点可作如下几方面的归纳。

其一，人之本性的善与恶是后天造就的。马克思说过：人的本质"在其现实性上，它是一切社会关系的总和"[②]。人的本质表现在外就是人性。从人的本质是社会关系总和的立场来看，伦理学上讲的人性善或恶，必然是人的后天社会关系的产物。也就是说，人的善或恶的观念和行为都是在一定社会关系的后天影响与熏陶下才形成的。没有先天就存在的所谓善或恶的人性。

其二，后天形成的人性是具体而多维的。马克思所谓的"社会关系的总和"就是说各种社会关系是具体而多维的。所有的社会关系诸如经济、政治、法律、道德、宗教等意识形态方面的关系，从多方面规定着人的本性。它必然以"总和"的形式在某个人身上表现出来。各种社会关系交叉渗透，决定了处于社会关系总和之中的个人本性必然是具有多方面、多层次规定性的丰富整体。在这个多维关系中，道德关系不是人性中一种可有可无的附加物，而是构成人性本质内涵的一个重要部分。

①这一问题迄今为止仍是有争议的。但作者认为从《1844年经济学哲学手稿》以及《德意志意识形态》等著作的基本观点看，马克思主义经典作家只否认资产阶级的抽象人性论，而从来没有否定人性本身的存在。
②马克思恩格斯选集（第1卷）[M]．北京：人民出版社，1974：18．

其三，人性善或恶的形成是一个不断发展变化、充满反复的过程。人类社会是不断发展的，处于这一社会关系中的每个人的人性也就必然随这种具体历史条件的变化而变化。甚至善或恶本身也是历史地变化着的。因而没有抽象的绝对不变的性善或性恶的存在。而且，由于任何一个人都不具备先天的"善"或"恶"，所以人性向善或向恶的可能性是等值地存在着的。道德修养就是一个不断促使自我人性向善的过程。这个过程可能充满曲折和艰辛，但由于"向善"一般代表了社会和人类进步的趋势，因而最终总能战胜"作恶"，从而构成人类道德追求的主要指向。

历史唯物主义理论对人性奥秘的揭示，其实就是对人性修养奥秘的揭示。因为没有对人性的正确认识和把握，也就没有对人性修养可能性的认知，从而道德修养也就失去了认识论的根基。

但是尽管如此，人性问题的探讨至今依然是多歧之地。现时代一些伦理学家和未来学家甚至提出，通过改变人的遗传性可以创造出新的具有优美道德品质的理想人性。这个观点事实上可以追溯到 19 世纪叔本华的理论。他认为人的性格和品质的遗传来自父亲，而智慧则来自母亲；勇敢的人是勇敢人所生，卑鄙的父亲就有卑鄙的儿子。[①]显然，这样一种观点就把人性的善恶问题归源于先天的获得性遗传了。这不仅缺乏科学的根据，而且也必然使伦理学成为多余的点缀。因为这等于是说，道德修养只须有优生学和遗传学的努力即可实现。这无疑与道德生活的现实相背离。

①张玉华.叔本华人生智慧论[M].香港：文达出版有限公司，1979：67.

当初 24 岁的毛泽东在《新青年》杂志发表了《体育之研究》一文，提出了"野蛮其体魄，文明其精神"的主张。我一直对这一说法推崇备至，并时常提醒自己要孜孜践行。在我看来，打篮球是"野蛮其体魄"，道德修养则是"文明其精神"。

　　既然道德修养是一个个体自我人性的改造，从而达到为之景仰的某种道德境界的过程，因而其实质就可以被合理地理解为是人性向善的自我规范和自我改造的过程。马克思曾说："整个历史也无非是人类本性的不断改变而已。"①依据马克思的这一理解，我们也可以说，道德修养所追求的实质正是人性的不断改变。从一定意义上甚至可以说，既然整个人类历史的发展也不外是人类主体素质的修养提高过程，那么我们就有理由认为道德修养是构成其中最有意义的修养之一。

　　可见，你信中断言"道德修养是不可能完成的任务"缺乏学理依据。事实上，即便撇开学理的推演，从古往今来的中西文明发展史来考察，那么多的圣贤伟哲在道德修养上达到的高度，在令我们敬仰的同时，不也恰恰给后人证明了道德修养境界的实现是一种现实可能性吗？比如，就以你们法国巴黎的先贤祠(Panthéon)为例，里面长眠着包括我们中国人非常熟悉的居里夫人等76位法兰西先贤，这些人无一不是德性崇高，为法兰西作出了卓越贡献的伟人。我想他们的成就各有不同，但是他们却有着共同的地方，那就是都具有道德修养的崇高境界。

　　也因为这样一个原因，我一直认为道德修养往往便成为个体积极性和创造性在道德生活领域中的彰显。在道德修养中，个体从道德规范的客体而变成了道德规范的主体，或者说道德个体真正地占有了自己的主体性。事实上，正是通过道德修养，社会道德规范所提出的道德要求才据此得以转化为个人内心的信念，并将这种内心信念转化为实际的道德行动。这样一个过程也就是主体

①马克思恩格斯全集（第4卷）[M]．北京：人民出版社，1958：174．

在改造外部世界的活动中也改变自己内心世界（即人性的改善）的实践活动。每一个道德个体正是在这种活动中显示自己的存在价值和尊严的。

我想特别指出的是，因为道德修养的这种"人性自我改善"的实质，就决定了道德修养的特点是具有高度实践性和自觉性的活动。在道德行为实践中，每一人都必须自觉地把握道德修养的这一特性，从而才能行之有效地提高自己的道德境界。我觉得这其中至少必须遵循如下两个基本的原则。

其一，道德修养是一种主客体同一的实践活动。道德自我在这个过程中既是实践的主体又是实践的客体（对象），其实践目的是使自我人性不断向善。这是一个艰辛曲折的精神净化和心灵充实的历程。自我要在其中忍受许多痛苦和磨难，但没有这样一个自我规范的实践历程，自我人性的改善就只是一种虚幻的空想。关于这一点，古希腊的德谟克利特就说过："和自己的心进行斗争是很艰难的，但这种斗争的胜利标志着你是深刻的人。"①

其二，道德修养又是一种高度自觉和自由的实践活动。人的道德修养是一个基于内心的反省和反省基础上的自我提高。这个过程没有外在、异己的强制力量干涉，而是主体自身对自我的自觉约束和自由改造。因而，没有自觉性和因自觉性而来的自主、自由、自在的践行活动也就丧失了道德修养的全部可能性。

由于道德修养实质上是人性的一种改善或理想人性的造就，因而道德修养的重要意义是不言而喻的。历史上的伦理思想

---

①周辅成．西方伦理学名著选辑（上卷）[M]．北京：商务印书馆，1964：85.

家都十分重视道德修养的理论和方法研究。在你们西方伦理思想史上，伦理学的创始人亚里士多德就系统地阐述过他的道德修养理论。他曾将德性区分为理智的德性和道德的德性，并认为："理智的德性，是由于训练而产生和增长的（所以必需时间和经验）；道德的德性是习惯的结果。"[①]文艺复兴时期的思想家们还认真研究了有利于道德修养的社会环境和心理基础，并以此作为反对封建主义和教会专制的思想武器。18世纪的启蒙思想家更是认真探讨了教育与环境对人性自我改善的重要影响作用。

重视道德修养同样是我们中国古代的思想史的一个基本的文化传承。儒家文化中一个很重要的思想就是高度重视道德上的自我修养，强调"修己以安人"。（《论语·宪问》）因为孔子对当时社会最为担忧的就是："德之不修，学之不讲，闻义不能徙，不善不能改。"（《论语·述而》）孟子系统地探讨了修身养性的重要性和可能性等问题，认为"存其心，养其性，所以事天也"（《孟子·尽心上》）。也因此，儒家把"修身"作为"齐家、治国、平天下"的根基。这一思想汉代以后成为古代中国士大夫极为推崇的成圣成贤之道。

道德修养的重要意义是由其改善人性这一实质决定了的。明白了这一点也就为解决你信中提及的"是否法律的约束更靠谱"的疑惑提供了思路。简单地说，道德修养的目的是改善人性，这是一个"扬善"的正向努力；法律约束的目的是限制人性，这是一个"惩恶"的反向做功。在我看来，一个和谐的社会固然要"惩恶"，但更应该"扬善"。因为后者更凸显人性的尊严和尊贵，更从根本上带给社会秩序和安定。

① 周辅成. 西方伦理学名著选集（上卷）[M]. 北京：人民出版社，1964：291.

我理解这正是习近平总书记"立德树人"教育观的高度之所在。我相信，作为一个见证者，你很快会看到这一教育观的贯彻落实将会极大助力中国人民精神境界的提高和国家软实力的提升。

2."慎独"既是修养境界也是修养功夫

[来自学生的问题]

我是浙江绍兴人，记得在老家文化名人刘宗周故居看到过他的一句名言："慎独之外别无功夫。"强调了"慎独"作为道德修养方法的重要性和唯一性。可我一直觉得"慎独"更是道德修养达到的一种境界。老师觉得我的理解对吗？

[我的学理回应]

道德修养的目标是追求一种道德境界的生成。所谓的道德境界是指一种融合化和内在化了的道德知行统一状态。它包括道德认知、道德情感、道德意志等内容，以及以这种道德认知、情感、意志为引领的道德行为、道德习惯在其之中。

我非常认可你的理解。也就是说，如果把道德境界做一中国语境的理解，那实质上就是古代伦理学家所提出来的达到一种"慎独"的道德觉悟状态。但问题在于，理学家刘宗周将"慎独"理解为修养功夫的说法也不错。这是因为欲达到"慎独"的道德境界，又必须要有"慎独"的道德修养方法。所以在我的理解看来，"慎独"是修养方法与修养境界的统一。

关于"慎独"的道德修养方法和境界，古人有如下一段著名的阐述："天命之谓性，率性之谓道，修道之谓教。道也者，不可须臾离也，可离非道也。是故君子戒慎乎其所不睹，恐惧乎其所不闻，莫见乎隐，莫显乎微。故君子慎其独也。"（《礼记·中庸》）作者从人的天性出发，提出"修道"（即道德修养）乃人之本性，进而提出了伦理教化和道德修养的重要性和必要性。这固然有其抽象的唯心论色彩，但这里有两点思想是异常深刻的：一方面，作为一种修养境界，"慎独"必须"须臾不离道"。即"慎独"不是外在强加的要求和规范，而是从人的"天命之性"中内化而来的，所以必须强调道德主体的自觉。另一方面，作为一种修养方法，"慎独"强调"戒慎"，尤其在"隐"与"微"处下功夫，哪怕只有天知地知，行为主体也能高度自觉地规范自己。

可见，"慎独"是一种无时不在、无处不有的道德自觉、自律和自由的境界，是道德修养所要追求的一种理想境界。理想境界显然要凭借具体的修养方法才能够达到。从修养方法上考察，道德个体如下两方面的修养功夫是必须的。

其一，道德品质的培养。这是一个把社会道德要求具体化为自我品行的过程。由于道德品质是一定社会或一定社会集团的道德规范在自我个体身上的体现和凝结，所以道德品质通常以自我所崇尚的德目方式具体表现出来。比如中国古代的儒家伦理就把仁、知、勇"三德目"，称为"天下之达德"（《礼记·中庸》）。古希腊推崇的"四德目"，即勇敢、智慧、节制与公正，则是对城邦公民的道德品质的要求。英国18世纪思想家亚当·斯密也提出自制、谨慎、节朴、勤俭、奋发、仁爱、正义、大度、急公好义等道德品质是一个人所必须具备的思想，并且进而认为"仁爱"是女德，而"大度"则为男德，如此等等。道德品质的自我修养就是道德个体自觉地把特定的道德规范转化为内在品质的过程。

道德品质的培养，在道德修养中是最重要的，因为正是不断"善"的品质的培养才使人最终达到"积善成德"的理想境界。一个人如果连最基本的道德品质，比如善良、正义、同情心等都不具备，他是无从造就道德上的理想境界的。

其二，精神境界的提高。所谓的精神境界是指道德个体在道德生活实践中形成的一定觉悟水平、思想感情和品格情操的综合。因而精神境界和道德品质是相互关联的，道德主体自身一定的道德品质构成道德精神境界的基础，道德精神境界是道德品质的进一步整合与升华。

我的导师冯契先生曾经非常推崇他的老师冯友兰的四境界说①，并曾要求我们就这个主题写课程论文。如果我没有记错的话，冯友兰先生是在其著作《新原人》中提出他著名的四境界说的。他把人生修养的境界依次罗列为如下四个层次：自然境界、功利境界、道德境界与天地境界。按照他的理解，"自然境界"中之人，其行为特征是"顺习"的，"不识不知，顺自然之性"；处于"功利境界"的人，其行为特征是"为利"的，即为自己的功名利禄，有时为自己的功名利禄也可能有利他人，但归根结底是为自我的；"道德境界"的人其行为特征是"行义"的，与"功利境界"以占有（"取"）为目的不同，"道德境界"以奉献（"与"）为目的；"天地境界"中的人，其行为特征是"事天"的，这是"与天地并寿，与日月齐光"的圣人之境。这应该是人所能追求的最高精神境界。特别有意义的是，冯友兰先生还认为这四种境界，就其高低层次而言，表现为主体之"我"的一个不断向善的发展："我"从天地间之一微不足道的存在物，发展到"与天地参"的崇高境界。这实质上也就是古人讲的"天人合一"境界。

①冯契. 智慧的探索 [M]. 上海：华东师范大学出版社，1994：429.

　　如果摒弃其中"天地境界"的神秘因素，而把这个境界理解为一种如天地承载万物化育众生般的无私无欲境界，那么应该承认冯友兰先生对人的精神境界的划分及阐述是有智慧启迪的。事实上，从人的道德心灵历程中分析，人的精神境界确实表现了这样一个由自发到自觉、自由的过程。这也正是人从作为动物的存在"顺习"而走向理想人性"与天地参"的自我规范、自我修养从而自我实现、自我完善的过程。

　　道德修养的目的就是在精神境界中达到理想的目标。为了造就培养这样一种理想境界，从道德主体的人格知、情、意品性上讲，又只有凭借着认知、情感、意志的完善化才是可能的。"慎独"的理想境界本身就是知、情、意的高度自觉、自愿和自由的选择。正是由此，我觉得道德修养中道德境界的培养和造就，又同时可归结为"慎独"中的认知、情感、意志力的提高。

　　其一，"慎独"中认知能力的提升。这是一个道德知识、观念和理论不断获得的过程。就行为主体而言，道德认知是指要形成正确的善恶观念。因为行为主体只有在认识上能区分善良与邪恶，才可能在实践中趋善避恶，择善而行。道德认知的修养之所以重要，那是因为在道德生活实践中有许多现象的善恶是非界线往往很难轻易划清。比如聪明与狡猾、慷慨与奢侈、俭朴与吝啬、勇敢与冒险、谨慎与胆怯、坚定与顽固、忍耐与屈服、信仰与迷信、敢于负责与独断专行、忠于职守与墨守陈规、团结互助与互相包庇、尖锐批评与恶语伤人等等，只凭日常生活中的道德经验是无法明辨是非的。因而道德认知能力的高低就成为道德修养中十分重要的认识论前提。

其二，"慎独"中情感丰富性的培养。人的行为不仅受认知的支配，也受情感的驱使，甚至人的认知往往只有转化为一定的情感才能成为行动的促进机制。道德情感的培养主要包括义务感、正义感、责任感、良心感、荣誉感和幸福感等方面的内容。其中对幸福的情感体验在道德情感中显得特别有意义。幸福感作为一种实现自己理想目标而引起的心理上的愉悦和满足，是道德修养所最终要追求的。在不同的幸福感驱使下，便会有不同道德境界的形成。比如为金钱而活着的商人，得到了金钱就是幸福；为功名而活着的政客，得到了名誉、地位就感到幸福；如此等等。显然，对幸福感的不同理解甚至直接决定了一个人道德境界的高低。历史唯物主义所要强调的当然是"善"的道德情感的培养。比如幸福的情感培养就应如马克思那样把幸福理解成："为最大多数人带来幸福的人，经验赞扬他们是最幸福的人。"[1] 这是一种至善的幸福情感，和这种幸福感相联系的必然是崇高的道德境界的生成。

其三，"慎独"中道德意志的历练。道德意志通常被理解为主体在道德实践中所表现出来的自觉克服困难、障碍，做出"善"的抉择的果断或坚韧品格。道德意志诚然以道德认知、道德情感为基础，但道德意志反过来又成为道德认知、道德情感付诸道德实践的主体性保证。人们常可以见到这样的情形发生：人们在道德认知、道德情感上已选择了某一"善"行，但由于意志不坚定而最终只能放弃；或者已付诸实践，但却因为意志的软弱而半途而废。可见，道德意志的培养对道德修养而言也具有极为重要的意义。在实际的道德生活中，一个具有强大道德意志的人，在任何

---

[1]马克思恩格斯全集（第40卷）[M]. 北京：人民出版社，1982：7.

困难条件下都能够保持自己的德性和情操。这就如孟子描述的"富贵不能淫,贫贱不能移,威武不能屈"。(《孟子·滕文公下》)这样的崇高境界显然需要道德意志的笃信与持之以恒。

你信中提及的理学家刘宗周显然非常认可"慎独"这一修养方法对道德品性和道德境界提升的助力作用。事实上,了解刘宗周生平的人无不佩服他这方面知行合一的可贵品格。这也使我联想到现在倡导文化自信的构建,也许一个很重要的工作就是各地应该将地方文化名人的思想和事迹做一深度的发掘。这样,"以文化人""以文育人"就有了一个接地气、可亲近、可效仿的实现路径。这方面,你们绍兴可谓资源丰富,你不妨利用假期社会实践的机会,做一些有意义的整理和发掘工作。

3. 道德修养的"程式"

[来自学生的问题]

我是工科生,我们的专业训练要求一个东西要被认可必须是可以给出方程式的。而且,这个方程式应该具有普适性。老师讲了那么多道德修养的理论,那么能否建立一个关于修养的普遍程式?这决不是为难老师,而是希望由此让道德修养的理论更简单明了,从而更利于我们自我践行。

[我的学理回应]

你来信的问题很有意义。虽然人文社会科学因其自身的学科特性,也许做不出类似理工科那样的数学方程式,但从一般意义上给出具有普遍性意义般的"程式"也不是不可能。具体到你来信提及的道德修养问题，我尝试性地将这个"程式"建构为：内省—立志—实践。这也就是说，如果把道德修养作一个动态的考察，那么道德修养实质上包括内省、立志和实践这样三个环节。这是一个从"内心做功"到"躬身践行"的动态发展过程。

中国古代伦理学历来注重内省的修养方法。比如孔子说："内省不疚，夫何忧何惧？"（《论语·颜渊》）孔子的学生曾子则称："吾日三省吾身：为人谋而不忠乎？与朋友交而不信乎？传不习乎？"（《论语·学而》）明代的王阳明在《传习录》中更是强调"省察克治"的功夫，等等。

内省的修养方法其意义在于向内做功。这恰恰是道德修养的本性。这是因为一方面道德修养的理想境界是"慎独"，如果没有内省的功夫，是不可能达到这样一个"至善"的道德境界的。但另一方面，如果仅仅只注重这种内省的修养方法又是片面的。这正如明代启蒙思想家李贽批评的那样：一味"内省""发明本心"，必然使人"平居无事，只能打恭作揖，终日匡坐同于泥塑"[1]。这一批评无疑是深刻的。事实上，儒家内省的修养方法到了宋明理学时代，的确已被完全扭曲了。在"存天理，灭人欲"的理学教条规范下，内省变得极为虚伪，正如颜元在《朱子语类评》中所揭露的那样，"终日玩心于无形之表""相蒙相欺""以尽废天下之实"。

明代有一位对这种内省修养方法的笃信者黄绾，曾著文谈及他是如何内省而又总不能奏效的亲身经历。这可以说是对仅仅只注重内省方法所导致的片面性的一个最好的说明："尝悔恨发奋、闭户书室，以至终夜不寐，终日不食，罚跪自击，无所不至。……又以

---

①任继愈主编. 中国哲学家史（第3册）[M]. 北京：人民出版社，1964：365.

册刻'天理''人欲'四字，分两行。发一念由天理，以红笔点之；发一念由人欲，以黑笔点之。至十日一数之，……以视红黑多寡为工程。如此数年，仅免过咎，然亦不能无猎心之萌。由此盖知气习移人之易，人心克己之难。"[1]

有必要指出的是，中国伦理思想史上，另外一些思想家已看到宋明儒学这种内省方法的虚伪一面，从而提出了"躬身践行"、重视"经世致用"的主张。比如颜元就针对儒家"穷理居敬"的"心斋"功夫而针锋相对地提出了注重躬身践行的"习斋"主张，他甚至由此而自号"习斋"。"躬身实践"的思想作为内省理论的一个补充，无疑能够扬弃一味"内省"方法的虚伪性，从而造就真正的道德理想境界。

可见，对待道德修养中内省的方法必须采取一种辩证的态度：一方面，内省的确构成道德修养的认知前提。这是道德主体的一种自觉规范自己的愿望和冲动，离开了这个愿望和冲动，道德修养不可能实现；但另一方面，仅有内省又是不够的，内省的自我解剖只为道德修身的实现提供一种可能性。这种可能性的实现还必须依赖于道德的实践。

这就正如刘少奇在《论共产党员的修养》一书中所指出的那样："古代许多人所谓修养，大都是唯心的、形式的、抽象的、脱离社会实践的东西。他们片面夸大主观的作用，认为只要保持他们抽象'善良之心'，就可以改变现实，改变社会和改变自己。这当然是虚幻的。"[2]这可以认为既是对古代思想家内省理论的一个基本评价，也可以说给当代伦理学理论探讨道德修养问题以有益的警策和启迪。

①黄绾. 明道编[M]. 北京：中华书局，1959：23.
②刘少奇. 论共产党员的修养[M]. 北京：人民出版社，1980：14.

可见，道德修养必须走出一味内省的羁圈，进入躬身践行的领域。我们可以把躬身践行的过程理解为一个立志和实践相统一的过程。所谓立志是指道德主体立下实现某一目标的宏愿。如果说一味地内省容易出现某种盲目性的话，那么立志作为一种实践理念则明确地在观念上提出了道德实践要实现的理想目标。

立志在道德修养中具有重要的意义。王阳明说："志不立，天下无可成之事。"（《传习录》上册卷一）可见他把"立志"视为的人生事业的起点和驱动力，道德修养的追求也同样如此。孔子甚至认为："三军可夺帅也，匹夫不可夺志也。"（《论语·子罕》）因为三军之帅在别人，而匹夫之志在自己。于是，孔子认为帅可夺而志不可夺，如志可夺也就不能称其为志了。

道德修养上立志，在人生实践中通常以座右铭的形式而表现出来。比如马克思在他的"自白"中把"纯朴"和"人所有的我都具有"作为自己最喜欢的格言和座右铭。[1]这充分显示了一个伟人在道德修养上的气度和追求。但立志还仅仅是道德主体内心的一种愿望确立，要真正达到这个愿望，还必须付诸实践性的活动。正如马克思不无精辟地指出过的那样："社会生活在本质上是实践的。"[2]作为社会生活之表现形式之一的道德修养当然也就必须是一种实践的活动。在历史唯物主义的立场来看，实践对道德修养的决定性的意义表现在如下几个方面。

其一，道德实践是达到道德修养境界的唯一途径。道德上的立志是一种道德修养境界的确立。但这只是观念上的确立，要现

①瓦连京·奇金，达·梁赞诺夫．马克思的自白——卡尔·马克思对女儿20个问题的回答 [M]．北京：解放军文艺出版社，1997：4．
②马克思恩格斯选集（第1卷）[M]．北京：人民出版社，1974：18．

实地做到这一点，唯有通过道德的实践活动本身亦即在实践中提高认知能力，磨炼意志，培养丰富的情感。离开了实践，任何"内省"（儒家）"坐忘"（道家）"面壁"（佛家）等都只是"静坐时亦觉意思好"，一到实践中便什么也做不到了。

其二，道德实践也是检验道德修养正确与否的标准。实践在这里的检验有两方面的含义：一方面，道德实践检验道德主体立志的正确与否，检验主体的道德修养目标是否符合一定社会的道德规范；另一方面，道德实践还检验主体是否知行合一。口头上能背诵娓娓动听的道德箴言，并能确立甚至是很崇高的所谓道德修养志向，但如果从不付诸实践，那只是一种华而不实，甚至是一种虚伪。唯有那些身体力行、拳拳服膺的人，才有可能真正达到一定道德修养境。俗话说"无志者恒立志"，其实就是指那些从来只会夸夸其谈所谓的"理想""抱负"，但却从来不去实践的人。道德修养的实践性要求对这些人来说显示了特别重要的意义，因为没有实践行动的立志恰恰只是一种"无志"的表现。

其三，道德实践还是推动道德修养不断提高的动力。道德修养是一个复杂而长期的人性向善追求的历程，不可能一蹴而就。也就是说，道德修养必须在道德实践中不断发展才能不断完善。所谓的"活到老，学到老"即揭示了这样一个修养真谛。人性的这样一个不断修养的过程，正是由道德生活实践来推动的。

只有这样，我们的道德修养才可能由立志经过实践，从而达到如佛家说的"觉行圆满"境界。毛泽东曾把这样一个境界具体描绘为："一个高尚的人，一个纯粹的人，一个有道德的人，一个脱离了低级趣味的人，一个有益于人民的人。"[1]也只有到此时，我

[1]毛泽东选集（合订本）[M].北京：人民出版社，1969：621.

们才能说道德主体追求的道德修养有了一个完整的历程和圆满的结局。

从内省到立志再到实践，这是任何真正的道德修养者都必须经历的。当然，这其中因主体自身素质的差异，在这三个环节中可能各有偏重。比如一个原本就习惯于拳拳服膺、兢兢业业的道德实践者，那么他在道德修养中便需在内省和立志方面多下功夫，使自己的道德实践有更加明确的主体性意识和更崇高的志向；一个常常立志，可总是在道德实践中又放弃对这一志向追求的人，他便要认真反省自己，然后竭力督促自己在实践中多磨炼自己的坚持和坚韧品性；一个习惯于内省，能无情地解剖自己，并为自己的不善行为感到内疚，但却并不因此而立志和实践的人，那么他的道德修养就必须更多地在立志和实践中狠下功夫；如此等等。

我不知道上文给出的这个"内省—立志—实践"的修养"程式"是否能够得到你的认同？我倒是受你来信的启发，准备依据你提及的方程式思路，对"内省—立志—实践"这其中的每一个环节做一些参数的设定，并在总体上建立一个可检验、可修正、可感知的模型。如果你有兴趣，特别欢迎你的参与。

4.大公无私的境界可能达到吗

[来自学生的问题]

我在选修某通识课的八周时间里，主讲教授不止一次地提出"大公无私是一种乌托邦"的论断。但是，在您的课堂里却将大公无私视为道德修养可以达到的最高境界。因为您在课上没有做大多的论证。故我对大公无私究竟有否可能达到的问题有些困惑。不知老师能否替我解答这个困惑？

[我的学理回应]

以历史唯物主义的视阈看，道德境界的高低不同集中体现在道德的最基础关系，即利益问题上。具体地说体现在利己与利他、私与公的利益取舍上。在我看来，道德既然是一种人性向善的规范，是人的社会本质的必然体现，因此在绝大多数人的价值观中，彻底的、极端的利己主义肯定是被唾弃的。于是，现实中的人们在道德修养中所面临的一般也就是如下两种境界的抉择：其一是利己与利他兼顾，或称公私兼顾；其二是彻底的利他主义，或称大公无私。

如果对道德生活现状做一实事求是的分析，那么我们就应该承认：一方面个人主义、利己主义的道德追求是受道德舆论谴责和抵制的，可以说至少没有人会声称把利己主义作为自己道德修养的目标。但另一方面，公私兼顾的境界又的确构成绝大多数人信奉和追求的道德境界。比如他们不否认自我本能中源于生物学天性的利己倾向，但他们却能自觉地以道德来规范这一利己的天性；他们追求自己生存和发展的个人利益，但同时又能顾及他人、集体、社会利益的维护；他们真诚地相信"我为人人，人人为我"；他们贡献，但也索取报酬；他们尊重别人，严于律己，但也从不泯灭自己的正当欲望；他们在个人利益和集体、国家利益发生矛盾和冲突时，经过一定思想斗争，必要时也会自觉地牺牲自己的个人利益；如此等等。在现实生活中，这种公私兼顾的道德修养境界的追求是颇能得到共鸣与认同的。

　　紧接着要我们探讨的问题是，承认这样一种道德修养追求的现实，是否就意味着可以因此抛弃我们曾为之孜孜以求的大公无私的道德境界？这是我们伦理学理论研究和争鸣中一个不可避免的既是理论又是实践的重要问题。

　　必须承认的是，大公无私这一道德境界的追求在当前的历史条件下，尤其是处于当前社会主义市场经济的社会现实中，只有为数极少的先进分子能达到这一境界。对更多的人而言，大公无私还只是一种比较遥远的理想境界。这就正如邓小平指出的那样："不讲多劳多得，不重视物质利益，对少数先进分子可以，对广大群众不行，一段时间可以，长期不行。革命精神是非常宝贵的，没有革命精神就没有革命行动。但是革命精神是在物质利益基础上产生的；如果只讲牺牲精神，不讲物质利益，那就是唯心论。"①事实上，已经有的道德教育实践充分表明，把牺牲精神和大公无私理想强行灌输给社会的每一个成员，其实践结果不仅收效甚微而且极易引起人们的逆反心理，从而产生道德观念上的对抗情绪。

　　但是，我认为绝不可因此而否认对大公无私这一道德境界的追求。也就是说，作为一种理想的道德境界，大公无私应该成为我们道德修养所追求的理想目标。这不仅是因为大公无私是一个符合理想人性的修养目标，而且更因为修养本身就意味着要超越现实，走向更加完美的理想境界，从而造就大写的自我。孟子曾这样描述过人的道德境界的提升："可欲之谓善，有诸己之谓信，充实之谓美，充实而有光辉之谓大。"（《孟子·尽心下》）按照杜维明先生的看法，孟子在这里是以简练的语言描述了完美的理想境

①邓小平文选（一九七五——九八二)[M]. 北京：人民出版社，1983：136.

界，即是一个从"善"到"信"到"美"到"大"这样不断递升的境界。①这最高的境界——"大"就是一种大公无私的境界。

可见，如果道德修养只是局限于对现实的如公私兼顾境界的关注，那么修养便丧失了一个崇高的理想。雨果曾经说过："人类的心灵需要理想甚于需要物质。"为此他说了那句被广为传诵的名言："人有了物质才能生存，有了理想才能生活。"②道德修养上同样如此。没有理想境界的追求，就没有道德修养崇高目标的实现。

其实，由于大公无私作为一种理想境界符合人性向善的发展，因而在思想史上，许多的伦理家都在不同程度上论述过这样一个理想境界的目标以及达到这一目标的修养途径。从中国伦理思想史上看，孔子提倡"杀身成仁"（《论语·卫灵公》）；孟子强调"舍生取义"（《孟子·告子上》）；荀子推崇"权利不能倾也，群众不能移也，天下不能荡也，生乎由是，死乎由是"（《荀子·劝学》）的理想人格，宋明的一些思想家也不断地要求人们抛弃"私欲"，培养"廓然大公"的思想境界，这都不同程度地涉及了"大公无私"的道德境界。宋代范仲淹那"先天下之忧而忧，后天下之乐而乐"（《岳阳楼记》）的名言，更是古代伦理思想家对"大公无私"这一最高境界描述的千古箴言。西方伦理思想史上，空想社会主义者们也都孜孜不倦地追求大公无私的理想境界。他们不仅正确地指出过："摆脱自私的考虑"是可能的，而且提出"追求整体利益应成为人的唯一目标""一个人的真正完美，就在于他毫不利己"③的口号。尽管这些思想家们提出来的观点并没有也不可能真正把握大公无私

①杜维明．人性与自我修养 [M]．北京：中国和平出版社，1988：61．
②陈晓．雨果名言赏析 [M]．香港：中国国际文化出版社，1988：74．
③葛德文．政治正义论（下册）[M]．北京：商务印书馆，1980：768．

的这一道德理想境界的真正含义，但这些思想却成为一种可贵的文化传承，润泽和启迪了不同时代不同国度人们的心灵。

写到这里我想特别地提及一个事实，那就是儒家的那句名言"大道之行也，天下为公"（《礼记·礼运》）已经被镌刻在了联合国的议会大厅里。一位从美国访学归来的学者也曾感慨地提及，在旧金山的高速公路旁，也有 Tian shia wei kung（即"天下为公"的韦氏拼音写法）的大型标语。这其实恰恰反映了不论地域、民族、制度差别而具有的某种共同人性。这一共同人性在儒家描述的"天下为公""世界大同"的理想境界里得到共鸣。

我还想特别地与你分享一则报道：2019 年 3 月 22 日习近平主席在意大利进行国事访问，曾被问及当选中国国家主席时是什么心情。习近平主席目光沉静而充满力量地回答说："这么大一个国家，责任非常重、工作非常艰巨。我将无我，不负人民！"① 这最后八个字言简意赅地描述了新时代中国共产党崇德修身、大公无私的崇高境界。在这个境界中"我将无我"最终是为了"不负人民"；因为"不负人民"恰可成就卓绝的、不朽的大我。这里彰显的正是大公无私的崇高境界。

可见，问题的关键不是要不要大公无私的理想，而是如何正确地理解这个理想。在这个问题上，马克思主义作为对人类优秀思想文化成果的继承，在汲取历代思想家们有关大公无私思想的基础上，以人性在社会集体中的自由发展为基本理论出发点，赋予了大公无私的道德理想以最科学的含义。

其一，大公无私是属于未来的共产主义新人的理想道德品

---

① 习近平：我将无我，不负人民！[N].人民日报，2019-3-24.

性，因而这是一个指向未来的理想境界。一方面，理想之所以是理想就表明它在现实中还缺乏普遍的人性基础；另一方面，理想又不是空想，它应该同时也能够成为一些先进分子现实追求的崇高目标。而且，人们往往可以发现这样一个事实，一个人道德修养中目标的崇高，往往决定了其人性和人格的高尚。比如共产主义战士雷锋的出现就是一个生动的例证。

其二，大公无私并不否认人的利己心的存在。从生物学上讲，人的利己心是无法泯灭的。在利己的本能和利他的德性不发生冲突的情形下，利己心完全可以被认可。因而，大公无私中的"无私"只是指人要敢于超越利己之心。超越不是简单地宣布"没有"，而是指当利己与利他发生冲突而又无法兼顾时，能在自觉、自愿和自由的情形下，为了他人、集体、社会的利益而牺牲自己的某些利己需要。在一些极端情形下甚至牺牲求生的利己需要，比如古人讲的杀身成仁、舍生取义就属于这种情形。

其三，大公无私也根本不否认人的正当物质利益的获得。正如唯物史观的理论所深刻揭示的那样，人类历史的首要前提是生命个体的存在。但为了维持生命个体的存在就必须要满足其最基本的物质利益的需求。如果没有了这种需求的满足，人连正常生存都成问题，那是无法去追求什么"大公无私"的。这就如马克思认为的那样："任何人如果不同时为了自己的某种需要和为了这种需要的器官而做事，他就什么也不能做。"①

因此，尽管现时代人们更多的时候奉行公私兼顾的道德修养境界，但作为人性改善和道德修养的最高目标，大公无私应该成为我们孜孜以求的理想境界。尤其是置身全球化程度愈来愈明显的

①马克思恩格斯全集（第3卷）[M]．北京：人民出版社，1960：329．

当今世界，面对着日益严重的国家利己主义价值观泛滥的现实语境，政治家们天下为公的道德觉悟与修养境界，正是维持世界和平、人民生活美好的重要心灵保障。

5. 传统道德修养理论对当下的启迪

[来自学生的问题]

我在做博士论文的过程中查阅了不少关于现代性困境及其摆脱的文献资料。这些文献好像有一个共同的立场，那就是一方面批判市场经济的弊端，另一方面主张向传统的某种复归。但是，我却很少看到对中国传统伦理文化复归的主张。不知您怎么看这个问题？中华传统伦理文化有复归的价值吗？

[我的学理回应]

如果我们对当前中国正在进行的改革开放和社会主义现代化建设的基本社会现实作一概括的话，那么在社会的道德生活中，以商品交换为主导的市场经济与以道义为原则的社会道德建设的冲突可谓是一个最基本的现实存在。理论界曾有所谓的历史进步与道德沦丧的"二律背反"来描述这一基本的事实存在，一些人甚至由此而抱怨、诅咒市场经济这只"看不见的手"所带来的如拜金主义、利己主义之类的消极后果。

这可谓当下中国的"现代性困境"。

其实，对市场经济与现时代道德建设关系问题的思考，在我看来应该立足于这样一个不容置疑的基础之上，这就正如走社会主义道路是近现代中国历史的必然选择一样，建立与发展社会主义市场经济体系同样是当代中国的必然选择。因为历史已用极为沉重的经验教训，证明了我们搞现代化建设无法跨越市场经济这一具体的社会经济形态。当然，历史与现实的考察也表明，以商品交换为基本原则的市场经济与崇信道义的道德建设是有矛盾，甚至有冲突的。马克思在《共产党宣言》中分析资本主义商品经济形态时曾这样指出："在它已经取得了统治的地方把一切封建的、宗法的和田园诗般的关系都破坏了……它使人和人之间除了赤裸裸的利害关系，除了冷酷无情的'现金交易'，就再也没有任何别的联系。"①

虽然我们所从事的社会主义市场经济条件下的商品经济活动，与资本主义的商品交换活动有本质的不同。但是反观当今社会生活，我们依然能感受到商品经济的某些共性。于是，我们可以发现，当前社会道德生活的现状是令人忧虑的：一方面是传统道德修养理论，以及新中国成立后确立的社会主义、共产主义道德规范的失范，另一方面是随着国门的再次打开，许多人对西方个人主义价值观为核心的形形色色道德理论颇有好感。正是在这样的现实背景下，不仅出现了拜金主义的价值思想，出现了坑蒙拐骗、假冒伪劣屡禁不止，黄赌毒等丑恶现象沉渣泛起的社会现实，更令人为之不安的是原本只局限于经济领域里的等价交换的商品经济原则，正被一些人演绎成基本的人生信仰和为人处世的生存方式。而这正是党风、政风、社会风气出现各种问题的深层根源。

但即使如此，我也仍然坚定地反对那种因此而否定市场经济的简单化做法。你信中提及的一些研究现代性困境的学者主张否定市场经济的做法显然是简单化的。事实上，市场经济带来的诸如效率、平等、公开等治理绩效是有目共睹的。重要的还在于，当前

① 马克思恩格斯选集（第 1 卷）[M]，北京：人民出版社，1972：253.

由商品交换和市场经济所引发的这些道德问题，正为我们现时代的道德建设提供着现实的课题与发展的契机。

我们对中国传统伦理思想的合理吸纳正是由此而显示出其现实紧迫性。但也正如你信中提及的那样，在解决中国"现代性困境"而回望和复归传统的过程中，在如何对待中华传统伦理文化方面确实有很多不同的观点争论。见仁见智固然是正常的。但一些主张从西方传统的复归中寻找解决路径的做法，提出诸如"回到新教伦理来应对市场经济负面效应""重建市民社会的普世价值观"之类的主张则就属于文化不自信的表现了。事实上，我们的传统伦理文化有许多优秀的东西很值得我们"复归"，很值得当下的我们做创新性的继承和发展。

在我看来，针对我们如何从传统伦理思想宝库中提取和吸纳那些精华的成分以建构我们新时代的伦理思想体系的问题，可以依据现代社会公共生活、职业生活和家庭生活这样三大领域的划分，分别探讨传统伦理文化对公共道德、职业道德和家庭道德建设的现代意义。

其一，传统伦理对公共道德建设的启迪。公共道德又简称为公德，它作为人们在社会公共生活领域里自觉遵循的行为规范原则，对社会风气的好坏起着最直接的影响与制约作用。在中国古代伦理思想的发展过程中，尽管有重私德而忽视公德的倾向，但由于中国传统向来强调"家国同构"，强调群己合一，因而其私德规范也内在地包容了基本的公德要求在其中。比如孔子讲的仁、智、勇"三达德"，管子讲的礼、义、廉、耻"四维"，孟子讲的仁、义、礼、智"四端"以及董仲舒集先秦儒家之大成而提出的仁、义、礼、智、信"五常德"的理论等等，其实无不内含了基本的公德意蕴在其中。只要剔除这些规范中的封建糟粕，经过改造与创新，对我们今天市场经济条件下的公德建设无疑有着重要的现实启迪作用。

中国传统伦理思想对当代公德建设的价值启迪，从道德修养的方法论来考察，也还体现在诸如"慎独"境界的追求和敬畏之心的培养等方面。正因如此，在中国古代有极多的诸如许衡不食无主之梨的道德佳话流传：许衡为元代文人。一次因逃避战乱而来到一片梨树下，又饥又渴的同伴们纷纷摘取梨子食用，惟许衡端坐不动。同伴劝他说："无主之梨，食之何妨？"许衡却正色答曰："梨无主，而吾心岂无主焉？"

在我们的公德建设中，"慎独"境界之所以重要，是因为公共生活通常是与众多陌生者相处，因而它最需要高度的自律精神去维系。同样的道理，中国古代伦理观念中对善恶报应的敬畏之心，对我们自觉地遵守公德也是大有裨益的。只不过我们必须剥去其中迷信的外衣，而代之以科学的因果必然性观念。事实证明，对扬善惩恶的因果必然性持一份敬畏之心，通常是我们自觉拥有公德心的一个重要心理机制。

可见，在当前的公德建设中，不仅可以从传统伦理的具体德目诸如仁、义、礼、智、信这样一些规范中直接吸纳仁爱之心、见义勇为、待人以礼、理智处事、诚信无欺等合理的思想内容，而且还可以从传统伦理的修养方法如"慎独"境界的生成和敬畏之心的培养等内容中启迪思路，从而使全民族形成高度自觉自律的公德意识和公德习惯。

其二，传统伦理对职业道德建设的启迪。职业是社会分工的结果，它是每一个人安身立命的基础。职业除了技能与专业的要求外也还有道德方面的要求，这就是职业道德。中国古代伦理思想中关于职业道德的遗产也是非常丰富的。比如早在春秋时代的《尚书》中，就记载了官吏的道德规范："宽而栗，柔而立，愿而恭，乱而敬，扰而毅，直而温，简而廉，刚而塞，强而义。"而在《孙子兵法》中对军人的职业道德规范则有如下的规定："将者，智、信、仁、勇、严。"对医德的记载，从春秋战国的《黄帝内经》中"疏五过""征四失"到扁鹊"随俗而变"的高尚医德，及唐代孙思邈在其《太医精诚》中"不得问其贵贱贫富、长幼妍媸、怨亲善友、华夷愚智"的自我医德的制定，都表明着我国古代职业道德思想的产生几乎和社会分工的出现一样源远流长。

中国传统伦理对当前职业道德建设的现代启迪，首先表现在以儒家伦理思想为主干的传统伦理中的"义利合一"这一基本原则的现代意义上。众所周知，职业道德与社会公德有一个显著的区别之处就是，职业道德与职业的功利行为直接相关，因而如何在职业谋利行为中又遵循基本的道义原则，使谋利行为与道义行为达到内在的统一，就是职业道德建设中所必须正确处理好的一个最基本的关系问题。在这个问题上，儒家的传统道德历来主张义利合一的基本原则，这个原则的内涵包括如下两方面的内容：一方面是见利思义，不谋不义之财，亦即所谓的君子爱财，取之有道。以孔子的话来说就是"不义而富且贵，于我如浮云"（《论语·述而》）。另一方面则是当义与利发生冲突时，自觉地恪守义在利先的原则，甚至在必要的情形下做到舍利取义甚至不惜舍生取义。儒家的这一义利合一思想,对于我们确立市场经济条件下的正确义利观,从而有效地改变当前职业道德生活领域里出现的唯利是图的不良倾向,显然有着极富针对性的启迪作用。

中国传统伦理思想对职业道德建设的启迪作用,其次也还体现在许多具体的职业道德规范中。比如为政者的职业道德,孔子就曾这样说过:"政者,正也;子帅以正,孰敢不正?"(《论语·颜渊》)可见,在孔子看来,为政者对公正清明的职业道德的遵循是尤为重要的,因为它直接影响社会的风气和道德风尚。孔子这一政德思想对于我们为政者形成正直、清廉、刚正、公平的职业道德无疑有着直接启迪意义。又比如教师的职业道德,韩愈在《师说》中曾把师德概括为"传道""受业""解惑"三个基本规范,这三个规范对于我们今天的师德建设无疑是有借鉴意义的。还比如医生的职业道德。中国古代医学著作在记载了丰富的医学知识的同时也记载有丰富的医学伦理规范和医德传统。如"凡为医者,性存温雅、言必谦恭、动须礼节、举乃和亲、无自妄尊、不可骄饰""疾小不可云大,事易不可云难,贫富用心皆一,贵贱用药无别"等等。古代医家对医德的这些概括无疑是合理和精当的,它对今天的医德建设显然也有着多方面的启迪意义。

其三,传统伦理对家庭道德建设的启迪。由于中国古代是一个以血缘关系为纽带建立起来的宗法社会,家庭生活是社会的最基本生活,所以在中国古代的伦理传统中向来特别注重家庭道德的建设。在古人看来,最原始的道德关系就产生于夫妇父子的家庭之中,所以在儒家推崇的"五经"之一《易》中就有如下的一段经典论述:"有天地然后有万物,有万物然后有男女,有男女然后有夫妇，有夫妇然后有父子，有父子然后有君臣，有君臣然后有上下，有上下然后礼义有所错（措）。"（《周易·序卦》）也因为这样一个缘由，所以儒家特别重视家庭道德的教化功能，在修身、齐家、治国平天下的"成人"之道中，"齐家"既被视为"修身"的结果，又被认为是"治国平天下"的起点。正是在这样的文化背景下，中国古代形成了以慈、孝、贞、敬、悌等为核心范畴的极为丰富的家庭道德规范。

我在这里特别想就孝这个基础性的德目展开讨论，以起到对传统家庭伦理窥斑见豹的效果。自汉以后，孝之观念在古代就一直被视为十分重要的德目，它不仅被视作一个人理所当然应当有的德性，而且事实上也成为一个人一日不可相违、处处必须尊奉的行为准则。在董仲舒所提倡的道德规范中，其最基本的内容就是父慈子孝、兄友弟恭。当时对"孝"的规定，大致有两方面的内容：一是奉养、孝敬父母，二是祭祀祖先。

历史上使孝的观念理论化的是《孝经》[①]，它把孝提到了以德配天的高度。《孝经》所定孝的基本内容是："孝，始于事亲，中于事君，终于立身。"从汉代开始，统治阶级正式提出"以孝治天下"。这一教化的基本出发点就是，孝作为最根本的道德规范，是其他规范的基础和前阶。人在孩提时就产生了亲爱父母的心，长大后日益增加对父母的敬爱，然后就可以由近至远，对兄弟姐妹、对邻里乡亲、对同事、对组织、对国家、对天下万物都充满爱。这正是道德教育的根本。为此，汉代统治者还推行"孝悌力田"的选仕标准，即在家努力耕作，侍奉父母，顺从兄长，具有孝悌美

①《孝经》相传是曾子得自孔子的传授而写成的，是儒家正统的经典，被列为十三经之一。

誉的人，将由地方推荐到朝廷中做官。这就是有名的举荐制。到了唐代，尽管已普遍实行科举制，但孝还是大受推崇，举孝廉依旧成为一些地方一些部门选仕的补充途径。唐玄宗甚至还亲自为《孝经》作注，刊布于天下。

当前的家庭道德建设当然主要是从当代社会生活的要求出发，其道德规范的形成也主要是从丰富多彩的社会实践中提升而来。但与此同时，对传统家庭美德的继承和弘扬也应该是一条重要的途径。而这正是传统伦理思想之现代意义的又一印证和体现。比如就传统道德修养理论中的慈、孝、贞、敬、悌而言，对今天的家庭道德建设的启迪就是多方面的："慈"的道德规范在去除了"父为子纲"之类的封建因素之后，在今天来讲可以启迪父母在对子女抚养与教育时既要有一腔的关爱之心，又要遵循爱而不溺的理性原则，否则很可能会如古人告诫的那样，因爱而不智反而以爱溺爱；"孝"的道德规范在摒弃了"父母在，不远游""不孝有三，无后为大"之类的糟粕之后，在今天而言，则可启迪子女对父母、对长辈要有体贴关爱之心，敬重、理解和赡养父母与长辈；"贞"的道德规范在剔除了与人性相左的禁欲主义的色彩之后，在今天而言，可以启迪夫妇双方在性道德上履行忠诚、忠贞的道德义务；"敬"的道德规范在扬弃了繁文缛节的礼教成分之后，在今天则可启迪在家庭成员中确立一种彼此平等、相互尊重、宽容和信任的基本德性规范；"悌"的道德规范在除去了"以长为尊"的不平等因素之后，对我们今天在家庭的兄弟姐妹之中形成彼此敬重、相互关爱的道德情感氛围，无疑也是有启迪作用的。

可以肯定地说，中国传统伦理思想的现代价值是极为丰富的，因而在建设有中国特色的社会主义新伦理文化过程中，我们对其开掘的工作永远不会完结。我们在培养与弘扬民族精神的过程中，从传统道德修养理论中汲取现代营养无疑是一项非常重要的工作，它对于我们市场经济的完善和整个社会和谐秩序的形成具有基础性的作用。

而且，我还想特别指出的是对中国传统伦理文化资源的开掘也还具有一定的世界意义。我们知道，早在 18 世纪的法国思想家眼中，中国以儒家为代表的传统道德就具有理性的启蒙价值，伏尔泰就认为孔子的"以德教人"的修身治国之道比之于求助于神的启示要高明千百倍，霍尔巴赫则干脆断言，中国古代以道德为基础的"德治"传统应该为欧洲提供范本。英国的著名学者汤因比对中国儒家伦理对未来世界精神文明的积极影响深信不疑。这一切都使我们有理由相信，中国古代丰富的伦理遗产，不仅将对有中国特色的社会主义现代化建设起到积极的促进作用，而且也将继续对世界文明和文化的发展与进步产生深远的影响。

从这个意义上说，中国古老的传统伦理文化正焕发出新的生机。这也可以说是你信中提及的对中华优秀传统伦理文化复归的当代价值之所在。

6.爱情婚姻的道德修养有哪些必修项目

[来自学生的问题]

我是一位正处于恋爱中的女生。在《伦理学》课堂上一直没有听到老师讲爱情、婚姻道德。您是因为这方面内容不好讲，还是课时紧张？我非常期望老师可以讲讲爱情与婚姻的道德修养有哪些必修项目的话题。我之所以提这个问题是因为觉得现在"渣男"挺多的，我周围一些女生甚至成为"恐婚一族"。故我特别想听听老师这方面的高见。

[我的学理回应]

爱情及婚姻家庭生活中结成的人与人关系，按照马克思的说法"从这种关系的性质就可以判断人的整个文化教养程度""这种关系还表明，人的需要在何种程度上成为合乎人性的需要"①。这种证明的一个最重要的途径是通过爱情及婚姻家庭的道德实践表现出来的。从这个意义上，我觉得爱情及婚姻家庭的道德修养具有特别值得珍视的人性意义。

首先，我想与你谈谈爱情的道德价值问题。爱情作为异性之间真挚诚恳、相互取悦并渴望对方成为自己终身伴侣的炽热感情，构成人类生命的一个不可缺少的环节。也因此，爱情亘古及今地构成人生中极重要的一个部分，并成为人类生活中最具迷人魅力的感情。柏拉图曾把爱情理解为灵与肉两者的"美的生殖"，并认为这种"美的生殖"使神的第三种惩罚②变成人间快乐的源泉，并使可朽的人生变成不朽。

但是，在爱情中这种快乐人生、不朽人生的实现，要以德性作为保障。爱情及随爱情而来的婚姻家庭的道德价值正是基于这一基础上才被人们理解和追求的。也就是说，爱情的追求事实上构成一个人对自己完美道德品质和境界的自觉追求的一个向度。因为

①马克思. 1844 年经济学哲学手稿[M]. 北京：人民出版社，2014：77.
②依据《圣经》的说法，人类始祖亚当夏娃因在"伊甸园"偷尝禁果而被逐出天国世界，并使人类由此遭受神的三种惩罚：其一，必须终生劳苦才能生存；其二，本自尘土，必复归尘土（即不能永生）；其三，必受生殖之苦。

人类在这个追求中一个最普遍的意识是，为了得到别人的爱，就必须使自己成为一个值得爱的人。因此在爱情追求中由于有另一个人的存在，行为者的内心世界里便会有一种使自我更加高尚、更加完美的欲望和冲动。比如在这个过程中，女子希望自己更优雅、更温柔、更有娇羞的魅力；男子则希望自己更机敏、更勇敢、更富有同情心和正义感；如此等等。这是一种强烈的德行和人格上的自我完善的冲动。

难怪雨果要认为："爱从超凡的意义上说，能使一个人的情感超脱卑污的尘世圈子，使我们和一个天使结合起来。她不断地把我们向天外举起来。"[1]有意思的是，爱情追求的这种道德价值甚至连一向鄙视爱情和女性的尼采也不得不承认："当我们恋爱时，总想尽量隐去自己的缺点，这并不是由于虚荣的缘故，而是担心所爱的人会苦恼。真的，恋人们都想表现得像个上帝，而这和虚荣无关。"[2]也许正是从这个意义上，歌德说："爱是一所使人灵魂向上提升的学校。"[3]

弗洛姆在他的名著《爱的艺术》一书中开门见山地说道："爱是什么？是一门艺术，还是一种愉悦感？如果是前者，那么爱就需要知识、需要努力。如果是后者，那么体验这种愉悦感就是一个机遇问题。"[4]弗洛姆强调爱是前者而不是后者，他希望使读者明白：一个人如果不是极为主动地发展自己的全部人格，使自己具有一种能动的生活态度，那么他所有对爱付出的努力必定如同付诸流水；一个人如果不真正具有谦和、勇敢、忠贞的教养，他就不可能

①陈晓. 雨果名言赏析 [M]. 香港：中国国际文化出版社，1988：34.
②尼采. 快乐的科学 [M]. 北京：和平出版社，2008：179.
③爱克曼辑录. 歌德谈话录 [M]. 北京：人民文学出版社，1982：42-43.
④弗洛姆. 爱的艺术 [M]. 上海：上海译文出版社，2008：126.

得到真正的爱的满足。为此，他认为爱情作为人类最纯洁、最高尚的与性爱相关联的"奉献"之情，让"功利"浸染是对爱情的亵渎。真正的爱情应该是超功利的，而超越功利的具有真正人格特征的爱，应该是主动的、给予的、实践的、开放的。

可见，从最一般意义上可以认为，爱情的追求是以极为独特的方式使一个人在自己的品性中自觉或不自觉地培养和造就出利他主义的道德品质。因为从本质上讲爱情和自私是不相容的。自私的人只对自己感兴趣，只为自己攫取一切，而对他人的爱是无暇顾及的。当我们把爱情的本质理解为对他人的爱时，那么这也就同时意味着这个爱至少包含了对另一个人的友善、关切、同情和责任。这也许就是马克思在给燕妮的信中为什么要说爱是"一个人成为真正意义上的人"①的缘故。这一言简意赅的说法正是对爱情道德价值的最好概括。

在理解了爱情的道德价值之后，我们可以来具体谈谈你信中提及的爱情与婚姻的道德修养有哪些必修项目的话题。恩格斯曾对"人们彼此间以相互倾慕为基础的"的爱情关系作了深入的研究。在他看来，"真正人的爱情"至少包含着性爱、理想与义务等要素在其中。②因此，爱情中的道德修养就至少包含性道德、爱情道德与婚姻道德这样三方面的内容。

其一，性道德的修养。对人类的爱情生活实践研究已充分表明，爱情和性具有内在的一致。正是性构成人类爱情的自然生物基础。因而即便在中国这样一个有着浓厚的禁欲主义传统的国度

①马克思恩格斯全集（第 29 卷）[M]．北京：人民出版社，1972：515．
②马克思恩格斯选集（第 4 卷）[M]．北京：人民出版社，1974：230．

我的爱情哲学结论之一是：爱情和自私是不相容的。自私的人只对自己感兴趣，对他人的爱是无暇顾及的。爱情的本质是对他人的爱，这也就意味着要对另一个人友善、关切、同情和负责任。所以马克思在给燕妮的信中要断言："爱是一个人成为真正意义上的人。"

里，一些思想家如告子就断言："食色，性也。"(《孟子·告子上》)可见，爱情中的禁欲主义道德规范是与人性相左的虚伪说教。中国古代那不知重复了多少遍的"存天理，灭人欲"的理学教条，正如鲁迅认为的那样：可用"吃人"两字给予概括。这也就是说，摈弃对性的禁欲主义诅咒，构成性问题上道德修养的一个必要而且重要的前提。

但我更想指出的是，现时代随着性观念的开放，性道德修养中更值得忧虑的问题却是在许多人那里，性的自然主义甚至是纵欲主义的追求却被奉为"真爱的追求"。诚然，性爱的必然性正如瓦西列夫所说的那样，"在人的所有自然需要中，继饮食的需要之后，最强烈的就是性的需要了。延续种属的需要是'生命意志'的最高表现"①。但人类的爱情显然不只是一种自然需要。有一个基本的事实是：爱情一开始仅仅是心灵和精神上的需要，性的要求只是爱情发展到了一定程度时才被设想和可能实现的。

因而，如果把人类的爱情仅仅归结为性爱，那么这就是把优美、纯真的爱情变成了动物般的肉欲追逐。尤其是对于被肉体欲望所支配的人，为了得到肉体欲望的满足甚至会铤而走险。这显然是道德上一种可怕的堕落。有研究者曾经断言：爱情悲剧的两大根源是男人的喜新厌旧和女人的水性杨花。②但只要作进一步的思考便可以发现，无论是男人的喜新厌旧还是女人的水性杨花，其行为实质是一样的：这就是把爱情理解为纯粹性的生理取悦和满足。这无疑正是性道德上的"恶"。

①瓦西列夫. 情爱论 [M]. 北京：生活·读书·新知三联书店，1985：18.
②郜凌涛. 婚姻恋爱的艺术 [M]. 杭州：浙江人民出版社，1988：122.

也许我的观点是保守的，但我还是想将其表达如下：只要我们追求的是一种真正属人的爱情，那么在性道德上的一个最基本规范就是必须超越性的本能冲动，而使爱在人生理想、生活道路、思想感情、审美情趣等的共同追求中实现恩格斯所说的"真正人的爱情"。

当然，在性道德问题上，还有一种观点认为，爱情只有摆脱了性本能才是道德的。这种观点的最早提出者可以追溯到古希腊的柏拉图。柏拉图认为：当心灵摒绝肉体而向往着真理的时候，这样的爱情才是最好的。他无不充满诗意地描述道：当人类没有对肉欲的强烈需求时，心境是平和的；肉欲作为人性中兽性的表现，作为每个高级生物体的本性，绝不是人这个最高等动物应该追逐的；驱逐肉欲是因为它可证明在人的本性中人性要强于兽性。为此，柏拉图认为爱情中精神交流是美好的和至善的。[①]这就是所谓的柏拉图式的精神之爱。其实，无论这个说法有多少拥戴者，它都是缺乏科学依据的。事实上已有足够的生理学、心理学和人类学的研究材料表明，爱情永远无法摆脱性。

可见，在性与道德的关系问题上我们必须辩正地思考。一方面，爱情离不开性，没有性的爱情是虚假的；另一方面，爱情又需要在接受社会的道德规范中超越性而获得其属人品性。而且，道德规范对性的升华和超越，决不是外在异己力量强制性的剥夺和禁锢，而是一个自觉使本能升华和德性生成的自由过程。

其二，爱情道德的修养。爱情的基本道德规范是在性道德的基础上发展起来的。恩格斯对爱情的道德曾作过如下一段经典的论述："现代的性爱，同单纯的性欲，同古代的爱，是根本不同的。第

①柏拉图. 文艺对话集 [M]. 北京：商务印书馆，1956：131.

一，它是以所爱者的互爱为前提的；在这方面，妇女处于同男子平等的地位，而在古代爱的时代，决不是一向都征求妇女同意的。第二，性爱常常达到这样强烈和持久的程度，如果不能结合和彼此分离，对双方来说即使不是一个最大的不幸，也是一个大不幸；仅仅为了能彼此结合，双方甘冒很大的危险，直至拿生命孤注一掷，而这种事情在古代充其量只是在通奸场合才会发生。最后，对于性交关系的评价，产生了一种新的道德标准，不仅要问：它是结婚的还是私通的，而且要问：是不是由于爱情，由于相互的爱而发生的？"①从恩格斯的这一论述中，我觉得至少可以概括出爱情道德的如下几方面规范。

一是爱情双方在人格上的尊重和平等。现代社会的爱情道德尤其强调妇女在爱情生活中享有平等地位，任何一方对另一方的强制或社会外在力量对其中一方的任何干涉都是不道德的。

二是爱情中的情感的专一性和持久性。这是一种如马克思给燕妮的信中所描述的那样是"真诚相待相濡以沫的爱""爱情，不是对费尔巴哈的'人'的爱，不是对摩莱肖特的'物质的交换'的爱，不是对无产阶级的爱，而是对亲爱的即对你的爱，使一个人成为真正意义上的人。"②为此，我们有理由认为那种见异思迁，"三角"或"多角"的爱无论有多少冠冕堂皇的理由都无法遮盖其不道德的本质。

三是爱必须是感情上的相互取悦。这种感情上的相互取悦，恩格斯称之为"互爱"。因此那种掺杂了诸如金钱、权势、地位、门第以及相貌，甚至国籍等其它念头的爱，由于与"互爱"相悖，因而也都是不道德的。

①马克思恩格斯选集（第4卷）[M]．北京：人民出版社，1974：73.
②马克思恩格斯全集（第29卷）[M]．北京：人民出版社，1972：515.

其三，婚姻家庭道德修养。恋爱过程的结果是导致婚姻家庭的出现。婚姻是以两性结合为特征的一种社会关系。这种关系当然也要遵循一定的道德行为规范。从最根本的意义上讲，由于婚姻及家庭是由爱情发展而来的，因而正如恩格斯强调指出的那样："只有以爱情为基础的婚姻才是合乎道德的。"[①]

必须强调的是，作为婚姻基础的爱情除了包含在性爱基础上的互爱成分外，还必然增加了其它的内涵。如果说在恋爱过程中，爱情道德更多地要求对性本能作道德规范以及强调爱必须以"互爱"为基础的话，那么在婚姻家庭中由于在法律上确立了两个人之间的关系，并由于爱的结晶也许还会有第三个人的出世，这时的道德更多地要强调爱情与义务的统一。因此，在婚姻家庭的道德要求中必须强调爱同时还是一种义务这样一个基本的道德原则。按照这样一个基本的道德原则要求，对婚姻家庭中的道德修养也许可作如下几个方面的归纳。

一是相互尊重，平等相待。在婚姻中的双方其人格和尊严不仅必须得到充分的尊重，而且还应该在其中共同得到提高和完善。这应该是一个基本的道德要求。从生活实践经验来看，尤其如不正确地理解男子的尊严，常会导致有碍婚姻家庭和美的大男子主义倾向。列宁曾这样讽刺过这种大男子主义："简直没有几个男子——甚至在无产者中间——想到，只要他们肯在妇女工作中帮一下忙，他们就能大大地减轻妻子的负担和操劳，甚至使她们完全摆脱这些负担和操劳。可是不行，那是有损于'男子汉的权力和尊严'的，他们需要的是自己的休息和舒适，妇女的家务是每天在无数微不足道的琐事中牺牲自己。丈夫的旧的统治权继续以隐蔽的形式存在着。"[②]

①马克思恩格斯选集（第 4 卷）[M]. 北京：人民出版社，1974：78-79.
②蔡特金. 列宁印象记 [M]. 北京：生活·读书·新知三联书店，1979：82.

当我们在电视上看到各种标榜"爱妻"的诸如洗衣机广告，看到社会上为"女性是否该回归家庭"热烈讨论时，它表明女性所充当的是与男性不平等的社会角色。当然，我想说的是无论是东方还是西方，这个不平等由来已久。我记得在一本《趣读英语单词》中就读到过这样一段文字：英语 History 一词表明所谓人类的历史无非是"男人的故事或传奇（his-story），言外之意就是说女人在其中不过是一个附庸的第二性存在，是一个没有自己的历史而由男人根据自己的故事来忽视、无视的性别。法国作家波伏娃在被称之为"女性主义圣经"的《第二性》一书中揭露说：女人的温顺、柔弱、谦和、卑下等女性气质并不是天生的，而是在后天的社会环境中形成的，是男性的话语编码所造就的。女性要摆脱"第二性"的地位，第一步就是要打破这种性别神话。①顺便说一句，我特别地推荐作为女生的你读一读波伏娃的这本《第二性》。你会发现，它不仅解码了女性为何成为"第二性"的缘由，而且告诉你如何才是真正的性别平等。

二是以爱为基础的理解与信任。理解和信任作为基本的婚姻道德要求，其重要性体现在婚姻家庭的整个现实生活过程中。从恋爱走向婚姻家庭生活，无疑是从浪漫的花前月下走向被衣食住行所纷扰的，有时甚至显得极为烦琐的现实之中。因此如果没有彼此的理解和信任，那么婚姻家庭生活就会变成一个沉重的负担。而这无一例外地要导致婚姻家庭生活的危机。正是从这个意义上，拉罗什福科在《道德箴言录》中有这样一句寓意隽永的名言："我们原谅我们所爱的。"②重要的还在于，爱情婚姻中的彼此信任还可以有效地抵御来自嫉妒和猜疑所带来的灾害。

①波伏娃. 第二性 [M]. 广州：华南理工大学出版社，2008：106.
②拉罗什福科. 道德箴信录 [M]. 北京：生活·读书·新知三联书店，1987：70.

关于这一点马克思曾这样写道:"我们现在假定人就是人,而人对世界的关系是一种人的关系,那么你就只能用爱来交换爱,只能用信任来交换信任。"①这段文字表达的思想不仅异常精辟,而且更是后人理解马克思和燕妮令人称羡之婚姻关系的绝妙注解。

三是尊老爱幼。作为婚姻家庭的主要道德规范,尊老主要表现为孝敬父母,赡养老人;爱幼则主要体现在尽心尽职地教育子女,培养下一代。尊老的美德表明着人们尊重历史、尊重前辈的劳动;爱幼则表明着人们对未来的希冀和向往。这其中尤其是培养子女的道德责任感是重要的,因为他们代表着我们的未来。高尔基曾这样认为:"单单爱孩子,母鸡也会这样做,可是要善于教养他们,却是一件伟大的公共事业。"②要完成这一伟大的公共事业,无疑需要父母有高度的道德修养作为保障。

有一个问题不得不提,那就是在现代社会婚姻家庭道德规范的探讨方面,对离婚道德问题的探讨将是特别有意义的。离婚作为从法律上解除婚姻关系的一种社会行为,其前提无疑必须是男女双方感情确已陷于破裂。因而正如婚姻只有以爱情为基础才合乎道德的一样,离婚行为也必须是爱情已真正消失了才是道德的。恩格斯说:"如果感情确实已经消失或者已被新的热烈的爱情所排挤,那么就会使离婚无论对于双方或对于社会都成为幸事。"③这也就是说,并非所有离婚的行为都是道德的,那些喜新厌旧、见异思迁或为了达到某种爱情以外之目的的离婚行为都肯定是不道德的。从这样一个理解出发,也可以断言那些轻率离婚者也往往是缺乏道德修养的人。在现实的爱情生活中正如恩格斯

①马克思.1844年经济学哲学手稿[M].北京:人民出版社,2014:142.
②高尔基.苏联游记[M].北京:人民文学出版社,1952:23.
③马克思恩格斯选集(第4卷)[M].北京:人民出版社,1974:79.

说过的那样:"每个丈夫会发现自己妻子的某些缺陷,反之亦然,这是正常的。"①马克思也认为:"谁随便离婚,那他就是肯定任性、非法行为就是婚姻法。"②

19世纪无产阶级革命运动蓬勃兴起的时候,资产阶级思想家曾经指责无产阶级要消灭家庭,奉行的是一种流浪汉的道德。随着20世纪上半叶"性解放"运动的兴起,西方家庭的解体恰恰成为资产阶级道德危机的一个最基本的事实。这深刻地证明了马克思、恩格斯当时在反击资产阶级的责难时所下的论断:资产阶级式的家庭必将被消灭,但并不意味着一般家庭的消灭,更不意味着婚姻家庭道德关系的消灭。事实上,从全球范围来看,进入21世纪的人类在经历了以往诸如"性解放"之类的妄念带来的悲剧后,正愈来愈重视性与爱领域里的道德重建。这一切正表明,爱情婚姻家庭道德的修养在人类生活实践中永远占有其重要的不可替代的人性价值。

不知不觉写了很多。在打住之前我觉得有必要回应你信中提及的为何在课堂里不讲爱情婚姻道德的疑惑。其实,我倒真不是因为这一话题敏感或怕自己的观点被吐槽"迂腐"而故意略去,实在是因为《伦理学》作为通识选修课的课时太少了,我不得已只好将许多具体内容略去而重点只讨论道德何以必要、道德何以可能之类的元伦理问题。好在如今天这样我们课外有很从容的时间做一对一的探讨。

雨果说:"人生是花,而爱便是花的蜜。"③惟愿我所写的这些内容能够启发到你和你的恋人。并祝福你们的爱情因为有德性的相伴而美好。

①马克思恩格斯全集(第37卷)[M].北京:人民出版社,1974:101.
②马克思恩格斯全集(第1卷)[M].北京:人民出版社,1956:183.
③陈晓.雨果名言赏析[M].香港:中国国际文化出版社,1988:157.

从全球范围来看，进入21世纪的人类在经历了以往诸如"性解放"之类的"妄念"带来的悲剧后，正愈来愈重视回归到爱的"正念"，即开始了性道德、爱情道德、婚姻道德的理性重建。我们有理由期待，在不远的将来爱情将重归其本应有的美好与圣洁。

第三编
理论与德性之"美"

[题记] 理论向德性转化过程中，"美"是一种自由与自在的状态。

七、关于美德之美的对话

1. 美是一种善

[来自学生的问题]

我是艺术与考古学院的学生。记得老师在课堂上论及《论语》中"里仁为美"一语时，曾经提出一个论断：美即善。可是老师又没有做进一步的阐述和论证。我查百度，也没能够找到答案。老师您能否解释一下，哪怕只给个理解这一命题的大体上思路。因为我想以此为毕业论文的选题。谢谢了。

[我的学理回应]

追求善与美的统一，历来是以儒家为道统的中国古代传统文化对完美人格的内在要求。在儒家的传统思想中，"仁"构成其学说的核心。你信中提及的孔子"里仁为美"（《论语·里仁》）的命题是其仁学思想的重要组成部分。这里所说的美，实际上是指行为上的善。孔子也正是从这样的一个善与美统一的角度来评价一个事物的。比如，孔子在评价《韶》这个舞曲时就这样说："韶，尽美也，又尽善也。"（《论语·八佾》）可见，这个舞曲因为是表现贤明的帝王舜的政绩的，故孔子显然对它十分赞赏。而且，在孔子看来，正因为这个舞曲是善的，所以才是美的；同样，由于是美的，才是善的，即达到了尽善尽美的境界。

缘于同样的理由，孔子还说过："君子成人之美，不成人之恶。"（《论语·颜渊》）这同样是讲善与美的统一。孟子直接继承了孔子的这一思想，把美和道德人格联系起来，提出了如下一个著名的命题："充实之谓美。"（《孟子·尽心下》）什么是"充实"呢？从根本上讲，充实就是美德的充实，一个充满着美德的人也就是美的人。所以在孟子看来："充实善信，使之不虚，是为美人，美德之人也。"（《孟子·尽心下》）孔子和孟子的这一思想对中华传统文化的影响极大。把美与善并提，断言美的人就是一个充满着高尚道德情操的人，这无疑是我们的文化传统中极有价值的一个思想。

正是因此，现代美学教育家朱光潜先生在其著名的《谈美》一书中也将善和美的同一性问题作为其基本立场。朱光潜认为，世间有两种人最缺乏艺术和美感：一种是俗人，一种是伪君子。俗人沉迷于名利，心里注定没有"天光云影"；伪君子极力掩盖自己的本色，以虚伪的态度处世，其言行举止也必然令人生厌。因此无论是俗人还是伪君子，他们都是生活的"苟且者"①。其实，俗人和伪君子的人生之所以缺乏美，从根本上说正是因为他们缺失了善，或者因不善或者因伪善而不美。

①朱光潜. 谈美 [M]. 南宁：广西师范大学出版社，2004：87.

　　从西方思想史上的考察我们也可得知，在伦理学的创始人亚里士多德那里，他也是把美与善相提并论的。亚里士多德在其《政治学》中明确认为："美是一种善，其所以引起快感正因为它是善。"①这一思想显然是深刻的，它表明人生中那些真正可以称之为美的东西总是因着有了善的内在规定才是可能的。亚里士多德的这一思想对西方思想史的影响一直持续至今。

　　可见，美与善是一致的。这就正如法国思想家狄德罗所说的那样："真善美是些十分相近的品质，在前面的两种品质之上加以一些难得出色的情状，真就显得美，善也显得美。"②或者说，在我们的人格中，因为有真与善的充实才显得美。这也即是黑格尔说的"美是理念感性显现"的意思之所在。因为有了内在的真与善的理念，人和物才会在感性显现中展示出美的风采。就人生而言，这正是一种德性之美。

　　正是基于这样的理解，我想在这里可以对美的流行定义作一修正。也就是说，当美学的创始人鲍姆嘉登把美学定义为Aesthetic时③，他其实忽视了一个最根本的东西，即美还是一种善。事实上，美是因善而在人那里形成的一种悦人的情感体验。正是因此，动物虽也有感觉，但动物没有审美体验。而人因为有善的欲求和因这个欲求而制定的善的规范，所以人有合目的性（即善）的愉悦体验。这就是美。事实上，在人类的德性之美（即美德）中最典型地体现着美的这种本质。

①冯契主编．哲学大辞典 [M]．上海：上海辞书出版社，1992：451．
②北京大学哲学系外国哲学史教研室．西方美学家论美和美感 [M]．北京：商务印书馆，1982：57．
③Aesthetic 的原意指感性、感觉、形象。

你说希望我对"美即善"的论点做一些展开。我这里大致梳理如下一个逻辑向度。

从本质上说,善与美的一致性根源于它们的最终目的的一致性,即美与善都是为着实际的人生,是为了让自我生命造就理想的人生这个根本目的而充当手段的。在我们所置身的现实社会里,道德的最终目的是要让每个人在人格修养中成为一个德行高尚的人,从而使自己的生活变得更有价值、更美好。而审美具有同样的目的。我们提倡美育,希望提高自己的审美能力,培养自我高尚的健康的审美情趣,也是为社会、为人生服务,从而为了让人生活得更美好。正是因此,我认为车尔尼雪夫斯基"美是生活"的说法是异常深刻的。他说:"任何事物,凡是我们在那里面看得见依照我们的理解应当如此的生活,那就是美的;任何东西,凡是显示出生活或使我们想起生活的,那就是美的。"[1]可见,善和美同是为造就完善的自我人格,以体验和获得人生的美好为指归的。

正是有鉴于此,我们才说美德是善与美的共生与互动。善与美虽然其性质以及在社会生活中发生作用的方式不同,但是它们却有着相通甚至共同之处,它们都是为着整个人类和个体自我更好地生存和发展的价值目标而充当工具理性的。因而,一个人道德的高尚或低下,在很大意义上与美丑相关。也正是由于这种相关,我们把拥有美德的人称为崇高或高尚的人。如果诉诸理论的抽象,我认为可以把美德中善与美的共生与互动含义做以下几个方面的理解与归纳。

其一,善是美的题中应有之义。从最一般意义上考察,在善和美产生之初,人类生活在远古的大自然怀抱中,面对着洪水、猛兽以及酷暑、干旱、风暴和雷雨,为了争取生存和发展,其生活是艰

①车尔尼雪夫斯基选集(上册)[M]. 北京:人民文学出版社,1974:6.

难而危险的，因而必须勇敢，才能战胜自然和猎获野兽；必须勤劳，才能耕种和得到收成；必须顽强和坚毅，才能够忍受和战胜苦难和贫乏。正是这些精神品行帮助人类战胜自然，走出了黑暗而又漫长的洪荒年代。于是，这些勇敢、智慧、热情、勤劳、坚强等品格，就被认为是人类优秀的道德品质。与此同时，在生成这种德性的同时，人类逐渐地也具有了"感受这些德行的外在表现形式的审美眼睛"，以及"感受和欣赏与自然搏斗的声音的耳朵"，美感也就因此产生了。可见，这种感受形式美的能力，最初是与人类征服自然的过程中的善的功利分不开的。比如，陈列在博物馆里那光滑的尖角石器不仅仅是因其锋利可以打击猛兽，而且也是人类自身勤劳、勇敢的标志，才使人感受到美。这就正如车尔尼雪夫斯基说的那样，在我们祖先那里，审美价值的产生，晚于功利价值，它是从功利价值中分化出来的。正是因此，当美形成以后它必然仍然带有善的功利属性。这也就是说，人类的审美理想一定包含有善的意蕴。

美所包含的善的意蕴在艺术美中表现得尤其明显。黑格尔曾经这样谈到艺术美的内涵问题。他说："遇到一件艺术作品，我们首先见到的是它直接呈现给我们的东西，然后再追究它的意蕴或内容。前一个因素——即外在的因素——对于我们之所以有价值，并非由于它所直接呈现的；我们假定它里面还有一种内在的东西，即一种意蕴，一种灌注生气于外在形状的意蕴。那外在形状的用处就在指引到这意蕴。"[1]黑格尔的这一论述表明，美是以善为内在意蕴的。当我们欣赏一件艺术品，虽然首先接触的是形式，却不会仅仅停留于形式，而是必然要从形式到达内在的意蕴。而这内在的意蕴往往与人类的"善"的价值不可分。

①黑格尔. 美学（第1卷）[M]. 北京：商务印书馆，1981：22.

也因此，在我国艺术发展的传统中往往要求把艺术作为善的教育工具来理解。比如我国最早的一部关于音乐教育的典籍《乐记》就记载有这样的话："乐者，道伦理者也。""乐者，德之华也"。唐代韩愈提倡的"古文运动"，其中主要的一个主张就是"文以载道"。这里说的"道"其含义虽然十分广泛，但道德上的善无疑是最重要的内容之一。也是因此，在韩愈的文章中后人读到的就不仅是遣词造句的美，更有内蕴的"善道"感染于内心。在西方，虽然不如在中国古代那样强调艺术所隐寓的道德内涵，但我们仍然可以看到优秀艺术作品所包含的崇高的道德品质。比如，古希腊著名悲剧《被缚的普罗米修斯》，写普罗米修斯违反天界最大的神——宙斯的意志，盗取火种送给人间，造福人类，因而被钉在高加索山上，忍受着巨大痛苦。这个悲剧英雄数千年来一直激励着包括马克思在内的俊才伟杰。可见，从艺术美所塑造的形象来看，其激励人心的内在东西往往是以道德上的善为根基的。

不仅艺术美是这样，其他形态的美也是这样。即使形式美中纯粹抽象的线条或色彩组合，也往往有某种善的寓意。比如，我们喜爱向日葵，固然是因为它金黄的颜色与造型，但更重要的显然是它向日而生的坚定与执著感动人；我们喜欢莲叶，其碧绿的色彩与造型固然是美的，但更重要的方面还在于人们喜爱它的象征意义。这就如周敦颐《爱莲说》中说的"中通外直，不蔓不枝"，它象征着虚心正直、不攀不附的君子品质。可见，在那些纯粹的自然美中，也常常包涵着善的寓意，并且因善才美。

人对人自身的审美活动也是如此。人的肉体存在是外表，精神品性则是内在的东西，而道德就是内在的精神品性中最重要的我们喜爱向日葵，固然是因为它金黄的颜色与造型，但更重要的显然是它向日而生的坚定与执著感动人；我们喜欢莲叶，其碧绿的色彩与造型固然是美的，但更重要的在于人们喜爱它的象征意义。这就如周敦颐《爱莲说》中说的"中通外直，不蔓不枝"，它象征着虚心正直、不攀不附的君子品质。

组成部分。一个完美的人应该是肉体与精神的统一，也即是不仅要有外表的美，而且要有内在品性的美。但是，在现实生活中上述这两者往往会有矛盾，外表美丽的人可能心灵丑恶、品格低下。因此倘若两者发生矛盾，人类道德实践经验表明，人们更注重的是内在的德性之美。这亦即是说，人的心灵美、德行美其重要性远胜于外貌之美。也许正是这个缘故，托尔斯泰说："人并不是因为美丽而可爱，而是因为可爱才美丽。"

也因此，我在这里才想特别强调一个观点：每一个自我必须高度重视自身美德的修养，从而造就自我心灵的美。至于当下颇为流行的"外貌党""颜值控"，在我看来不仅肤浅，而且往往会带来爱情和婚姻生活中的诸多不幸甚至是悲剧。

其二，善的道德情感通常也就是审美所获得的美感。从社会生活实践来看，善是一种行为规范，它用以处理人们之间的相互社会关系，并作为评价某种行为的是与非、善与恶的依据。为此，人们认为善的和正义的行为，必然对之同情和颂扬；人们认为恶的和非正义的行为，则必然厌恶和加以谴责。这就是道德情感在自我心灵中的沉淀。因为有了这种道德情感，道德活动就不只是一种不得不遵守的道义的约束，而是一种自觉、自愿和自由的自我行动：它以遵守道德规范为愉悦，以不遵守道德规范为痛苦；以遵守道德规范为美行，以不遵守道德规范为丑态。

这样，道德情感就转化为审美情感。也只有在这时，道德才具有一种震撼人心的力量，从而产生道德意志和道德行为。因而我们对于一个人的行为所进行的审美评价，从根本上来说就是对其行为之道德善恶的一种鉴别。正因为这样的道理，所以美和艺术总要表现善,而道德教育也往往与激发审美情感分不开。很多时候,我们唤起了美的情感,也就唤醒了善的觉悟,从而也就会自觉地去追求一切美好的东西。

其三,善的行为本身也具有审美的意义。善的行为必然有其外在的悦人的表现形式,这种形式通常是通过动作、姿态、表情等方面而流露出来。事实上,只要是善的行为都必然具有一种美学风范。正因为如此,成语里才会有大义凛然之类的说法。在这里"大义"是内在的善,而"凛然"则是表现于外的美。

可见,美德作为善与美的共生与互动,它必然地具有"因善而美"和"因美而愈善"的双重特性。因而我们必须明白一个最基本的审美道理:在自我人生的追求中道德的高尚、完美与否直接关系到一个人自我人格生命的美与丑。我们要善于把自己对美的追求的强烈愿望化为精心塑造自己美德的内在动力。只有这样,我们才能成为表里如一和内秀外美的人。而自我生命的审美追求也就因此有了一个源源不断的推动力。

这就是我对你来信要求的对孔子"里仁为美"命题的一个学理展开。希望能够对你自我人生历程中注重美德的养成提供些许理论和方法的启迪。

2.美德如何生成

[来自学生的问题]

老师在课堂上总是说美德之所以被称为美德是因为它给人带来美感。老师您举例说这个美感恰如成语助人为乐表达的那样,以快乐、愉悦和幸福感的内心生成为体验标志。我也很想体验这样的美感。问题是，我们如何生成这一美德呢？老师能否化繁为简地回答一下这个问题呢？

[我的学理回应]

可以肯定地说，不仅伦理学、美学甚至是全部物质文明和精神文明的最终目的都是以人为目的，即以人的真善美的理想实现为目的。正是因此，在人的内心世界中，美德的生成或造就成为具有最主要意义的人生实践形式之一。因此德性成为人格的基石，人的智力、情感、意志等人格要素都有赖于德性上善与美的内涵生成才显示出意义和价值。

马克思在论及人在进行对象的构造时，曾提出过一个重要的美学命题："动物只是按照它所属的那个种的尺度和需要来构造……人按照美的规律来构造。"①依照美的规律来构造自我德性，无疑是人生审美理想实现的一个重要方面的内容。这个构造当然体现着活动主体个性的差异。但这种个性差异并不意味着我们不能探讨这其中最基本的生成途径。就一般而言，在自我美德的生成中必须确立如下几个最基本的原则。

其一，美德是真与善的统一。真与善反映在人类的社会生活中，就是指自我人生既要符合社会的发展规律和历史发展的必然趋势，又要有助于社会的发展和历史的进步。美德就是人在这种合规律性和合目的性的活动中所表现出来的积极的动人的感性品行。凡美的德性都是真和善的统一。真是美德的基础。这亦即是说，我们只有按照真的要求选择人生道路，确立人生理想，培

---

①马克思. 1844 年经济学哲学手稿 [M]. 北京：人民出版社，2014：53.

养生活情趣，才可能有正确的人生道路、崇高的理想和高尚的情趣。也就是说，只有合于真的人生才是美的，背离真的人生则是丑的。真到极处，便是美的极处；假到极处，便是丑的极处。

但是，人生仅仅合于真还不能称为完整意义上的美的人生，更重要的是它还必须合于善。正如我们在人类已有的生活实践中看到的那样，事实上人生活动中的善与美是统一的。美本身以善作为根基，离开了善的基石，美也就不再有悦人的属性。因而，我们有理由断言：善是美的存在基础。人的美德总是要通过诸如与人为善、急公好义、舍己救人等具体的德性而体现出来的。因此，我们说一个自我生命只有在心理、态度和行为上既合于真又合于善时才是美的。所以，我们说美德必须是真和善的统一。

其二，美德是创造与享受的统一。美德又是人在创造性劳动中所表现出来的积极感人的形象。从理论抽象上分析，这种创造与享受相统一的形象之所以是美的，一是因为人类赖以生存的物质财富和精神财富都是社会化的个人创造性劳动的结果；二是因为创造性劳动使人的本质力量对象化，把人的智慧、勇敢、灵巧、个性等人生美的特性物化于劳动产品之中，并在对象中确证自我的德性之美。这正如马克思所说："整个所谓世界历史不外乎是人通过人的劳动而诞生的贯彻，是自然界对人来说的生成过程。"[1]可见，人来自自然又高于自然的地方恰恰在于创造性劳动这一类的特点。创造性的劳动一方面使自然人化，成为合乎人生存和发展的自然，另一方面，人的自然属性在这个过程中得以审美化。正是因此我们说，创造性劳动这种特点使之成为自我人生美德得以生成的最终源泉，而在创造性劳动中所表现出来的肯定人的目的和人的价值的生动形象则构成美德的外在标志。

① 马克思. 1844 年经济学哲学手稿 [M]. 北京：人民出版社，2014：89.

人类德性的生成源于劳动创造的基本事实也使我们可以理解，为什么古往今来人们总要把"热爱劳动"列为美德的基本规范。高尔基更是把劳动本身理解为人的最基本的审美活动之一。[①]

但是，正如人的价值是个人对社会的贡献和社会对个人需求的满足的统一那样，美德也是创造与享受的统一。这是因为：一是创造的最终目的是为了享受生活，这是合乎人的存在之目的性的；二是享受本身还是对创造的一种感性肯定。和谐、完美的人生应该是两者的统一。只享受不创造的懒惰者其人生是不美的，只有创造而无享受的人生因其艰辛也与美无缘。正是因此，我们说获而不劳和劳而不获的自我人生都无美感可言。

必须进一步指出的是，享受成为美的生活方式的一个方面是有善的规定的。一方面，它必须是个人创造的结果。这是享受的前提。另一方面，它还必须是物质享受与精神享受的统一。这是享受不可分的两个内容。此外，在享受中自我还应表现出健康的生活情趣，进取向上的生活态度。这是享受生活中有否美德的重要标志。否则，我们的德性会在享受自身劳动成果的过程中走向反面，或者变成无所事事、不思进取者，或者因留恋灯红酒绿、纸醉金迷而沦为醉生梦死者，再或者成为被消费主义、享乐主义绑架而终成人生的失败者。

其三，美德表现在个体的身上就是内在美与外在美的统一。可以肯定地说，人的外在美，或者形式美，作为视觉审美具有一定的意义，但作为评价人生美丑的因素则极为次要。因为外表美是一种自然美，是先天的，是个人无法选择的。由于它不是个人创造性劳动的结果，故外表美不表现个人的主观能动性和本质力量。所

①高尔基. 苏联游记 [M]. 北京：人民文学出版社，1952：137.

以，哲人说"身体的美，若不与聪明才智相结合，是某种动物性的东西"①。

据有关报道，随着韩剧在中国的热播，韩国的"美容"热这几年也正以势不可挡的态势进入大陆中国。一时间许多医院纷纷打出"韩式美容"的广告。有记者于某年的"五一"长假期间的某一天调查发现，在一个省会城市的整形医院仅隆鼻和隆胸手术一天就高达2000多例。至于层出不穷的因整形而引发的医疗纠纷更是不断地见诸报刊电视。于是，有专家开始在主流媒体呼吁"美容热"必须降温！事实上，正如有学者指出的那样透过"美容热"的背后体现的其实是一种片面甚至是畸形的审美观。

在我们的生活实践中，倘若以长相论人生美丑就是否认了美德生成的充分必要性，就是无视美德对自我生命不可替代的重要性。我们之所以断言"漂亮即美"的观点是错误的，其理由也正在于此。显然，外在美与内在美之所以能在人类的身上得到完美的统一，恰恰是我们着意追求内在美的结果。有鉴于此，我们也许可以说，内美外丑还不失其人生的审美价值，外美内丑在人生美的评价上却没有任何价值可言。事实上，我们总是可以发现，一个在生活中表现出"诚于中而形于外"的自我，其往往最能够以其特有的魅力而打动别人。可见，只有内在美通过外在美表现出来或外在美反映了一个人的内在美，这样的人才是美的，这样的人生形象也才是美的。因此，追求人生的美应当注重外在美与内在美（或称心灵美）的统一。

①北京大学哲学系外国哲学史教研室．西方美学家论美与美感[M]．北京：商务印书馆，1982：16．

可见，作为自我的一种内在的品性塑造，一个人内心世界的美德之美的形成并呈现于外，比之美容、服饰等其他方面应当有更重要的意义。这就正如柏拉图所说："应该把心灵的美看得比形体的美更珍贵，如果遇上一个美的心灵，纵然他在形体上不甚美观，也应该对他起爱慕，凭他来孕育使青年人得益的道理，从此再进一步……学会进到行为和制度的美，……从此再进一步……进到各种学问知识，看出它们的美。"①

你信中要求我谈的美德如何生成的问题，我大致上就谈这些。最后还想提及的是，作为审美自我在美德追求方面必须恪守的基本原则，真与善、创造与享受、内在美与外在美的统一存在着有机的联系。真与善的统一是美德的基础；创造与享受的统一是美德的内容；内在美与外在美的统一是美德的感性标志。人生之美就是在创造与享受中体现了真与善的要求，它体现的是一个人内在美与外在美的和谐统一。

德性美（美德）正是缘此而生的。

3. 美之德的具体养成

［来自学生的问题］

我虽然一直非常欣赏您在课程中对美德何以必要与何以可能之类问题的哲学探究。但我的问题是，除了抽象的学理探究之外，老师是否也应该做些具体的美德规范的阐述呢？事实上，古希腊的四主德、儒家的五常德之类的内容均非常具体。据此，我来信讨教的问题就是，从审美的角度讲，您最认可的美德规范有哪几个呢？

① 柏拉图. 文艺对话集 [M]. 北京：商务印书馆，1956：42.

[我的学理回应]

非常感谢你的来信。我不得不承认你的批评是对的。为了弥补我在课堂上的这一缺憾，我想通过比较详尽的阐述来回应你提出的美德具体规范的话题。首先要申明的是，从古至今、从东方到西方，这些美德规范可谓林林总总，蔚为大观。我只能选择我最认可的规范做一展开。

我最认可的美德首推的无疑是仁爱。

在中国古代哲学家那里，仁爱的德性从来被视为"众善之源，百行之本"，被列为诸德之首。自儒家创始人孔子开创了仁学，把仁的基本含义理解为"爱人"之后，仁爱的德性历代以来不仅成为儒家学派极力推崇的诸德之根基，而且还成为自我人性修养的一种至德境界。作为基本德性之仁爱的基点是"二人"，亦即是说把别人视为自己的同类，看作是与自己一样的人，因此遵循将心比心的类比原则，以做到如孔子所言"己欲立而立人，己欲达而达人"（《论语·雍也》）"己所不欲，勿施于人"（《论语·卫灵公》）。有了这样的基点，我们就能自觉地同情、尊重、体贴他人。由此可见，有了"仁"才可能有"爱"。仁爱的德性正是由此而被我们古代哲人作为至德、全德、达德而追求的。

在古希腊，人与人之间必须相爱的思想也是源远流长的。亚里士多德甚至认为爱比正义具有更重要的德性意义。而基督教则更是构筑了极为精致的爱的教义体系。在基督教的教义看来，一方面由于人类的始祖犯下了原罪，从而人应当卑视自己，爱上帝才能返回上帝的乐园。基督教认为，相对于上帝而言，人是卑微的，只有爱上帝而不是爱自己，人类才能得到救赎。但另一方面，这个教义又认为我们都是上帝的创造物，既然都是人，就应当彼此相爱，即使是你的仇敌也要爱，因为既然他们是人，就应当把他们视同与自己一样的圣父之子。为此，基督对人说："我赐给你们一条新命令，乃是叫你们彼此相爱。我怎样爱你们，你们也要怎样相爱。"（《圣经·新约》）

在我的理解看来，仁爱虽然并非如王阳明说的那样是先天具有的良知良能，也不像宗教哲学家马塞尔所说的那样是人与上帝交往，从而进入天堂的精神纽带，但仁爱的确是人类自身建造"诺亚方舟"以抗御一切痛苦、磨难、不幸的最高德性原则。正是人性中仁爱的品性，使我们彼此关切、彼此尊重、彼此理解、彼此信任，并从中体验到人生的幸福和快乐。而且，人类的道德生活实践表明，仁爱还使我们在爱和恨这一万古常存的情感中，化恨为爱，使爱倍增。

我记得在 20 世纪快结束之际，这个世界却并不太平，不仅有饥饿，有战争，有种族屠杀，有恐怖主义袭击，还有国家利己主义和单边主义导致的不稳定不和谐。在这个现实语境下，有一首"让世界充满爱"的歌曾经非常流行。歌声飘进我们每一个人的心中，并引起我们强烈的共鸣，这决不是偶然的，而是我们人性中仁爱品性被压抑之后的必然释放和显现。事实上，在我们人类已往的历史中，就因为忽视了对仁爱这一人性向善的追求，所以才有战争，才有压迫，在二战时才有法西斯主义对犹太人的迫害，在抗战时才有了日本帝国主义对我同胞烧杀奸淫的兽行。历史已经证明，没有仁爱，人类将是不幸的。

仁爱作为德性向善的品性之所以值得特别推崇，是因为仁爱最少功利的色彩，最给人以无私的帮助。仁爱之心最鄙视那种需要你时来向你表示他的热情，而当你替他尽过力之后便视你为陌路的人。这种人很可能像《圣经》中记载的犹大一样，仅仅为了几枚银币就会出卖基督。正是因此，我认为计算功利的仁爱必定是虚伪的，而虚伪的仁爱就像我们的影子：当我们处于明媚的阳光之中时，它紧紧跟随我们；当我们被黑暗或阴霾包围着时，它便无影无踪。这种"仁爱"无疑是人性中不应有的或者说恰恰是人性中的一种恶。同样的道理，当一个国家打着自由、平等、博爱的名义却干着掠夺他国资源、剥削他国人民还美其名曰是构建所谓普世价值观的时候，这种普世之爱还不如不要。

因此，重要的在于我们应该明白，仁爱不只是口惠，而应该是实行。我们还应当明白，这个实行的仁爱不仅表现在我们慷慨而无私地援助由于某种灾难而处于不幸中的人，也不仅只表现在以正义的力量从强暴者手中救出被蹂躏的人，而是更多地表现在日常生活中的举手之劳上。比如将突然患病的陌路人送进医院，为一位盲人引路，给一位孕妇让座，鼓励一个受挫的朋友重新振作起来，等等。如果我们每个人都尽可能多地培养造就自己仁爱的德性，并积极主动地使其发挥和表现出来，那么我们就能真正地让全世界充满爱。

其次，我也非常认可善良的品性。

善良也是我们中华民族世代推崇的传统美德。事实上，善良的德性在我国早在周代就被周公所提倡。孔子则把善良理解成恭、宽、信、敏、惠等包容性极大的一种品性。从孟子开始，先秦哲学家们对于人性向善的问题更是进行了极多的探讨。

　　如果我们对持性善、性恶或性不善不恶论的诸子思想进行深入的探究，便会发现一个极有意思的事实，那就是无论是持性善说的孟子，还是持性恶说的荀子，抑或持性不善不恶说的告子，他们在有一点上是共通的。这就是他们都认为善良人性的造就对德性的形成而言是充分必要的。比如孟子虽然主张人性本善，但认为善之性仅是人性之端，故有一个后天"扩而充之"的过程。荀子认为人性本恶，但他同样主张人必须以礼义之善去"化性起伪"，以造就圣人之性。告子讲人天性无善无恶，但他也同样主张后天对人性有一个抑恶扬善的引导问题。为此，告子曾以水为喻，"性犹湍水也，决诸东方则东流，决诸西方则西流。人性之无分善不善也，犹水之无分于东西也。"（《孟子·告子上》）由此，告子的结论也认为人性有一个如水之导向那般的向善引导问题。可见，关注善良人性的造就从来就是中国古代哲学的一大传统，它也许就是中华民族素以善良著称的一个传统文化基因。

　　其实，西方文化从古希腊到德国古典哲学的理性主义哲学传统中，善良的德性也被哲学家们所看重。培根在论人生中，把善良定义为一种"利人的品德"，并认为这是人类一切精神和品德中最伟大的一种，是属于神的品格。[①]我认为这个比喻是深刻的。康德则把自己的伦理学奠定在"善良意志"的先验认定上，在他看来，善良意志是人的实践理性最深刻的表现形式。

　　可以肯定的是，善良不像性善论者所声称的那样是先天具有的一种先验的存在。任何人性都是后天形成和造就的。所以，在我们的人生中是我们自己使自己具有利人的品德而变得善良。这是

①培根论人生[M]. 上海：上海人民出版社，1983：5.

一个渐进的过程，是一个类似于习惯那样积累而成的。也是因此，在我们的道德修养实践中，如果一个人愿意培养自己的善良品性，那么他就必须"从我做起，从现在做起"。也就是说，我们祈盼真善美的理想社会，我们追求真善美的自我人生，但事实上这一切却和我们每一个个体从当下直接的"积善成德"做起有关，或者说表现为与每一个自我个体为人处事待人接物的善良品性的积累相关。否则，真善美的理想社会和真善美的理想人生追求皆无从谈起。也许正是看到了这一点，日本近代著名的哲学家西田几多郎才这样说道："世人从来不太重视个人的善，但是我却认为个人的善是最重要的，是其他一切善的基础。"①

有一种错误的观点，常常影响我们善良品性的形成。这就是人们常把善良想象得异常艰难，仿佛真的如培根声称的那样，只有神才具备。事实决非如此。比如，我们为一位陌生人的指路是善良的，我们搀扶一位老人过街也是善良，我们在路上移开一个障碍物是善良，甚至我们给予别人一句鼓励的话和甜甜的微笑也是善良。总之，在我们的日常言行中随时都能形成善良的品格。

善良的德性带给自我人生许多美好的享受。古希腊哲人德谟克利特就认为：善良是一种美，品性善良的人永远是美丽的。②而默罕穆德则认为，善良是衡量一个人的价值所在。他认为：一个人的真正财富，是他在这个世界上对其同伴及朋友所作的好事。因此，当他死去时，人们不会说：他留下了多少遗产，但却会问：他生前做过多少好事？③特别有意义的是，在自我人生活动的历史延续

①西田几多郎. 善的研究 [M]. 北京：商务印书馆，1989：118.
②冯契主编. 哲学大辞典 [M]. 上海：上海辞书出版社，1992.
③穆罕默德·胡泽里. 穆罕默德传 [M]. 银川：宁夏人民出版社，1983：207.

中, 有时善良的德性还带来这样一个意想不到的好处: 前辈的善良作为一种遗产庇护着我们后人, 亦即所谓的前人栽树后人乘凉, 或称"善有善报"。

然而, 并不是所有的人都自觉地追求善良的德性。比如尼采就非常厌恶善良, 在他看来, 怜悯、容忍、仁慈、宽恕等善的品性只能使人沦为弱者。由此, 他认为善良恰恰是一种道德上的"恶"①。但是尼采在这里却正好忘记了一个最基本的事实: 在一个没有善良, 充满了恶意相向、怨怨相报的社会环境中, 人的生存和发展将更加艰难。这是由人的社会性所决定的。所以在自我人生实践中, 如果你是一个弃善从恶者, 那么, 别人对你也会是个弃善从恶者, 而你又无法摆脱与别人的社会关系存在。因此人性在这样一个弃善从恶的社会环境中必然要被压抑和扭曲。尼采人生的不幸正源于此。比如他说: "你要走向女人吗? 请别忘记带上你的鞭子! "但问题是, 我敢断言: 十个女人九个要愤怒地夺走尼采的鞭子。正是因此, 尼采最后连拥有一份爱情都变成了奢望。这恰恰是尼采自己种下并不得不咽下的一枚苦果。

可是在现实生活中却有相当一部分人推崇尼采其人其说。我在这里无意否定尼采人生哲学理论中的一切, 但至少可以指出他对善良的看法是错误的。其实, 在道德活动中我们总是可以发现这样的事实存在: 谁抛弃善良, 善良也就抛弃谁。

还有一种自觉或不自觉的看法, 极大地妨碍着我们对善良德性的追求, 即许多人把善良视为软弱的同义语。连培根也认为: "人性中仁善的倾向, 有时也会犯错误。所以意大利有句嘲讽话'他由

①马晓宇. 西方哲学家人生箴言录 [M]. 香港: 海风出版社, 1987: 297.

于太仁慈，而成了一个窝囊废'。"①其实，人类的理性表明，这实在是一个误解。真正的善良同时也是一种坚强的品性。善良对敌视善良者总是严惩不贷的。比如希特勒极端仇视人性的善良，公开声称，德国要培养"严峻、苛刻和残忍的青年"。正如事后的历史发展所昭示的那样，这种违反人性的罪恶行径，最终遭到了善良和正义的人们的严厉惩处。

当然，善良也决不是无原则的。这个原则在中国古代哲人看来就是"爱而知恶"。其实，在我国古代从孔子开始哲人们一方面主张善良德性的造就，但另一方面同时也主张"能好人，能恶人"（《论语·里仁》）。这也即是说，真正的君子应当爱其所当爱，恶其所当恶。可见，善良德性的造就在这里又有一个基本的理性原则：善良是成人之美，而决不是成人之恶。善良的智慧在这里就表现为爱憎分明，善良决不是迁就恶，更不是姑息养奸。在古希腊的《伊索寓言》中，绵羊看见屠夫磨刀霍霍准备宰它时，反而对屠夫说："小心，别割破你的手！"这种善良是可笑的。而农夫用自己的身体去温暖冻僵了的毒蛇，这种善良只会带来不幸。但我想说的是，这决不是善良本身的过错。

如果做点总结，那么我想告诉你：决不要放弃对自己德性中善良品性的造就，因为善良使我们接近和理解每一颗心灵；更不要怀疑他人的善良品性，因为"相信别人的善良，恰恰证明了你自己的善良"。唯有那些自己不善良的人才会怀疑别人的善良。这或许也可以称为人类道德生活实践中一条亘古及今的普遍性法则。

再次，我也还很推崇同情心这一美德。

①培根论人生 [M]. 上海：上海人民出版社，1983：6.

　　众所周知,每一个自我都在与他人的关系中才现实地存在,因此在这个自我与他人的关系中, 同情心使我们与他人拥有了一个温馨的沟通渠道。也因此, 同情心作为一种基本的德性自古以来就被哲人们所论述和强调。在中国古代哲学家那里, 同情心的德性被以"恕"字来表述。恕道的基本精神在古人看来就是要将心比心, 替别人着想; 其基本方法是由己之心去理解和推知他人之心。比如, 汉代哲人贾谊对恕的定义就是"以己量人谓之恕"(《新书·道术》)。《淮南子》中则有"内恕反情……由近知远,由己知人"(《主术训》)的说法。可见, 恕道的基本要求就是以自身的感受去理解他人的感受,以自身的爱憎去推知别人的爱憎,从而设身处地地去为他人着想。显然这正是一种视人犹己的同情心。

　　人类道德生活实践反复地向我们证明, 人性中同情心的力量是神奇的。作为生命个体的我们往往是很孱弱的。同情心的滋润可以造就一个人的成功, 同情心的失却也可以毁弃一个自我生命的存在。许多人抱怨人生没有意义, 而他们之所以这样, 通常是因为在生活中遭受了挫折和不幸, 或者是蒙受了委屈和耻辱; 而他们内心世界既孤独又脆弱,于是往往会对整个人生都失去信心。这时, 如果我们能以真挚的同情心去抚慰这些隐痛的心灵, 那么我们往往便拯救了他们。

　　我们知道, 在人生中有一个基本的事实存在, 这就是一个人心灵的痛苦比肉体的痛苦要难以忍受得多。同情心则总能抚慰这心灵的隐痛, 从而使我们走出消沉而振作起来。可见, 同情心不仅帮助别人, 而且也使自我价值得以印证和实现。也就是说, 如果我们能以自己的同情心减轻或彻底消除另一个生命的痛苦, 甚至拯救一个绝望了的生命,这正是对自我人生价值的最好印证。许多伟人之所以成功,按照罗曼·罗兰的说法那是因为他们具有比别人更多的同情心,故他有句名言:"智慧与同情心,这是照亮黑夜人生的两束光亮。"①事实也的确如此。比如罗素在其《自传》中一开始就这样告诉读者:"对爱情的渴望,对知识的追求,对人类苦难不可遏制的同情心,这三种单纯但又无比强烈的激情支配着我的一生。"②而科学社会主义奠基人之一恩格斯晚年在回忆自己背叛资产阶级家庭,献身无产阶级的解放运动的一生时,曾深情地说:那首先是基于对悲惨的被压迫的工人阶级的一种极大的同情感。事实上,在青年恩格斯发表的第一篇文章《乌培河谷的来信》中,我们就能深深感受到这位伟人对被压迫的无产阶级的深厚同情心。更神奇的是,英国诗人白朗宁对伊丽莎白·巴莱特充满同情的爱,不仅使瘫痪在床上的巴莱特奇迹般地站了起来,而且造就了文学史上一个熠熠生辉的名字:白朗宁夫人。

为此,我想强调的是,每一个自我都需要培养和造就德性中的同情心。这是自我个体对自己同类的一种最重要的善的德性。我们或许可以这样说,当我们怀着一颗同情心去帮助别人时,我们是快乐的;而当我们痛苦时,别人带着一颗同情心向我们走来时,我们也会变得快乐。难怪诗人泰戈尔说:"同情心造就神奇而美丽的人生空间。"③这无疑是一种充满温馨、愉悦且能永驻于我们记忆之中的人生真善美空间。

①洪斌. 罗曼·罗兰经典名言鉴赏 [M]. 香港:中国国际文化出版社, 1998:82.
②伯兰特·罗素. 罗素自传 [M]. 北京:商务印书馆, 2011:5.
③夏雨选编. 生如夏花:泰戈尔诗选 [M]. 广州:花城出版社, 1998:24.

特别重要的还在于，缺乏同情的心灵不仅是冷酷的，而且是麻木的。这种麻木则使我们天性中许多恶的品性得以滋长。这或许正是人们常把"麻木"和"不仁"归于一个贬义语"麻木不仁"之中的原因。显而易见，"麻木不仁"是自我人性的一种不幸：既失去了对别人的同情，又失去了别人对自己的同情；还失去了自己对自己的同情，使自己异化成另一个陌生的存在。为此，罗曼·罗兰曾语重心长地告诫世人：切勿对倒地的朋友说，我不认识你；而应该说：拿出勇气来，朋友，我们会突破难关的。①

然而，正如思想史上有人否定善良的德性一样，也有人否定同情心对德性造就的意义。尼采就声称：同情心只是女人的软弱，而男子则必须是残忍的。他在回答"你的最大危险是什么"时，竟毫不犹豫地认为"是同情"！尼采对同情心的所谓"危害性"作了两点论证：一是同情心对他人没好处，一个人的存在，需要不幸、恐惧、缺乏、贫困、误解这些东西来历练他的人格；二是同情心对自我也无好处，因为自我将在同情心中体验别人的痛苦，而这种体验原本是不必要的。②诚然，人格的坚强是在痛苦中历练出来的，但尼采却忘记了人类彼此间的同情心却可以帮助我们更坚定执著地接受这种痛苦的历练。我们在同情别人时的确会体验到一种原本不会体验到的痛苦，但这正是自我人性中利他主义精神的崇高之处。事实上，德性上的"善"正是从中得以具体生成的。而且，正如我们在现实社会和人生中所看到的那样，这种"善"是每个生命个体都必须的，因为我们也会有需要别人同情的时候。

①洪斌. 罗曼·罗兰经典名言鉴赏 [M]. 香港：中国国际文化出版社，1998：122.
②尼采. 快乐的科学 [M]. 北京：中国和平出版社，1986：226-227.

与善良一样，同情心的德性也是遵循理性原则的。同情心自然包含了宽恕、宽容、宽宏等涵义，但如果我们因此而把同情心就简单地理解为无原则的迁就、体谅、认同又是错误的。关于这一点中国古代哲人的某些思考无疑是有启迪的。在中国古代的人生修养过程中，对于如何理解"恕"道，曾有人片面地将其理解为"饶人""不责人"。为此朱熹曾特别指出："自有《六经》以来，不曾说不责人是恕……合责则须责之，岂可只说我是恕便了。"(《朱熹语类》卷二十七)可见，以恕道表现出来的同情，并不是善恶、美丑不分的。如果我们无原则地将同情心施诸一切对象的一切行为方面："好色者恕人之淫，好货者恕人之贪，好饮者恕人之醉，好安逸者恕人之惰慢"(吕坤：《呻吟语·人情》)，那我们的同情心就丧失了理性的原则。这种同情心显然是应该被扬弃于自我德性之外的。

列夫·托尔斯泰说过："上帝有三个去处：其一是在天堂，其二是在善行，其三是在同情者心里。"[1]如果把这里的"上帝"理解为善的德性，那么这个说法是非常精辟的。因为在我们的德性中太需要同情心了：我们在对他人的同情中获得友谊和爱，我们在对整个人类的同情中获得创造人间奇迹的强烈激情和动力，甚至我们在对自然界一草一木的同情中也可获得博爱的情怀和气度。可见，同情心的培养和造就对于美好德性和真善美人生的追求而言是充分必要的。

这就是我最认可的人性修养三美德。仅供你参考。

4. 恶之性的扬弃

[来自学生的问题]

在大一选修"思想道德修养与法律基础"课程时，老师推荐

---

[1]列夫·托尔斯泰小说全集（第6卷）[M].香港：现代出版社，2011：36.

我们读英国哲学家培根的《论说文集》，感觉他对人性中那些丑陋的东西揭示得挺深刻的。老师在课堂中几乎很少论及这方面的问题。老师是不敢直视人性的这方面缺陷，还是因为《人生美学》课的主旨使您更愿意展示人性的优美？在我看来，正如没有夜晚的黑就无法衬托白昼的美好一样，正视人性之恶并战胜它恰恰是有意义的。您同意我的观点吗？

[我的学理回应]

感谢你的来信。我之所以在课程中不太论及人性之恶的话题，主要是因为课程的主旨是审美而非"审丑""审恶"。当然，我很认同你的观点，真善美与假丑恶本来就是对立统一的。而且，没有比较就没有鉴别，我们要通过对假丑恶的批判来彰显真善美的价值。为此，我很愿意与你讨论人性之恶的扬弃问题。

可以肯定的是，除了我们已造就和正在造就的美德之外，也毋庸讳言，在我们现实人性中也还会程度不同地存在诸多恶的品性。这无疑要求我们在为人处世和待人接物中通过自我约束和规范予以摈弃。而且，特别重要的还在于德性造就中的恶之性的扬弃，这是修养自身、完善自身，从而拥有美好人性和美好人生不可缺少的。正是因此，明代哲学家王阳明认为："人不贵于无过，而贵于能改过。"（《传习录》上册卷三）可见，美德造就在这里又意味着能弃恶改过，完善自身。

在我的理解看来，首先最应该扬弃的恶之性是纵欲。

无论在理论还是在实践上我们都承认欲望是人生一种起始自然的存在。每一个自我个体无疑都充塞着各种欲望的骚动，但因为欲望这样一个自然的存在，自我人性在它面前却表现出各种各样的取舍：一些人奉行节欲的原则，一些人则有了纵欲的追求，还有一些人则成为禁欲主义者。从人类道德活动的历史和现实考察，我认为其中对人性危害最大的是纵欲的追求。斯宾诺莎甚至断言："在人类的许多恶中，纵欲主义是一切恶的根源。因为一切其他的恶都可归结为人的贪婪，即无节制的纵欲。"①

人性中纵欲的存在当然也有其根据，因为不仅自我存在着欲望的骚动，而且外界的诱惑总是不断地诱使自我去实现这个欲望。于是，名誉、地位、金钱、美色、赏心悦目的良辰美景，乃至片刻的欢娱和享乐，都会使自我陷于纵欲的追求之中。甚至有时我们明知是诱惑的陷阱，但外界的诱惑太有吸引力了，于是哪怕只是为了贪图一时的享受和安逸，却甘愿忍受没顶之灾，不顾一失足成千古恨的后果。

特别值得指出的是，在欲望问题上本能和经验总使人以为对感性欲望的满足就是人生快乐的同义词。其实，这是一个流行的误解。事实上，构成我们生命之快乐的元素更多的恰恰与欲望满足无关。中国古代哲学家一直有所谓的"寻孔颜乐处"②一说。这一孔颜乐处与人之感性欲望的满足恰是没有必然联系的。这也是中国儒家哲学推崇的基本人生信念。比如，孟子曾说："理义之悦我心，犹刍豢之悦我口。"（《孟子·告子上》）这意思是说，如同人人生而喜食猪、牛、羊肉一样，人人生来皆心慕理义，以行义求善为乐。既然"理义悦我心"，那么，人们必须首先以求得对理

---

①斯宾诺莎.伦理学 [M].北京：商务印书馆，1958：245.
②孔子主张人生的快乐在于道德上的追求，故他有"仁者不忧"（《论语·子罕》）一说。也因此孔子对其学生颜回的快乐观作了高度评价："贤哉，回也！一箪食，一瓢饮，在陋巷，人不堪其忧，回也不改其乐。"（《论语·雍也》）后人把这种专注寻求道德境界而淡泊物欲享受的人生快乐观称为"孔颜之乐"。

义之知为乐。这也许就是孔子为什么要断言"学而时习之，不亦说（悦）乎"（《论语·学而》）的道理。在孔孟看来，明理义的学习过程充满了欢乐。也因此，孔子才有这样的心境与精神状态："发愤忘食，乐以忘忧，不知老之将至。"（《论语·述而》）反之，如果学业与德业无所长进，在古代哲人看来则是最值得忧愁的。故孔子说："德之不修，学之不讲，闻义不能徙，不善不能改，是吾忧也。"（《论语·述而》）可见，乐与忧取决于德业、学业之是否有进步。一旦达到进步与至善，则心中无愧，便会给自我人生带来真正的欢乐。

可见，欲望的骚动和诱惑的存在，并不一定使人性必然陷于纵欲的追求之中，因为人性还有道德和理性。以人类的理性审视表明，纵欲之所以是非人性的追求，那是因为纵欲是对自我欲望的一种放逐。由于人的尊严在纵欲的动物式的追逐中迷失和沦丧了，所以人也就变成了非人。而且，生活经验还表明，纵欲通常会使我们丧失对人生中其他美好东西的追求：我们原来可能有远大的目标和抱负，并为之孜孜以求，可纵欲却使我们不由自主地止步不前，而把自我置于对欲望的无休止的追求之中。当我们一旦幡然醒悟时，却已在纵欲中变得怠惰和心灰意懒了。所以，我在这里强调必须要有道德上的自我节制。欲望可以使我们受各种诱惑的挑战，但善的规范和节制却让我们从这种挑战中保持人性的自主和尊严。诚然，作为感性的欲望体的存在，自我在欲望的冲动和勃发中寻求人性向善的规范和节制，这常常是痛苦的。但惟有这种痛苦才能使我们避免陷入纵欲的泥潭之中。

当然，我们必须辩证地思考。节制不是禁欲。尽管禁欲主义常常把自己的主张也称之为"善"的要求，但禁欲主义者无疑走向了另一个极端。由于欲望是一个真实的存在，因而禁欲只能是人性中一种虚假的追求。与禁欲不同，节制是一种理性的自我约束，它承认欲望的存在，并认为人应该实现那部分可以实现的欲望，它所约束的只是沉浸于为所欲为的纵欲。也许正是因此，雨果说：我们对每一种欲望，包括爱情在内，也都有胃口，但不可太饱。在任何事情上都应该在适当的时候写上"终"字以自行约束。[1]

正是因此，我们也许可以说：禁欲是对人性的摧残，而纵欲则是对人性的放任，惟有节制才是德性的美好显现。

然而，节制却常常被人误解为是对人性的一种束缚，是对自由人性的剥夺。在他们看来，放纵自我、随心所欲才是人的真正天性。其实，对放纵的节制恰恰带给人性更多的自由。没有理性的节制，那么纵欲便往往使我们的人性走向迷途甚至沦为犯罪。而一旦自我由于放纵的行径而遭到他人和社会的谴责，甚至是法律的制裁，那还奢谈什么自由呢？

歌德曾有一句名言说："伟人在节制中表现自己。"[2]我们同样可以说：许多人之所以无法成为伟人，那是因为他们只知道放纵自己。正是因此，我认为对纵欲的理性节制，恰恰是我们自我生命过程中德性修养的一个重要功课。

其次，妒忌也是我们在美德造就中需要扬弃的恶之性。

妒忌作为一种负面情绪时常隐藏在许多人内心的某个角落之中。日本学者阿部次郎对妒忌曾下过一个极妙的定义："什么叫妒忌？那是针对别人的成功而产生的一种心怀憎恨的钦羡之情。"[3]

[1]陈晓. 雨果名言赏析 [M]. 香港：中国国际文化出版社，1988：102.
[2]爱克曼辑录. 歌德谈话录 [M]. 北京：人民文学出版社，1982：131.
[3]阿部次郎. 人格主义 [M]. 台北：智慧大学出版有限公司，2003：67.

事实上，妒忌是人性中这样的一种秉性：总觉得别人的成功贬低了自己，而这一成功正是自己渴望得到的。于是，妒忌者便不由地要诋毁别人的成就，以此来弥补自以为别人成功之后使自我损失了的某些东西。事实上，理性的审察却表明他自己并未损失什么。这只是一种主体因理性的迷误而导致的幻觉与自我欺骗。但妒忌中的自我却往往甘愿受这种幻觉的自我欺骗。

在我的理解看来，妒忌是人性因自私利己而产生的又一个重要的丑恶之性。我们常常会发现，在日常的社会生活实践之中，有些人永远没有收获，却可以从别人的失误和挫折中有所收获；有些人从不为自己的成功去做些什么，却对别人的成功而大肆诋毁甚至不惜暗箭伤人。妒忌者正是这样一些自私的人。

哲学家培根在自己一生中那一颗高傲的心就曾被无比强烈的妒忌心折磨得异常痛苦，所以他在"谈妒忌"中深有感触地称妒忌是"卑劣下贱的情欲"，他认为"妒忌把凶险和灾难投射到它的目光所注目的地方"[1]。妒忌之所以是一种不善，那是因为人性中的妒忌带给我们双重痛苦：既有对别人成功的敌视和诋毁，又有对自身无能的怨艾和叹息。由此，妒忌便带给我们双重的灾难：一方面，妒忌的自我会想方设法去伤害别人，而这些人往往是与自己最亲近的人。自己本应分享他成功的欢乐，可妒忌却使我们无法分享这个欢乐。另一方面，妒忌又使人自我折磨，自我原应从别人的成功中得到鼓励和启发，使自己也获得成功，可妒忌却把自己的精力消耗在对别人成功的诋毁和憎恨上了。

而且，我们发现，妒忌甚至可能诱发人类那些最可怕的罪恶。《圣经》中亚当与夏娃的长子该隐谋杀自己的亲兄弟亚伯，就

①马晓宇．西方哲学家人生箴言录[M]．香港：海风出版社，1987：349．

是因为上帝耶和华喜欢亚伯的供品而冷落了他的供品。《圣经》把该隐杀弟视为人间的第一桩罪恶。这桩罪恶的缘起竟是妒忌!《圣经》中的这个说法对于我们抑恶改过,以造就自我善的德性无疑具有极大的警策意义。

我们的生活经验总是表明,妒忌最容易存在于那些缺少才能和意志的人身上。无论妒忌有多少不同的表现形式,或溢于言表,或深藏内心,但其本质只有一个:贬低别人以抬高自己。但这种贬低和抬高往往只是观念上的一种自我欺骗。事实上,被贬低者并未因妒忌者的贬低而真的失去了他的成功,而妒忌者的自我抬高也并不因为妒忌而真的使自我人生价值有所增值。相反,这一切只能证明妒忌者本人是一些可怜而又可鄙的生活弱者。

当然,正如一些心理学家提出的那样,有一种妒忌值得特别地分析,这就是爱情中的妒忌。瓦西列夫在其著作《情爱论》中甚至认为:爱情中的妒忌是爱的愿望无法实现而带来的一丝哀愁和心灵世界纯洁的隐痛。[①]我倒以为,这无疑是就妒忌文明而细腻的表现方式而言的。事实上,即便是爱情中的妒忌,更多的也是带着强烈的自私情绪,从而给爱情带来猜疑、侮辱、不信任和相互敌视等的痛苦和灾难。假如说爱情中常常需要一层淡淡的妒忌和忧伤以增添爱的感受的话,那么,这种妒忌只能是文明并合乎规范的,因为太偏执的妒忌因其自私利己品性而总是带给爱情无端的"醋海风波",而这几乎毫无例外地会伤害爱情。

关于妒忌还有这样一种较为普遍的看法:妒忌源于人性中对成功以及成功之后快乐体验的渴望,只是当这种成功和快乐被别人获得以后所产生的一种钦羡之情,因而,妒忌是合理的。我认为

①瓦西列夫. 情爱论 [M]. 北京:生活·读书·新知三联书店, 1985:155.

这个说法无疑是片面的。妒忌如果只是一种钦羡之情，就不再是妒忌而是羡慕了。事实上，妒忌永远是一种包含了忌恨的自私、利己情绪。而且，这种忌恨正如我们已指明的那样是无来由的。我们没有任何理由阻挡别人的成功，正如我们也不希望别人来阻挡我们的成功一样。这正是德性在这里的一条普遍立法准则。一些好妒忌者的确往往不乏事业心和上进心，但可惜的是，事业心和上进心被狭隘的自私心和虚荣心支配了。因而，我认为妒忌者的事业心和上进心是虚假的。

既然妒忌是对别人成功的一种扭曲了的体验，因而摈除妒忌的最根本一点就是我们必须设法使自己也获得成功。而这就需要我们培养非凡的才智和意志力。此外，摈除妒忌之性，还必须学会对别人的友爱，特别是对那些和我们相互接近的人的爱。之所以特别要强调对相互接近的人的爱，那是因为通常我们不会妒忌那些地位远远在我们之上的领袖或名家大师的成功，在他们身上我们只有高山仰止的敬仰之情。但是那些地位和我们相近的人的成功，则往往带给我们无法排遣的妒忌之情。而友爱则可以使我们走出这种消极的心境。

记得作家傅雷说过："妒忌是一种失去，而爱则是一种获得。"①这个说法无疑是意味深长的。可以肯定地说，我们的德性因妒忌会失去许多优美的品性，但爱却可以使这种优美的品性失而复得。

再次，冲动也是人性中必须扬弃的丑恶之性。

冲动之所以也是人性中的恶是因为这也是源于人的自私、利己天性中的一种品性。这正如新弗洛伊德主义者所分析的那样，冲

①傅雷散文[M].北京：文化艺术出版社，2000：56.

动和攻击性是人自我保护的生命本能在行为中的表现。和新弗洛伊德主义者认为这是天然合理的观点不同，我认为，冲动绝对是人性中的一种恶。日本哲学家三木清曾这样指出过："怒火最能搅乱正确的判断。"①而人性一旦失去了理智的判断，那么心灵的一切无疑都会陷于错乱之中。卜伽丘对冲动及其危害性曾经作过如下一段精彩的描述：冲动就是在我们感觉到不如意的时候，还未来得及想一想就突然爆发的情绪。它排斥理性，蒙蔽了我们理性的慧眼，让我们的灵魂在昏天黑地中喷射着猛烈的火焰。

可以肯定地说，冲动有各种各样的原因。但经验表明，冲动却是人性的一种怯懦，受它摆布的往往是一些生活的弱者。因为冲动表明我们无法理智地驾驭自己的情绪，不能承受任何一点的压力或不公正。

不仅如此，冲动还表明这是人性的一种愚蠢。因为冲动中的愤怒和暴躁不仅使我们伤害别人，无法体验友爱的温馨和欣慰，而且这实际上也是自我伤害。事实上，当我们因冲动而抱怨或斥责别人甚至对人拳脚相加时，我们自己也同时受到这一份不如意情绪和心境的刺激和伤害。所以《圣经》曾这样告诫世人："你莫急于动怒，愤怒只跟愚者如影相随。"（《圣经·旧约》）这也许就是为什么在现实生活中，我们总是可以发现好冲动的人总以冲动开始而以后悔告终的一个根本原因。

但是，心理学的研究表明，导致冲动的怒气郁积在心中又是有害的，这不仅会使我们的情绪处于持续的紧张和不安之中，而且还会使我们将无暇顾及其他该做的事。因此，对待冲动与发怒，我

①三木清．人生探幽 [M]．上海：上海文化出版社，1987：39．

们便面临一个类似二律背反的抉择：既不能使怒气郁积在胸，又不能让怒气发泄在外。我认为走出这个二律背反的唯一途径是：尽量不使自己冲动与发怒。也就是说，无论有多少令人恼怒的事情，我们也应心平气和，要使自己相信理智的冷静永远比感情冲动更能解决问题。尽管"人之情，易发而难制者，以怒为其甚"（程颢语），但人性中的理智和意志却可以使我们达到"制怒"的境界。一旦我们达到了"制怒"的境界，那么我们的人性便因远离冲动而变得平和、善良与美好。

正是鉴于冲动是人性中一种恶的品性，因而古今中外的哲人们探讨了诸多"不冲动"的智慧。其中的智慧之一就是学会容忍。中国古代哲人提出了"必有容，德乃大；必有忍，事乃济"（《尚书·君陈》）的准则。而《圣经·旧约》则认为"忍耐是快乐之门"。这决不是道德说教，因为在我们的现实生活实践中显然无法一下子消除自我人生中的不如意和不公正，但我们可以在容忍中一点点地消除它。"不冲动"的另一个智慧是要有自信。这就正如日本哲学家三木清所说的那样："当人感到被蔑视的时候最容易发怒。所以自信的人是不发怒的……真正具有自信者是安静的，并具有威严。"[1] 也因此，中国古代向来推崇如下一句格言："忍辱所以负重"，英国谚语中也有"自信是不动怒的别名"的说法。这里表述的显然都是同一个人生哲理：自信者是永不冲动的。

在我的理解看来，让心灵世界仅服从于冲动的人只是感性的、不成熟的人。也就是说，一旦理性在心灵世界中逃逸而只听凭感性冲动来行事，那么我们就不是一个完整意义上的成年人。

---

[1] 三木清. 人生探幽 [M]. 上海：上海文化出版社，1987：67.

值得一提的是，在中国古代哲人看来，要从根本上抑制冲动与纷争就必须倡导一种贵和思想。为此，儒家有"礼之用，和为贵"（《论语·学而》）"和也者，天下之达道也"（《中庸》）之说。在荀子看来，之所以要抑制冲动和倡导贵和之道，那是因为人乃是有理性的社会动物。一方面，人之所以高于万物、贵于万物是由于"人能群，彼不能群也"（《荀子·王制》）。故"能群"被视为人类独有的特征。但另一方面，生活于群体中的人，彼此又不能无争。以荀子的话说就是："人生而有欲，欲而不得，则不能无求，求而无度量分界，则不能不争。"（《荀子·礼论》）可见，争乃是作为社会动物的人类所不可避免的。然而，"争则乱，乱则穷"（《荀子·礼论》），穷则不能胜物，社会终将不和谐。于是，荀子的结论是：为避免人类无穷的争斗就必须坚持贵和的基本立场。

可见，贵和的思想不仅对于社会发展具有重要的意义，而且对于每一个自我人生的心性充实也具有道德和审美的意义。作为一种理性的自制，贵和的德性要求使我们能以平和宽容的心境对待所发生着的一切。正是在这样一个"君子和而不同"（《论语·子路》）和"君子和而不流"（《中庸》）的求同存异中，所有的冲动都会得以平息。可见，贵和作为儒家倡导的君子美德，有遏制冲动的伦理功效。

最后我还想指出的是，对自我的生活实践而言，特别有意义的还在于，我们的理性应该善于区分"愤怒"与冲动。休谟说过："愤怒和憎恨是我们的结构和组织中所固有的。在某些场合下，缺乏愤怒和憎恨甚至可以证明一个人的软弱和低能。"[1]特别是人性中那

---

①休谟．人生论 [M]．北京：商务印书馆，1980：648．

正义的愤慨，常常是造就伟人坚强不屈品性的条件之一。但愤怒不等于冲动，冲动是一种失去理智的感情暴发。因此动辄暴跳如雷的人，决非坚强之辈，而恰恰是自己恶劣脾气的奴隶。尽管这些人常常自诩为不畏强暴的强者，但这仅仅是一种"自诩"而已。而且，即便是那种正义的愤慨，人性也应予以节制。愤慨一旦听凭感情的任性冲动，那么往往会使真理变成谬误，使正义变成蛮横。这当然是自我德性所不应有的一种过失。

　　这就是我对人性之恶的三个方面的学理批判。

八、关于审美趣味的对话

1. 寄情山水之美

[来自学生的问题]

海德格尔的审美哲学中有句很有名的话："人，诗意地栖居于这个世界。"这无疑是人生境遇的一种审美描述。以我自己的体会而言，我觉得沉浸在大自然的怀抱时总能强烈地感受到人生的诗意。另一位哲人庄子在《逍遥游》中也给后人展示出了这一诗意的美感。老师您觉得我的理解对吗？如果我的理解是不错的，那么我怎样才能更自觉、更清晰地体验到自然美带来的诗意呢？

[我的学理回应]

海德格尔的"诗意"说显然有更丰富的内涵，但是你把对自然美的感受理解为诗意栖居的方式之一，无疑是合理的。在我的理解看来，虽然作为自我审美趣味培养的一个重要实践指向，每一个自我对自然美的追求，无疑有着个体的差异性。但其中肯定也存在着审美共性。借助中国古代哲人的提法，我以为，这一审美共性主要体现在"乐山乐水""比德"和"畅神"这样三方面的内心体验之中。

首先是自然美中的"乐山乐水"。

自然美的一个重要特性就是它的形式胜于内容，所以更多的时候它的存在形式就是一种美。也因此，自我审美追求在审美活动中首先是被其形式所吸引，于是，我们的审美注意力往往集中于它的形式方面：色彩、声音、线条、形状、质料等。比如花的色彩缤纷，鸟的千啼百啭，湖的碧波万顷，瀑布的激扬飞越，高山的陡峭险峻，日月星辰的浩瀚无际……这些自然的形式美存在便经常以一种轻松自在的方式进入我们的审美视野。

正是因此，在中国古代贤哲们的自我人生中乐山乐水便很自然地成为一种生命的时尚。早在《诗经》中便有许多描绘自然美的诗句。比如"桃之夭夭，灼灼其华""昔我往矣，杨柳依依；今我来思，雨雪霏霏"。这些诗句充满着对大自然之美的赞叹。魏晋文人"山阴道上行，目不暇给"这一名句，反映的更是在对自然的形式美的欣赏过程中那难以尽述的丰富感受。《世说新语·言语》中记载，一次顾长康从会稽回来，别人问他山川景色如何美，他的回答是："千岩竞秀，万壑争流，草木蒙笼其上，若云兴霞蔚。"王羲之在游兰亭时，见到了茂林修竹，清流潺潺，更是情不自禁地写下了"游目骋怀，足以极视听之娱"（《兰亭集序》）的文字以抒发其对自然美的感叹。可见，对山水之形式美的感受能带给人丰盈的审美享受。而且，也是在对自然美之形式的欣赏过程中，人们日益积淀了丰富的审美经验，从而使自然的形式美的存在美不胜

在自然美的欣赏过程中，静谧的大自然在自我人生面前展示了一片宛如世外桃源般的美，它没有俗世的喧嚣与纷争，更没有为名为利的逢迎与倾轧，有的是风烟俱净、天山共色的清丽风光；有的是泉水激石、叮咚作响的山水清音。

数。比如欣赏山峦，人类甚至能从山气、烟岚、朝暮、阴晴、四时等多方面进行观赏。比如云气也有四时的不同：春融冶、夏翁郁、秋疏薄、冬黯淡；山景自然更是四时各异："春山恬淡宁静犹如娇美笑容，夏山青葱浓绿好似翠意欲滴，秋山萧疏明净犹如素雅淡妆，冬山肃杀冷落好似静卧冬眠。"（郭熙：《林泉高致·山川训》）

在这个审美过程中，静谧的大自然在自我人生面前展示了一片宛如世外桃源般的美，它没有俗世的喧嚣与纷争，更没有为名为利的逢迎与倾轧，有的是风烟俱净、天山共色的清丽风光；有的是泉水激石、叮咚作响的山水清音。难怪文人郭熙对这山水之美要如此地推崇："君子之所以爱夫山水者，其旨安在？丘园养素，所常处也；泉石啸傲，所常乐也；渔樵隐逸，所常适也；猿鹤飞鸣，所常旁也。尘嚣缰锁，此人情所常厌也；烟霞仙圣，此人情所常愿而不得见也……猿声鸟啼，依约在耳；山光水色，晃漾夺目。此岂不快人意，实获我心哉？"（《林泉高致·山水训》）

在中国古代哲人那里，庄子则更是从哲理的高度论证了大自然之美与生命之快乐的必然联系。在庄子看来不言、不议、不说、不为的大自然是最美的："圣人者，原天地之美，而达万物之理。"（《庄子·知北游》）于是，庄子告诉世人置身大美的自然之中，人的精神是绝对自由与愉悦的："山林者，皋壤与，使我欣欣然而乐与！"（《庄子·知北游》）事实上，庄子自己的一生正是与天地并游，与自然合一，寄情山水，逍遥闲处，无为而为的一生。他的自我人生可以说是真正的审美人生。中国古代先哲的这种审美人生无疑对我们审美情趣的培养有着极丰厚的启迪意义。

其次是自然美中的"比德"。

作为对自然美的另一种欣赏形式,"比德"是指把对自然存在物与人们的精神生活、道德观念联系起来进行欣赏的一种方式,由于它往往寄寓的是道德品性方面的象征,故称"比德"。如果说,在对自然美的追求过程中,乐山乐水主要注重的是自然存在物的形式,那么,"比德"所注重的则是自然存在物的象征内涵。比如《楚辞》中就有许多对自然景物如兰花、香草的描写,但这种描写却是以"比兴"的手法,即以兰花、香草比喻品德美好之人。又比如屈原的《橘颂》对橘树扎根故土、质朴无华、坚挺独立、霜雪不凋的生动赞美,实际上是对人之美德的赞颂。至于历来为人们所喜爱的梅、兰、竹、菊,由于它们本身分别拥有不畏严寒、秀质清芬、虚心有节、傲霜斗雪等自然特质,更是被"比德"为"四君子"。

可见,对自然美欣赏的"比德"形式,与自我人生的实践活动有直接的关系。通过"比德",自我审美主体把自然物的特性与心性方面的德性联系起来,把道德情感移情于自然山水之中。这种审美活动对于陶冶我们的德性和情操无疑具有积极的意义。

其实,关于对自然美的"比德"可以塑造人的德性、陶冶人情操的作用,中国古代哲人早已自觉认知。据《管子·小间》记载,"比德"说的最早提出者是管子:"桓公放春三月观于野。桓公曰:何物可比君子之德乎?……管仲曰:苗始其少也,眽眽乎何其孺子也;至其壮也,庄庄乎何其士也;至其成也,由由乎兹免,何其君子也!天下得之则安,不得则危,故命之曰禾,此其可比于君子之德矣。"管子除了以禾"比德"外,还以水以玉"比德"。其实,不仅是管子,老子也留下来以水"比德"的经典名句:"上善若水。"(《道德经》第八章)他认为至善的人,就应该像水一样:水滋养万物,却不与万物争高下，这是谦让之德；水甘于处在下游的位置，这是谦下之德；水没有颜色、没有形状、没有味道，这是谦虚之德；水懂得与悬崖峭壁妥协、变通前行，这是谦和之德。如此等等。

自然美的存在具有这种德性方面的熏陶意义，在古代西方的一些哲人那里也曾有所论及。比如亚里士多德在强调德性的社会教化时就曾提及过自然的教化。后来，在西方的教育学理论中还有一种以大自然为课堂、为教材的自然主义教育学流派。比如卢梭就曾十分推崇大自然对人格的教育意义。可见，在大自然审美教育的功用问题上，中西哲人的看法可谓不谋而合。以此来反观我们当前的道德教育比较单一化的现状，我们也许很有向古人学习的必要。

最后是自然美中的"畅神"。

如果说自然美欣赏中的"比德"形式还只是注重对德性情操某些方面的陶冶作用的话，那么，魏晋时期形成的"畅神"说则更丰富和拓展了它对自我人生心性神情方面的全方位陶冶作用。也就是说，作为对自然美欣赏的另一种形式，"畅神"所带给审美主体的审美享受是全方位的。因此，在"畅神"中审美活动既可以有德性方面的，也可以有怡情方面的，也可以是感官的感性享受方面的，还可以是美好想象和憧憬方面的，如此等等。

众所周知，中国古代那些山水画大家之所以钟情山水，其创作者几乎毫无功利目的，往往就是因为山水能使人心旷神怡。据史书记载，一生几乎都在游历名山大川的画家宗炳就说过：自然山水之为人之所好，不过是因为它能"畅神而已"。正因为自然山水有这种审美功效，所以当他年老多病不能远游时，便终日沉醉于山

水画中。他曾这样描述自己的审美心得："老病俱至，名山恐难遍游，惟当澄怀观道，卧以游之。"（《画山水序》）

自然美能带给人生以"畅神"的审美享受，这种审美享受由于大自然之存在的丰富多样性而必然是丰富多姿的。而自我人生心性方面的丰富性也因此能在这其中得以折射和回应。比如孔子喜欢松柏，因为"岁寒，然后知松柏之后凋也"（《论语·子罕》）。这是以松柏喻示德性的高风亮节。汉代理学家周敦颐喜爱莲花，他曾这样深情地写道："予独爱莲之出淤泥而不染，濯清涟而不妖，中通外直，不蔓不枝，香远益清，亭亭净植。"（《爱莲说》）这是以莲来表示自己洁身自好的情操。诗人骆宾王则以咏蝉表示自己的心境："有目斯开，不以道昏而昧其视；有翼自薄，不以俗厚而易其真。"（《在狱咏蝉并序》）在古代诗人的诗作中，更是随处可见对自然的"畅神"。我们在这里仅以愁思为例，一些诗人从山中看到愁："忧端齐终南，澒洞不可掇"（杜甫：《自京赴奉先咏怀五百字》）；另一些诗人则从海中看到愁："春去也，落红万点愁如海"（秦观：《千秋岁·水边沙外》）；还有一些诗人从雨中看到愁："试问闲愁都几许？一川烟草，满城风絮，梅子黄时雨"（贺铸：《青玉案·凌波不过横塘路》）；更有人在夕阳中看到愁："夕阳西下，断肠人在天涯"（马致远：《天净沙·秋思》），"日暮乡关何处是？烟波江上使人愁"（崔颢：《黄鹤楼》），"夕阳一片寒鸦外，目断东南四百州"（汪元量：《湖州歌》）；如此等等。可见，自然存在物对人们的精神和心性活动有着多方面的象征意义。正是通过这种象征意义的借代，自我人生在这里获得了丰盈的审美享受。

自然美欣赏中因为"畅神"而带给人生丰富多姿的审美享受，它当然是审美主体的一个再创造过程。这也就是说，作为审美人生的一个重要形式，审美追求在自然美的欣赏方面同样需要每一个自我个体以学识、智慧、感情的积极投入才是可能的。也因此，在我们常人觉得习以为常的东西在美学家们眼中却是非常美的。比如面对水，孔子就曾经再创造了诸多的审美联想："孔子观于东流之水，子贡问曰：君子所见大水必观焉，何也？孔子对曰：以其不息，且遍，与诸生而不为也，夫水似乎德；其流也则卑下倨邑，必修其理，此似义；浩浩乎无屈尽之期，此似道；流行赴百仞之嵚而不惧，此似勇；至量必平之，此似法；盛而不求概，此似正；绰约微达，此似察，发源必东，此似志；以出以入，万物就以化絜，此似善化也。水之德有若此，是故君子见必观焉。"（《孔子家语·三恕第九》）这段话的大致意思是：孔子观赏着向东流去的水，子贡见了向夫子提问道："君子一见到川流不息的水便要前去观赏，这是为何呢？"孔子回答说："因为它日夜流淌不息而且流经东西南北，滋润生命却不以为自己有什么恩德，像是君子的德性；不管它径直流向低处还是百转千回，但一定按自己的方向去走，像是君子的义；水势盛大，永没有穷竭，又像是君子的道；它奔流飞泻，面临很深的峡谷也毫无惧色，这如同是君子之勇；它作为水平面能成为衡量万物的标准，公平公正，又像是君子守法；它盛满后，自然平整、端正，这像是君子之正；它柔美而略呈透明，可流入到细微的地方，这又像君子之明察；不论从哪里发源，它一定是向东流去，不变其志，这又如君子的操守；它流出流入，使一切东西因此变得洁净，像是君子善于教化之德。水的德性有这么好，所以君子见到水一定要前去观赏啊！"

也正因为对自然美欣赏的这种主体创造性，所以哪怕对一个同样的审美对象，不同的审美主体却可以从中拥有不同的审美情趣。比如，对于桂林山水的代表性存在——独秀峰，古人就曾从不同的角度去欣赏它的美，有诗人欣赏它的凌空卓绝、出类超群："山自众中推独秀，客从秋后展重阳"（吕璜）；有诗人则欣赏它连地接天的气势："会得乾坤融结意，擎天一柱在南洲"（张固）；还有诗人则欣赏它直而不屈、甘愿孤独的品性："青山尚且直如弦，人生孤立何伤焉？"（袁枚）在这里，一处独秀峰的自然景观，在诗人们的畅思妙想中竟有着极其多重的审美效应和审美情趣的产生。

写到这里，我想与你分享在一本书中读到的这么一个故事：一次，雨果与友人来到海边，在静静地沉默了许久之后，他缓缓地说了这句后来被广为传诵的金句："世界上最宽阔的是海洋，比海洋更宽阔的是天空，比天空更宽阔的是人的胸怀。"①这堪称在自然美欣赏中因"畅神"而诞生的经典名句。在我上大学的时候曾经把它抄写在日记扉页以此自勉。

记得马克思有句名言："人直接地是自然存在物。"②可见，人作为自然之子，从天地自然中获取审美体验其实具有内在的必然性。然而遗憾的是，来去匆匆的现代人却忘记了这一点。因此，我们太需要从财富人生的过度沉湎中，从功名美媛、豪车大宅的过度执著中自我解放出来。在这个过程中，学会培植起对大自然的审美情趣，无疑是自我解放的一个具体的路径。

你在信中说自己沉浸在大自然的怀抱时总能强烈地感受到人生的诗意，我由衷地为你高兴。愿我对自然美的如上学理思考可以提升你置身自然时感受到的那一份诗意。

① 陈晓. 雨果名言赏析 [M]. 香港：中国国际文化出版社，1988：13.
② 马克思.1844年经济学哲学手稿 [M]. 北京：人民出版社，2014：103.

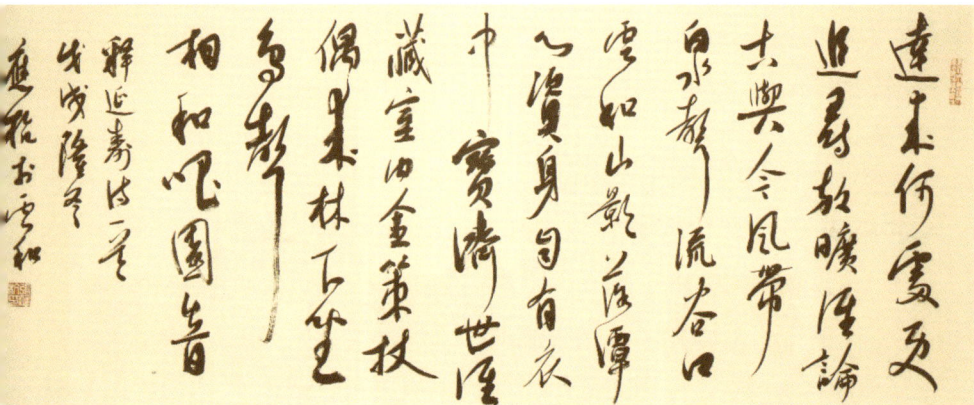

马克思有句名言："人直接地是自然存在物。"可见，人作为自然之子，从天地自然中获取审美体验其实具有内在的必然性。遗憾的是，为名为利来去匆匆的现代人却似乎忘记了这一点。事实上，学会培植起对大自然的审美情趣，在诸如"风带泉声流谷口，云和山影落潭心"（释延寿：《山居诗》）中同样可以感受到美好人生。

2. 让艺术熏陶自我

[来自学生的问题]

我是一个医学院的学生，被我学中国哲学的博士生男友拖着去选修了一门艺术与考古学院老师开始的"书法艺术"选修课。也许是悟性不够，我无论如何都参悟不到男友说的"艺术即人生"的道理。书法课半途而退后又在男友鼓励下选了您的"人生美学"课。老师您能否谈谈为什么要让艺术走入我们的人生呢？

[我的学理回应]

美是艺术的本质。因而我们培养自我审美趣味，必然要让艺术融进我们的人生，让艺术熏陶我们的品性。然而，繁多的学业常常使我们忘记了这一点。这无疑是人生审美追求中的一个极大的欠缺和遗憾。因为这个欠缺和遗憾，我们自我人生的历程便少了一个让美熏陶与感染的途径。

从你的来信看，我觉得要回应你的问题，首先必须讨论艺术美对人生的魅力究竟何在的问题。

人生显然有着许多缺陷和遗憾。黎巴嫩诗人纪伯伦就曾深有感慨地在诗中写道："为什么美好时光总是一去不返，就如绚丽的花儿，被那季节所带走一般？"就自我人生的审美体验而言，这种一去不复返的遗憾和感慨是普遍的、必然的。我们时常怀念优美纯真的儿童时代，可谁也阻止不了自己长大成人；我们称羡生机盎然的青春年华，可谁都终究会有"韶华不为少年留，恨悠悠，几时休"（秦观：《江城子》）的感慨。人生这种欠缺和遗憾具有客观的必然性。因为我们的人生在终极意义上受两个最基本的东西限制：时间和空间。

然而,艺术却可使我们消除这种遗憾。在小说、诗歌、绘画、书法、音乐、舞蹈、雕塑、戏剧、电影等诸种艺术形式中,美突破了时间和空间的限制。比如,人民大会堂悬挂的那幅著名的《江山如此多娇》巨型国画,艺术家们以饱满的热情、极美的笔墨竟可以把祖国的壮丽河山突破空间的限制而汇集在一起:东方是一轮红日普照大地,连绵不断的群山浩瀚巍峨,其间有古老的长城、怒吼的黄河、奔腾的长江、高耸的珠穆朗玛峰,这一切仿佛让我们置身于江山娇美的怀抱里,领略和感受到壮美的祖国大地迷人的风采。又比如,在白居易的《忆江南三首》中,诗人一开口即赞颂"江南好!"正因为"好",才不能不"忆"。接下来"风景旧曾谙"一句,说明那江南风景之好不是听人说的,而是当年亲身感受和体验过的,因而在自己的审美意识里留下了难忘的记忆。这就一下子带读者进入了江南美景之中。还比如,达·芬奇一幅《蒙娜·丽莎》名画,又使多少人从中获得人生那温馨、安详的审美享受。同样的道理,罗丹的那尊《思想者》雕塑则更是启迪了许多人那理性和思想的深沉之美。尽管我们中的一些人在有生之年可能从未登过长城,没见过波涛滚滚的长江黄河,也没有到过逶迤婉约、风景秀美的江南,我们在生活中常常会无法得到温馨的爱,或者我们也并不是一个善于思想、从而在思想中变得深邃明智的人,但这并不妨碍我们仍可以从《江山如此多娇》《忆江南·江南好》《蒙娜·丽莎》和《思想者》中获得这方面的审美享受。而这正是艺术对人生所具有的独特的魅力。

高尔基说过:文学的任务、艺术的任务究竟是什么呢?就是把人们身上的最好的、优美的、诚实的、也就是高贵的东西用颜色、字句、声音、形式表现出来。[1]这其中文学艺术所表现的"最好的、优

①高尔基.苏联游记[M].北京:人民文学出版社,1952:39.

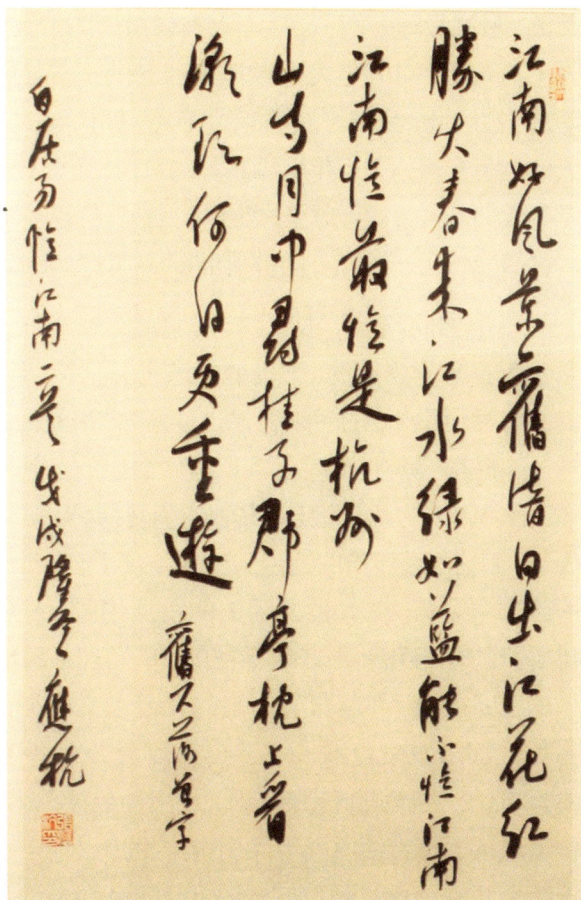

江南好風景舊曾諳　日出江花紅
勝火春來江水綠如藍能不憶江南
江南憶最憶是杭州
山寺月中尋桂子郡亭枕上看
潮頭何日更重遊　舊又憶吳宮字

白居易《憶江南二章》戊戌隆冬延枕

人生常因时空的限制而变得不美好。但在小说、诗歌、绘画、书法、音乐、舞蹈、雕塑、戏剧、电影等诸种艺术形式中，美感却可以突破时空的这一制约。于是，尽管一个人也许从没有到过迤逦婉约、风景秀美的江南，却可以从白居易的《忆江南·江南好》中获得这方面的审美享受。

美的、最高贵的东西"显然不存在在所有的自我人生中，但惟其因为不普遍存在，才作为一种审美理想的追求，能给予人类以美的陶冶。也因此，我们可以理解为什么一部伟大的文学作品、一件伟大的艺术品可以千百年地具有美的风范，可以被不同种族、不同国度的人们所钟爱。因为在这些作品中，我们通过类似于心理学中的"移情"作用，突破了时空的限制，从中体验和领略了美的人生。

不仅如此。艺术对人生美的追求的独特魅力还表现在，由于艺术所具有的崇高的、神圣的人道主义精神，而使得艺术能造就美的心灵。用歌德的话来表述这种魅力，那就是，艺术总使人越来越"有教养、有德行、有慈善和有同情心"①。歌德自己就承认，是他自己"诗歌的天分"及对文学的挚爱，甚至帮助他经受了失恋的痛苦，而这一对痛苦的超越又使他孕育了《少年维特之烦恼》这样一部文学名著。在人类文明史的发展中，艺术这种陶冶情操、净化心灵的作用几乎是普遍存在的。我们几乎可以说，那些堪称不朽的艺术作品，都凝聚着崇高的人道主义精神，从而对人类自身完美性追求发生着积极的影响。众所周知，贝多芬的《命运交响曲》，海伦·凯勒的《自传》，以及奥斯特洛夫斯基的《钢铁是怎样炼成的》，都曾给不同年代、不同国度的人们以悲壮美的启迪，它直接培育并造就了无数与命运抗争的坚强灵魂。

甚至还常常有这样的情形，一定社会所推崇的人生价值、道德理想和信仰的准则和体系，虽然显得很深刻，对自我人生也显得非常必要，但如果它们仅仅停留在抽象的理论体系中却常会显得苍白无力。而一旦这些规范、教诲、准则通过艺术的手法以美的方式感性地表现出来，往往能唤醒和打动千百万人的心灵。因为

①爱克曼辑录. 歌德谈话录 [M]. 北京：人民文学出版社，1982：39.

艺术作用于人的方式就是诉诸情感，故艺术总能以情动人。尽管艺术在这里依然是为准则、规范而服务的，但艺术却凭借美的感染力，深深地影响着我们的人生。而且，我想特别指出的是，这一点对于我们这个习惯于直觉和感性思维的民族来说，显得特别有启迪意义。

此外，艺术对自我人生的魅力就其较浅的层次而论，还因为艺术有"娱乐的功能"。也就是说，艺术具有激发人的美感的能力。在艺术那极富魅力的感性世界里，给予我们的是激动、愉快、欢畅的美的享受。这无疑也为人生增添了美的内涵。

但必须紧接着指出的是，艺术的这种被我们极多的文章和艺术宣传者所渲染的"娱乐功能"极容易使人庸俗地理解艺术。事实上，艺术对自我人生的魅力决不主要体现在这里。其实，艺术之所以构成人生美的重要内涵，是在于艺术能以崇高的人道主义精神，使人类超越时空的诸种限制，感性地领略人生美的意蕴。相反，艺术的"娱乐功能"恰恰只有基于此才能是美的。按照黑格尔的说法，对艺术品的欣赏只有伴随着审美的理念而进行才可能是深刻的，而不仅仅是形式的美。[①]这也就是说，艺术欣赏能否真正带给人生美的享受，取决于欣赏主体是否具有美的激情、美的想象和美的理想建构。如果丧失了这些黑格尔称之为美的理念的存在，艺术的"娱乐"就毫无美感可言。这种"娱乐"甚至有可能沦为庸俗无聊的感官享受。这无疑是对美的亵渎。

丹麦的存在主义哲学家基尔凯郭尔曾经断言：在人生的审美阶段中，追求的必然是感官的享受。比如欣赏音乐就是人为了摆脱理性和道德达到自我愉悦的手段。他认为欣赏音乐是在品尝人

①黑格尔. 美学（第 1 卷）[M]. 北京：商务印书馆，1981：251.

生的一只禁果，所以应该绝对摈弃。因为在他看来，音乐有一种内在的"魔力"，它刺激人的不可遏制的欲望，散布"诱惑的挑唆"，从而使人往往不由自主、身不由己地受诱惑摆布。[①]我们承认，基尔凯郭尔所说的"诱惑"几乎存在于任何艺术之中，但他恰恰忘记了是否受"诱惑"完全取决于我们自己。只要我们有着高尚的审美理想和审美情趣，任何艺术作品非但不会使我们沦为感官的享受者，而且还必然令我们从中体验到人生美的无穷意蕴。

其实，何止是音乐和人生不是偶然的相遇，我们甚至同样可以说，艺术和人生也不是偶然地交织。艺术美对人生美所显示的魅力是由于这两种美有一个共同的东西：人。

人类从诞生以来就一直建构并孜孜追求着美的理想。这种审美理想感性地凝结在对象化世界中就诞生了艺术，这种审美理想体现在主体自身便有了对自我人生美的不息追求。正是由此我们说，艺术美和人生美的共同本质是人所具有的独特的审美冲动和审美追求。从这个意义上我们断言：艺术即人生。只要人类存在着，人生对艺术美的追求就注定是乐此不疲的。

其次，我们接着讨论艺术对人生熏陶的形式问题。

综观不同门类的艺术，我们会发现凡艺术之为艺术一定是反映着人生的某种审美理想的。这种审美理想或者是优美、或者是崇高、或者是悲壮。也因此，在我的理解看来，艺术对人生美的熏陶就主要通过这三种方式进行。

其一，我们在艺术美中最经常体验到的是优美。优美是艺术美中最普遍的表现形态。唐代诗论家司空图在《诗品》中把"优美"的意境表述为"采采流水，蓬蓬远春，窈窈深谷，时见美人，碧桃满树，风日水滨，柳荫路曲，流莺比邻"。其实，不仅诗的优美是如此，一切其他艺术的优美意境也多如此。在优美的文学作品、绘画、摄影、乐曲、戏剧、电影中，我们所能感受到的都是典雅、绮丽、清淡、婉约的美。为此，从一般的审美意义上我们可以把优美的最基本美学特征理解为和谐。

优美中的和谐正如我们通常所理解的那样，诚然也就是艺术品自身内容与形式的和谐。但从"艺术即人生"的基本理解出发，我觉得优美所蕴含的和谐更主要的应是指艺术品与主体之间（即物我之间）的和谐。也就是说，在艺术的优美中，我们的身心能以愉快、舒畅、满足、平和、宁静的心态沉浸在其中，从而体会人生的优美、和谐。比如，我们在读杜牧的《江南春》绝句"千里莺啼绿映红，山村水郭酒旗风"时，人生仿佛也进入了千里莺啼绿映红的清新秀丽之境中；我们在鉴赏唐伯虎那眉目和发髻钩勒精细且晕染匀整的仕女画时，仿佛穿越了时空与美丽端庄的仕女游园偶遇；我们在欣赏舒伯特的《小夜曲》时，人生也宛如置身于甜美流畅、委婉缠绵的无限柔情之中；当我们来到世界文化遗产吴哥窟，面对着一尊尊永远微笑的佛像时，内心自然就会生起无限的欢喜心……人生谁不追求优美和谐，但我们又常常不能如愿。而艺术的优美和谐则能使每一个自我于不如愿中实现如愿。

其二，艺术美对人生熏陶的另一形式是崇高。与优美不同，崇高正如康德所界说的那样是一种"生命力的强烈喷射"。从一般的审美感受中分析，崇高不如优美那样可以在和谐宁静中较直接地感受，崇高往往给人的心灵以强烈的震荡，在惊心动魄中使人获得

从"艺术即人生"的基本理解出发，我们可以发现凡优美的艺术品一定在物我之间呈现一种和谐。比如，当我们来到世界文化遗产——吴哥窟时，面对着一尊尊永远微笑的佛像，内心自然就会生起无限的欢喜心。

一种雄浑、悲慨、粗犷、博大的审美感受。比如，在苏轼《水调歌头》那"大江东去，浪淘尽、千古风流人物"的气度中；在洗星海一曲《怒吼吧，黄河》的雄浑中；在米开朗基罗《被缚的奴隶》那粗犷和勇猛中，以及在贝多芬《命运交响曲》的悲壮奏鸣声中，我们都能体验到人生这种崇高的境界。可以说，崇高的基本美学特征是激荡。也许我们可以这样理解崇高与人生的关系：由于我们的人生总是处于诸种矛盾和冲突的激荡之中，所以这种对冲突的抗争，即以激荡为其基本特征的审美体验，便自然地构成自我人生的一个美学追求。

而且，我在此还想特别强调如下一个思想：就当代中国人而言，我们当然需要优美的怡情作用，即在优美的艺术中体验优美和谐的人生，但我们更需要的是崇高的激励，尤其是以悲壮形式表现出来的崇高。因为我们正处于一个急剧变革和图强振兴的时代。在这样一个时代中，一切和谐宁静的优美必然地会较多地逝去，取而代之的将是激荡人心的崇高。怀疑、否定、变革、抗争、代价，甚至是悲壮的失落，已经成为或正在成为我们这个民族在砥砺前行中所特有的社会现实。然而，就我的个人感觉而论，我们却不无遗憾地看到，当代中国文学艺术对这种崇高的把握却显得较为苍白无力。这种苍白无力使我们的国民丧失了许多体验崇高从而在这种崇高的启迪和鞭策下造就崇高的机会。为此，我要大声疾呼：当代中国的文学艺术家应创造出更多崇高的作品！因为当代中国人迫切需要在艺术美的欣赏中向往崇高、体验崇高，以激励自我，图强奋进。

其三，艺术作品中给人生熏陶的还有一个形式是悲剧美。以悲壮、痛苦和牺牲为主要表现方式的悲剧美也使我们从中体验别样的审美人生。在小说《红楼梦》《安娜·卡列尼娜》中，在柴可夫斯基的第六交响曲《悲怆》中，在古希腊雕塑《拉奥孔》中，在苏联画家苏里科夫《近卫军临刑前的早晨》中，都透着强烈的、令人痛惜、怅然的悲剧气氛。因而，悲剧美的基本审美特征是痛苦。

人类为什么不惜以体验痛苦为代价而喜爱悲剧？对这个问题的回答也许有诸种不同的答案。但我认为，悲剧之所以如此打动人心，并被称之为美，那是因为人生本来就透着一丝悲剧的色彩。人生无法摆脱原欲勃发与社会规范的冲突，人生也无法摆脱追求理想过程中的挫折和失败，人生更无法摆脱"不如意事常八九"的痛苦体验，甚至不可避免地要走向死亡，等等。这一切都是自我生命悲剧的诸种表现。但悲剧不是悲观绝望。悲剧使我们获得震惊，心灵在痛苦的激荡中振奋起来。这就如鲁迅在其杂文《论雷峰塔的倒掉》中曾经说过的那样："悲剧是将人生有价值的东西毁灭给人看。"[①]而人生中有价值的东西作为一种美的东西的毁灭，则使我们感到痛心。可见，悲剧美不在于美的毁灭，而在于以美的毁灭的形式来肯定美、赞颂美。

古希腊著名的悲剧《被缚的普罗米修斯》讲的就是一个天神——普罗米修斯，因盗取天火送给人间，从而违背天规而被天帝宙斯用铁链锁在高加索山上，受苦达万余年而不屈服的悲壮故事。这个悲剧已流传两千余年，普罗米修斯反抗暴力，造福人类的结局虽然是不幸的，但这种不幸却给予人类极多壮美的启迪。历史上许多"人间的普罗米修斯"正是从这个启迪中造就自己人生的壮美业绩的。无产阶级的革命导师马克思在自己的年轻时代，就深

① 鲁迅杂文集 [M]. 北京：中国青年出版社，1978：122.

受这种普罗米修斯精神的影响。他在 1835 年中学毕业的作文《选择职业时的考虑》一文中，强烈地表达了自己为整个人类献身的普罗米修斯式的崇高理想。马克思的女儿回忆说，母亲燕妮对自己丈夫的爱其中一个最重要的原因，就是燕妮认为马克思是"人间的普罗米修斯"①。

我有一个观点特别想与你分享，那就是我认为我们这个民族在自己的审美文化传统中，没有西方民族在人生中所有的深深为之忧患并抗争的悲剧意识。这对于我们的民族的生存和发展，对于每个中国人自我人生的实践活动而言，可能是一种审美文化层面的欠缺。因为这种悲剧意识的缺乏，必然要形成一种根深蒂固的、自我感觉良好的"乐感文化"②，在这种文化的影响下，中国传统的人格中便常常缺乏一种凄厉崇高的抗争和严峻悲壮的搏击。或者说，因为悲剧意识的欠缺使我们本应该有的抗争和搏击往往在自我解脱的恬淡平静中消失了。就如鲁迅先生笔下的阿Q、祥林嫂、闰土。这无疑是中国传统审美观的一个悲剧。而对这个悲剧的无知或不愿自省，则更是悲剧中的悲剧。

此外，艺术作品中的丑、滑稽、幽默、荒诞等形式，也是对人生真实的典型化反映。因而在这其中我们也都能体验着人生丰富的美学意趣。这里就不再一一赘述了。

①梅耶. 马克思的女儿们 [M]. 北京：人民出版社，1985：23.
②"乐感文化"说是李泽厚先生于 1985 年春在一次题为《中国的智慧》讲演中提出的，收录在《中国古代思想史论》中，后来在《华夏美学》中又有所发挥。它是对应于西方基督教文化下的"罪感文化"而言的。在李泽厚看来，具有乐感文化的中国人，最怕讲困境、危机、失败，最喜好乐天知命，自足自乐。

3.气质美的养成

[来自学生的问题]

我是一名爱好心理学的女生。有一阵子突然就对气质的神经生理基础问题很入迷。不过,我看了很多文献后反而困惑了。比如,气质究竟是不是由人的神经生理基础决定的?又比如,气质之美似乎有性别之分,那它是由男人与女人的生理差异导致的吗?不知老师是怎么看这些问题的?

[我的学理回应]

关于气质美的问题,无论在理论上还是实践中,均存在着一个流行的误读,即认为气质是先天获得的神经心理品质,似乎与人后天的德性、修为、生活旨趣无关。我们知道,古希腊的医学家希波克拉底曾根据人体的液汁多寡把人的气质区分为多血质、胆汁质、黏液质和抑郁质。尔后的心理学界基本接受这种划分。于是,在一些著述和文章中,我们可以看到如下一种较为普遍的结论;多血质属活泼型,这种气质无论从哪方面都是美的;而抑郁质其性格则是忧郁的,这种气质是不美的;胆汁质和黏液质则居两者之中,如此等等。

的确,我们承认人的气质作为一种稳定的心理特性,与先天的神经生理类型的不同遗传相关。巴甫洛夫的神经系统学说已科学地证明了这一点。但是,我们认为这仅仅是构成人的气质的一个神经生理基础。人的气质还有更重要的构成部分,这就是气质的后天社会特性。事实上,人的社会本质就决定了人的心理永远是一种社会心理。因此,正如我们已看到的那样,人类审美活动的实践早已证明，所有的人，无论他先天获得的气质属哪种类型，其内在的德性修养、审美情趣更能引起别人的关注。

为什么在人类对自我的审美活动中，德性或性情或境界的修养要比单纯的物种的如神经生理意义上的美要重要呢？从最终意义上探讨，我认为，那是因为人类从脱离动物界那天起，就作为一种社会的存在超越了自然生物的存在。因而，美与丑必然地在德性、性情、境界等这些后天的特质中获得了内在的评价尺度。事实上，在现实生活中，就自然、生理这一先天的尺度而言，我们气质的神经生理基础或许是不美的，甚至可能是"丑"的（如抑郁质），但这种"丑"并不注定我们的气质就和美无缘。因为我们可以培养和造就自己德性、性情、境界方面的美。而且，这种美因为不是遗传中获得的，而是在后天的社会关系中自我培养造就的，因而这种美具有更多属人的特性，也是他人或社会评价一个人气质美丑更本质更重要的尺度。

这也就是说，就先天获得的气质类型而言，无所谓善恶、美丑之分。在这些不同的气质类型中，以巴甫洛夫对人的性格划分而论，我们可以发现性格孤傲者，其气质可以是傲慢、孤芳自赏，也可以是出类拔萃、鹤立鸡群；性格软弱者，其气质可以是纤细委婉，优柔寡断，也可以是谦逊谨慎，办事稳妥；性格强悍者，其气质可以显得粗暴武断、刚愎自用，也可以显得大度粗犷、叱咤风云；性格文静者，其气质可以显得懦弱胆怯、谨小慎微，也可以显得淡雅恬适、文质彬彬；性格活泼者，其气质可以显示出缺乏恒心和毅力，也可以显得洒脱豪放、轻捷灵敏；性格刻板者，其气质可以显得滞重、沉郁、谨慎过人，也可以显示出其遵章守纪、为人稳重的特点，如此等等。对这些气质的个性特点来说，我们很难判定哪些是美，哪些是丑。美与丑全在于我们在生活中如何依自我内心的德性、情操、人品行事。于是，坚强者易流于固执，果断者易流于粗率，活泼者易流于轻佻，严肃者易流于呆板，温柔者易流于怯懦，威猛者易流于凶残，自信者易流于刚愎，谨慎者易流于优柔寡断，如此等等。

正是从这个意义上我想再次强调，气质美不在于先天的获得与遗传，而在于后天的社会习得。也就是说，美的气质在于我们后天德性、情操、品性等的培养。

事实上，在现实生活中，我们总是可以发现，美好气质的形成不仅来自良好的生活习惯的培养，更重要的是来自长期的卓有成效的思想和文化的修养。有美玉的气质，才会有照人的光彩。比如，毛泽东"指点江山，激扬文字"的气质，来自他伟人的情怀；周恩来从容自若、谦逊待人的气质，来自他虚怀若谷的谦逊品德；彭德怀横刀立马、威武刚毅的气质，来自铁肩担道义的壮志；方志敏的乐观旷达、视死如归，来自他坚定的信念；鲁迅"横眉冷对千夫指"的铮铮铁骨，来自他不屈的灵魂；宋庆龄自然端庄的风韵，来自她坦荡磊落的胸襟，如此等等。正如古人所云："石蕴玉而山辉，水怀珠而川媚。"（陆机：《文赋》）所以，罗丹在谈及人的外貌美与内在的德性美的关系时曾这样认为："我们在人体中崇仰的不是如此美丽的外表的形态，而是那好像使人体透明发亮的内在光芒。"我们同样可以说，人的气质美也决不是所谓的在先天那里获得了美的气质遗传，而是因为在后天的生活实践中锻造了内在的美的德性和情操使然。

也因此，人格卑微的人，不可能有美的气质。我们以三国人物为例。比如，吕布尽管是三国第一猛将，并有美将军的名头，但在被俘时那阿谀奉承、贪生怕死的样子连一向求才若渴的曹操见了也大失所望，最后听从了刘备之劝将其缢杀。又比如，因宠小妾而无辜辱骂原配的司马懿，面对原配为此绝食居然无动于衷，结果两个儿子也参与绝食抗议后司马懿才有所收敛。难怪曹操评价他的气质是："有雄豪志，闻有狼顾相。"（《晋书·宣帝纪第一》）还比如，后人嘲笑"此间乐，不思蜀"的刘阿斗，是因为这种荣辱不分、美丑不辨的人根本无气质可言，尽管据史书记载刘备这个儿子相貌还是颇为俊朗的。在我们现实生活中，那些外貌风流倜傥、内心空虚的人；那些只图享乐、追求不劳而获的人；那些对于个人得失斤斤计较、唯利是图的人；那些投机钻营、见风使舵、两面三刀的人；以及那些为谋求私利、苟且偷安而不惜辱没人格品格的人，都注定与气质美无缘。

可以肯定地说，我们对自己某种气质的自卑与苦恼，与其说是生理遗传的不幸，还不如说是自我人生修养的欠缺。那些自以为获得了所谓不美气质遗传而自卑的人，往往会把自己贬得一无是处。这时，想象中的烦恼，要比实际存在的烦恼和痛苦更为残酷得多。显然，要走出这种自卑，唯有塑造自己的德性、品性、人格的美。我们知道，安徒生和贝多芬不仅是长相难看且有生理缺陷，而且按照传统的气质类型划分，他们气质的性格特征都是不美的。但是，安徒生用痛苦孕育了童话中最深沉的爱和最崇高的美；而贝多芬则在与命运的抗争中创造出充分显示力量之美的不朽交响乐作品。他们所具有的如此壮美绚丽的人生，正独立寒秋，湘江北去，橘子洲头。看万山红遍，层林尽染；漫江碧透，百舸争流。鹰击长空，鱼翔浅底，万类霜天竞自由。怅寥廓，问苍茫大地，谁主沉浮。

携来百侣曾游，忆往昔峥嵘岁月稠。恰同学少年，风华正茂；书生意气，挥斥方遒。指点江山，激扬文字，粪土当年万户侯。曾记否，到中流击水，浪遏飞舟。

毛主席词一首 己亥夏日 维松

之所以特别喜欢毛泽东的《沁园春·长沙》，是因为它以情景交融的文字彰显了青年毛泽东的伟人气质。全诗以"独立寒秋，湘江北去"的秋思开篇，但并无古代文人墨客常有的悲秋情绪。尤其是最后两句"中流击水，浪遏飞舟"，气势磅礴地抒发了诗人炽热而浪漫的革命情怀。

是对自我生命之美的最成功的升华。有谁会怀疑他们人生的气质美呢？从这两位名人身上，我们至少应该相信一点，这就是，我们每一个人无论其先天的神经心理类型如何，都可以在后天的努力中养成与众不同的气质美。

你信中还提及了气质美在两性中的不同显现问题。我也很乐意与你谈谈我的看法。

如果我们对气质美作点理论上的区分，那么便马上可以发现同作为人类的德性、情操、品性、人格美的外在表现，气质美在人类两性中的差别是非常明显的。几千年来，女子喜爱强壮勇敢的男子，男子偏爱美丽温柔的女子，这几乎是亘古及今的两种最理想的审美标准。马克思在回答女儿们向他列表提出的一系列问题中，也曾谈及这一点。他认为男子最珍重的品德是"刚强"，而女子则是"柔弱"。①这一言简意赅的评价无疑涉及人类审美活动的某种普遍性和共同性。在中国的传统哲学中，这两种美通常被称之为阳刚之美和阴柔之美。人类两性这一刚强和柔弱之美出色而优美地积淀在古希腊的大理石雕塑中。最典型的无疑体现在孔武有力的《掷铁饼者》和优雅妩媚的女神维纳斯身上。文艺复兴时代的艺术家们同样杰出地表现了男女不同的两性之美。如米开朗基罗的《大卫》和达·芬奇的《蒙娜·丽莎》。前者充满坚毅、自信刚强，后者神态安详、温柔迷人，含情脉脉的神秘微笑令人为之迷醉。

人类学家和心理学家曾从两性的不同特征中揭示出这种阳刚之美和阴柔之美的必然性。从人类现实生活所表现出来的诸种

①瓦连京·奇金，达·梁赞诺夫. 马克思的自白——卡尔·马克思对女儿20个问题的回答[M]. 北京：解放军文艺出版社，1997：87.

性格品行的统计资料看,男子的气质往往主要表现为反应强烈、有意志力、刚毅、顽强、精力充沛,性格上显现出抗争的品性;女性的生理气质则相反,更多地是表现为优雅、含蓄、举止委婉、感情细腻,在性格上表现为柔弱。波伏娃在其《第二性》这部论著中曾提及如下一个事实:在发掘被火山熔岩和灰烬所掩盖的庞贝城遗址时,人们发现被烧焦了的男尸都处于反抗状态,呈与大自然抗争或力图逃避状;而妇女们则畏缩着,匍伏在地上。我们不得不承认这一事实是意味深长的。可见,刚强作为男性美,柔弱作为女性美是具有生理学和心理学的某种依据的。性别的本质不同,就决定了两性美的这两种不同追求:男子身上最受推崇的就是刚强的男子气概;女子身上最美的则是女性独特的温柔。

然而,正如我们一方面不否认气质有其神经生理机制作为自然基础,另一方面又指出构成气质美的更重要东西是人的后天的人格品性那样,在刚强美和柔弱美的问题上我们也同样得出类似的结论。这也就是说,刚强之美和柔弱之美的最重要的制约因素依然是人后天的德性、情操、品性、人格等。否则,我们在这里就要自觉或不自觉地陷于自然主义的迷误之中。

正是由此我想特别强调的是,刚强作为男性的气质美,其涵义正是指人格品性中因对真善美的信仰而具有的坚忍不拔、无所畏惧甚至不惜牺牲自我生命的崇高德性与品行。也因此,那些历史上的伟人,无一不具有这种刚强的品性:马克思之所以成为马克思,燕妮之所以那样坚贞不渝地爱着马克思,不仅仅是因为马克思有男子汉的伟岸身躯,也不仅仅是因为他有渊博的知识,更主要的是因为他是"现代社会的普罗米修斯"(燕妮语)。还有,现实生活中曾有许多人推崇的日本电影演员高仓健，在我看来，那决不是因为他有着英俊潇洒的容貌，而是因为他在银幕上塑造的角色，在冷峻、坚毅的外表下总隐藏着一种坚毅、热诚、勇敢和正义的力量，使人感到有所依靠。也就是说，真正男子汉们所应有的刚强品性恰恰在于他的内心世界是刚强的。否则，一个人纵然有粗犷、伟岸的身躯但却缺乏对真善美事物的信仰和因这个信仰而产生的坚韧与非凡的意志品性，那么，我们也不会认为他是刚强的。罗曼·罗兰有句名言："真正的英雄主义是在认识了生活的本来面目之后依然热爱生活。"[1]这可以说是一种真正的刚强。生活是真善美与假恶丑并存的，但真正的刚强者却能从中以自己的坚定执著的信念和非凡的毅力，追求真善美的理想人生。

女性的美是柔弱的美。把柔弱视为女性美的最重要品性，决非男尊女卑。美是不分尊卑高低的。刚强是美，柔弱也是美，只要是美就是等值的。作为女性美的柔弱，不是软弱、顺从的同义词，因为柔弱的美有其特定的内涵，它是指女性细腻的感情和同情心；是指女性因含蓄和凝重融合而生的风韵；是指女性中那最崇高最伟大最无私的母性之美。温柔使女性极易富有同情心，并能体谅和理解别人，制造一种美的人际氛围。温柔和同情总使受挫折的心灵得到抚慰，使受压抑而淤积的心绪得以排遣，使失重的心理得以平衡。温柔、同情、理解也总使失败者重新恢复他的信心和勇气。我们几乎可以断言，世界上再伟岸坚强的心也总希望枕伏在亲切温柔的臂弯里。这无疑是女性柔弱之美对社会历史和人生之意义与价值的最充分体现。

[1]洪斌. 罗曼·罗兰经典名言鉴赏 [M]. 香港：中国国际文化出版社，1998：23.

　　需要特别指出的是，柔弱之美作为一种德性和情操决不是一种天性的东西。尼采曾错误地认为女性从其生理解剖的基础上就决定了只能是柔弱和温顺的，并因此认为在生物进化的程序上，女性要低于男性。显然，尼采在这里根本抹杀了人的德性与情操是后天的社会性这一根本的事实。不仅如此，他还错误地解释了女性的柔弱之美的含义。在他看来，女性的柔弱就是屈服于男性的强力意志之下。其实，在我看来，女性的柔弱既非天生的，也非软弱的同义词。女性的柔弱之美是一种基于女性同情心基础上的博爱情怀。

　　正是因此我认为，一方面柔弱美是温柔的同义语，是女性气质美的最重要的表征，如果我们无视这一气质的自我造就，那无疑是自我人生的一个遗憾。但另一方面，我们又需要在理论和实践中澄清一个观念，即作为女性柔弱之美的温柔和同情心决不是女性一味屈从的唯唯诺诺。显然，倘若哪个女子把毫无个性、唯命是从理解为温柔，那么，事实上她并未真正理解温柔这一伟大品性的深刻内涵。真正的温柔总是和个性、主见、执著以至坚韧相互衬托的。比如，燕妮这位伟大的女性，对马克思的爱充满着温柔体贴，但这种爱同时在清贫困苦的家庭生活中又表现出非凡的勇敢、坚韧和执著的个性。这才是真正完美意义上的柔弱之美。也因此，燕妮的气质特性才具有如此深沉的感染力。为此，马克思在1856年致燕妮的信中有了如下一段充满激情的文字："诚然，世间有许多女人，而且有些非常美丽。但是哪里能找到一幅容颜，它的每一个线条，甚至每一处皱纹，能引起我的生命中的最强烈而美好的回忆？甚至我的无限的悲痛，我的无可挽回的损失，我都能从你的可爱的容颜中看出，而当我吻遍你那亲爱的面庞的时候，我也就能克制这种悲痛……"①我们不难看出，马克思在写这封信的时候，对忠贞不渝地伴随自己过着颠沛流离生活的妻子，倾注了多么深厚的情与爱。这种爱，温柔而坚韧的燕妮是受之无愧的。

值得指出的是，由于美是一种恰到好处的和谐，所以男性的刚强之美和女性的柔弱之美也必须是恰到好处才可能是美的。男子的阳刚之气可以表现为自信、刚毅和坚强不屈；也可表现出自负、粗暴和武断。同样，女性那柔弱之美，既可以在高度的审美水平上为人生增添美的享受，也可表现为懦弱以及无可奈何的屈从。男子汉的自信、刚毅和坚强不屈，女性的温柔和同情心是美的；但如果男性的自信、刚毅变成了自负、粗暴和武断，而女性的温柔、同情心却表现为软弱和无能，那么这就走向了美的反面。因此，男性和女性在刚强和柔弱之间如何选择和表现美，这当然取决于我们自己的认识、情感和意志的努力，但更重要的无疑取决于我们已经生成的德性、情操、品性、人格。

可以这样说，男性的刚强之美和女性的柔弱之美作为世代相袭的审美理想，丰富着我们人生的内涵。刚强最忌讳的是软弱，而与柔弱相悖的是骄横。正是在男性克服软弱的自我斗争中，在女性摈弃骄横的自我修养中，男性和女性以自己所特有的生命内涵构成了两性不同的气质之美。

就写这些吧。此刻的我既希望得到你的认同，又希望你毫无保留地提出批判性的意见。尤其是作为女生的你，如能够对我前面文字中对女性之美的解读提出批评指正意见，那肯定是我最为期待的。

---

①马克思恩格斯全集（第29卷）[M]. 北京：人民出版社，1972：516.

九、关于美好人生的对话

1. 追求理想是人生的一种永恒冲动

[来自学生的问题]

我是人文学院的一位博士生。我在准备毕业论文的过程中读了老师的恩师冯契先生的《人的自由与真善美》一书。冯先生有一个观点：理论只有转化为理想，它对人生才有意义。这是为什么呢? 老师愿意谈谈您的理解吗?

[我的学理回应]

要回答你的问题，我想必须得从"人生是什么"这一既简单又复杂的问题说起。

当我们呱呱坠地，这个世界便赠给我们一件礼物: 人生。因此"人生是什么"这一道严肃的题目，在我们一开始拥有人生时存在着，当我们进入人生观的形成时期，这一道严肃的题目更是令我们为之苦苦思索。我们每个人都必须交上自己的那一份答卷，否则，我们拥有的只是一个不自觉和不由自主的自发人生。然而，正如诗人所吟诵的那样："不识庐山真面目，只缘身在此山中。"（苏轼：《题西林壁》）我们拥有真实的人生，可我们却很难说清楚"人生是什么"这样一个既简单又复杂、既直观又深刻的问题。爱因斯坦在其晚年曾有这样一段发人深思的感慨："一个人很难知道在他自己的生活中什么是有意义的，当然也就不应当以此去打扰别人。鱼对于它终生都在其中游泳的水又知道些什么呢？"①作为一个伟人，爱因斯坦的人生无疑比你我都成功，但为什么他也会有如此令人困惑的感慨呢？这或许正表明着作为生命个体存在的自我认识和探求"人生是什么"问题的艰难。

但是，人类理性又必须探讨和回答这个问题。谁不了解人生的真正内涵，谁就无法拥有真正成功的人生。这正是为什么人类千百年来一直在苦苦思考人生问题的根由所在。

如果从人本学的意义而言，人区别于动物的一个显著标志在于人的活动总带着目的与指向。因此，人从本质上讲是一种拥有理想并为实现理想而孜孜实践的存在物。这是马克思新唯物主义的一个重要的结论。马克思博士论文扉页上"理想主义不是幻想而是真理"的命题可以看成这一思想的初步体现。在他写作《资本论》时则完整地提出了这个著名的命题：最蹩脚的建筑师也要比蜜蜂高明，因为建筑师在劳动过程开始之前，未来的结果已存在于观念之中了。②这个"未来的结果"就是人的理想。正是因此，在马克思看来人要高于动物，因为对于动物来说，是这种动物之所是和做这种动物之所能是直接同一的。比如对于一只蜜蜂来说，做一只蜜蜂就是做它本能所能做的事。它只有当下，没有未来。而

①海伦·杜卡斯．爱因斯坦谈人生[M]．北京：世界知识出版社．1984：61.
②马克思恩格斯全集（第23卷）[M]．北京：人民出版社，1972：202.

人则不同。人类在创造历史的活动中，无论从事任何一项事业，对自己活动对象的未来结果都在观念中有一个预设的构建。

这样一种对事物未来结果的自觉的意识构建，我们可以统称为理想。从这点上讲，人类和动物界的分野和揖别，除了人类活动总有其自觉的指向未来的理想构建之外，很难再有别的什么标志了。可见，马克思认为，理想构成了人类的类本质的规定之一。

从这样一个理解出发，我们也许便有足够的理由对"人生是什么"的问题作如下的回答：人生是追求真善美理想的一种永恒冲动。每一个自我生命个体正因为有了真善美的理想及其为实现这个理想而作的不懈努力与创造，他的人生才真实地存在着，并显示其价值和意义。

把人生理解为对真善美理想的追求，这便意味着人生是一个不断奋进，但又始终充满憧憬的过程。理想是对一系列可能性的选择和追求，是对现实的不停顿的超越。理想没有一个终点，所以只要我们生命存在，那么我们的自我人生之路就将一直走下去，我们对自我生命的超越也就永不会停止。也因此，我们发现那些真正成功的自我其人生总是"生命不息，奋斗不止"的，因为理想永远是一种美妙的憧憬和希冀，是对真善美的一种永恒的向往。只要我们拥有理想，我们就会热爱生活，热爱人生。

写到这里，我特别想与你分享一个寓意颇深的新闻故事：法国富翁巴拉昂临终前留下遗嘱，他将把 100 万法郎作为奖金，奖给那个揭开贫穷之谜的人。巴拉昂去世后，法国《科西嘉人报》刊登了他的这一份遗嘱。他说，我曾是一个穷人，去世时却是以一个富人的身份走进天堂的。在跨入天堂的门槛之前，我不想把

　　不同的哲学家对"人生是什么"的问题会有不同的回答。立足马克思主义的视阈，我通常把人生理解为追求真善美理想的一种永恒冲动。每一个自我生命正因为有了真善美的理想及其为实现这个理想而作的不懈努力，他的人生才真实地存在着，并显示其美与善的价值。

我成为富人的秘诀带走，现在秘诀就锁在法兰西中央银行我的一个私人保险箱内。谁若能通过回答穷人最缺少的是什么而猜中我的秘诀，他将能得到我的 100 万法郎馈赠。

遗嘱刊出之后，《科西嘉人报》收到大量的信件。绝大部分的人认为，穷人最缺少的是金钱，穷人还能缺少什么？当然是钱了，有了钱，就不再是穷人了。还有一部分人认为，穷人最缺少的是机会。另一部分人认为，穷人最缺少的是技能。还有的人认为，穷人最缺少的是漂亮，是皮尔·卡丹外套，是《科西嘉人报》，是总统的职位，等等。总之，来稿的答案五花八门，应有尽有。

在 48561 封来信中，只有一位叫蒂勒的小姑娘猜对了巴拉昂的秘诀。蒂勒和巴拉昂都认为穷人最缺少的是理想，即成为富人的理想！谜底见报后，引起了不小的震动。这种震动甚至超出法国，波及英美国家的媒体。

可见，理想对于自我人生的价值在于，理想总给人生一种美好的希望，因理想而来的希望则构成我们不断超越自我的精神内驱力。伏尔泰说过："人类最可宝贵的财富是希望，希望减轻了我们的苦恼，为我们在享受当前的乐趣中描绘出来日乐趣的远景。"[①]事实上，生活中每个自我都怀有某种希望。希望在乐观的、积极入世的人生那里，意味着前进的目标、信心和勇气，它激励和引导着我们超越现实而走向未来。也许可以这样说，在人的生活世界里永远不可以缺位的东西就是理想。

可见，正是在真善美理想及其对这个理想的追求中，我们的人生拥有了一切。倘若我们失去了理想，那么我们至多只能算是

①伏尔泰．哲学通信 [M]．北京：商务印书馆，1962：157．

生存着，而不是生活着。因而我们要追求美好人生，在这里就意味着我们必然要拥有一种真善美的人生理想追求。

也许你会问：解决了理想何以必要的问题，但它是否可能呢？我接下来就与你讨论理想的可能性问题。从根本上说，人类追求理想的可能性源于人类的意识具有建构一种指向未来之观念的能力，这也是人的自觉生活区别于动物本能活动的一个内在标志。这一点正如恩格斯指出过的那样："人离开狭义的动物愈远，就愈是有意识地创造自己的历史，不能预见的作用、不能控制的力量对这一历史的影响就愈小，历史的结果和预定的目的就愈加符合。"[①]这"预定的目的"也就是理想，它能被主体建构并以观念的形式存在于人的头脑中。

有必要申明的是，主体所建构的理想是由客观现实所产生，并以客观现实为前提的，因而决不能把理想与现实割裂开来。然而，由于理想总是以主观的愿望、希冀和向往作为自己的表现形式，因此，人们又往往很难直接看出理想与现实的内在联系，从而常常把理想和现实对立起来。哲学史上，康德曾典型地表现了这一倾向。康德的哲学是以"现象世界"和"彼岸世界"的割裂为特征的，这样一个特征也影响和规定了他对理想和现实这一矛盾关系的解决只能是彼此之间的割裂。他把社会划分为现实世界和理想世界这样两个境界，在他看来，人类在现实世界中受各种必然性的制约和支配，是不自由的；只有到了理想世界中，人才能获得绝对的自由。他称这是一种最高的理想追求，是一种最合理的目的。但他同时又声称这种最高的理想是永远可望而不可及的。为此，马克思在谈到康德的社会理想时这样批判道："康德

①马克思恩格斯选集（第3卷）[M]．北京：人民出版社，1972：457．

认为，共和国作为唯一合理的国家形式，是实际理性的基准，是一种不能实现但又是我们应该永远力求和企图实现的基准。"①在中国古代，陶渊明的《桃花源记》里也表露了这种把理想与现实对立起来的思想。作者描绘了一个没有君主、没有压迫和剥削，人人安居乐业的理想追求。但他也同样认为这样一个理想只存在于"迷离恍惚"之处，在现实生活中是"不复得路"的。

事实上，思想史上对理想问题的这些疑惑同样存在于我们今天的现实生活之中。在对新时代人们的思想现状进行省察的过程中，我们可以发现，的确有许多人正是从理想与现实的必然对立来否认理想的必要性，并由此而衍生了对共同理想追求的某种冷漠心境的。

于是，我们要讨论的问题便是，在理想的追求中，理想与现实的关系注定只能是非此即彼地对立吗？对这个问题的合理解决就必须考察理想的科学性问题。事实上，历史早已证明康德、陶渊明所表述的并非科学的社会理想。也就是说，真正科学的理想必须植根于现实之中，它是从现实中汲取和提炼出来的。当然，人们在建构理想时必定要反映主体自身的要求和愿望，但这种要求和愿望必须建立在客观现实发展的内在必然性得以提供的现实可能性的基础之上。无疑，人们所建构的理想也总是一种美好的想象。但这种美好的想象也不是悬浮于客观现实可能性之上的海市蜃楼。所以从最根本的意义上讲，理想的科学性是以现实发展的可能性作为基础的，一个真正科学合理的理想必须把握着现实发展的未来趋势。正是在现实可能性的把握和科学建构中，理想与现实的关系便内在统一了。

①马克思恩格斯选集（第 1 卷）[M]. 北京：人民出版社 .1972.465.

正是从这样的理解出发,我们可以认为理想之所以是理想,理想追求之所以可能,就是因为理想包含现实发展规律提供的可能性。这种可能性因为是现实发展的客观规律所提供的,因而又是一种必然性的东西,它以潜在的尚未实现的形式存在于现实之中,但却预示着现实发展前途的客观必然趋势。关于这一点,黑格尔曾这样深刻地分析过:"一个事物是可能的,还是不可能的,取决于内容。也就是说,取决于现实性的各个环节的全部总和,而现实性在它的展开中表明它自己是必然性。"①

这也就是说,理想作为主体对未来的一种向往和超前反映,无疑是必须包含这种由客观必然性提供的未来发展的可能性在其之中。丧失了这种必然性的根据,理想就只能是一种空想。柏拉图曾是思想史上较早探讨了理想追求的古代哲学家。他在其著作《理想国》里曾以诗意的语言系统全面地描绘了他对理想社会和理想人生的诸种设想。但他的"理想国"却被历史证明了是一种不切实际的空想,究其原因就在于他的"理想国"实质上是以一种旧氏族制为基础的社会模式。而这种氏族制的社会形态在当时的社会发展中早已丧失了存在的理由和必然性的根据。显然,这样一个没能把握住社会发展必然性的理想,注定只能是一种空想。因此马克思说柏拉图的"理想国只是埃及种姓制度在雅典的理想化"②。连对柏拉图极为推崇的黑格尔也看到了这一点,认为在柏拉图的理想国里"我们所看见的只是些神话"③。

①黑格尔. 小逻辑 [M]. 北京:商务印书馆,1979:300.
②马克思恩格斯全集(第23卷)[M]. 北京:人民出版社.1972:405-406.
③黑格尔. 哲学史讲演录(第2卷)[M]. 北京:商务印书馆,1959:185.

与此相反，我们之所以把建设有中国特色的社会主义现代化强国、谋求中华民族的伟大复兴确立为中华民族在 21 世纪的共同理想，恰恰是因为这个共同理想深刻地反映了当今中国社会发展的可能性趋势。这个可能性趋势不仅是世界政治经济发展亚洲化时代到来所提供的，也是中华民族在经历了近一个世纪的艰苦探索已成功地摸索出了中国特色的强国之路所必然决定了的。我们不仅对此应抱有坚定的信心，而且更应该在这个过程中以自己的奋斗和进取来实现自我人生的真善美价值。

如果用最简单的表述来回应你的问题，那么也许可以归纳为这样两句话：理想何以必要的问题源于人与动物的本质区别，理想何以可能的问题则是因为理想既基于现实的可能性又高于现实的现实性。正是在对这个何以必要与何以可能的思索与实践中，人既改变了世界也改变了自己。这就是我对理想之于自我人生意义的一个学理解读。

2. 选择一种理想并为之奋斗即是幸福

[来自学生的问题]

我曾自诩为一个不折不扣的理想主义者。可熟悉我的同学以及辅导员却批评我是个"伪理想主义者"。他们的理由是，我总是不断地给自己确立理想却不愿意去行动。我静下心来想想觉得他们的批评也对。那么，我怎么样才能摆脱这样的窘境呢？

[我的学理回应]

如果说真善美理想是我们追求美好人生的前提，那么勇于在实践活动中选择一个理想并为之不懈奋斗，则是美好人生得以实现的唯一现实途径。因而，美好人生追求在这里又意味着我们要勇于选择一个确定性的理想并为之不懈奋斗。

在如何选择人生理想的哲学探讨方面，萨特的存在主义理论是给人以启发的。萨特的人生哲学有一个著名的命题："存在先于本质。"①也就是说，在萨特看来，人的存在先于人的本质，因为生命一开始只是一个纯粹的形式存在，是人通过后天的自由选择使自我的存在具有了本质。为此，萨特认为人应该而且也只能是自己选择自己的人生。摈弃萨特这一自由选择理论中的绝对自由观的成分，应该承认这个思想是深刻的。事实上，我们选择什么样的人生，便追求什么样的人生；追求什么样的人生，便会实现什么样的人生。这是人生哲学的一个重要法则。比如，老子选择"道法自然"的自在人生；孔子选择"志于道，据于德"的道德人生；孙子选择"兵者，国之大事"的兵法人生；庄子选择"天人合一"的逍遥人生；阿基米德选择"给我一个支点，我就能撬起整个地球"的探索人生；爱因斯坦选择探索"世界精美和谐统一"的科学人生；贝多芬选择"英雄与命运交响"的艺术人生。显然，他们都在为之不懈的追求中实现了自己的本质。可见，伟人之所以成为伟人，很重要的一个前提就是他们选择了伟大而不平凡的人生理想。

当然，选择又并非像萨特宣称的那样"你是自由的，你自己选择自己想要的存在"②。在我们的人生中限制我们自由选择的因素复杂多样。不仅一定的社会历史条件限制我们自由的选择，而且一定社会的政治制度、历史传统、文化观念，以及自我主体意识

①萨特.超越生命的选择[M].武汉：长江文艺出版社,2009：57.
②萨特.存在与虚无[M].北京：生活·读书·新知三联书店,1987：712.

的觉醒等等都限制着我们，使我们无法随心所欲选择自己的人生。这就如马克思指出的那样："人们自己创造自己的历史，但是他们并不是随心所欲地创造，并不是在他们自己选定的条件下创造，而是在直接碰到的、既定的、从过去承继下来的条件下创造。"①

因此，面对着选择的问题，我们便有了两个最重要的结论：其一，人们能够自己选择希望的人生，正是在这种选择中实现着我们憧憬和向往的美好人生；如果没有了这种自由选择的可能性，人就与物的被动存在无异了。其二，人们又不能随心所欲地选择自我人生，而总是在特定的主客观条件的限制下进行选择的。这是相辅相成的两个方面，我们不应该把两者形而上学地对立起来。正如我们是在限制中实现自由，又是在自由中有所限制那样，选择人生的自由也正是在一系列限制的情形下进行的。因此，真正的人生选择，总是那种自觉接受社会历史条件限制，并对选择的后果负责的那种选择。

也因此，在选择美好人生理想的问题上，有两种片面性值得特别指出。一种是唯意志论。它夸大了自由选择，似乎人人可以按自己的意志完全自由地选择人生。这其实是一种幻觉。另一种是宿命论。抹杀了自由选择的可能性，把人生完全寄托于神秘的命运之中。这种观点典型地体现于古希腊哲人辛尼加的一句名言上："愿意的人命运领着走，不愿意的人命运拖着走。"②其实，这是人生选择论中的两种偏颇。唯意志论使人生变成了不可思议的凭意志而行的过程，而这种凭意志而行的自我在他人、社会的客观存在面前

①马克思恩格斯选集（第1卷）[M]. 北京：人民出版社，1974：603.
②北京大学哲学系外国哲学史教研室. 古希腊罗马哲学[M]. 北京：商务印书馆，1982：67.

总毫无例外要碰壁。宿命论则把人生交给虚假的命运，自我在对命运的无奈屈从中，最终将一无所获。因此人生选择问题上的最终结论只能是：我们可以自由地选择人生，又不能随心所欲地选择人生。这正是人生哲学的辩证法。

特别重要的还在于，在美好人生理想的追求问题上，人类理性所特有的智慧可以帮助我们更好地进行选择。尽管选择美好人生的智慧是不可穷尽的，而且不同的自我那里还会有其独特的个性创造，但是我们依然在这里作如下的一般性探讨。

智慧之一：对人生永远怀着炽热的爱。热爱人生，就会感受到人生其实充满着真善美的意义。人生肯定存在着艰难与曲折，也肯定会有欠缺与不如意，故俗语称"人生不如意事常八九"。但只要我们是真正热爱人生的人，那么就一定能从中感受到人生的真善美意蕴。这样，尽管自我人生理想实现的道路有那么多的艰难，那么多的不如意，但是它也都会变成一种自觉的"苦其心志"（孟子语）的体验。而如果我们一味地指责和抱怨人生，那么这正意味着我们把自己置于人生之外。但是，人生是没有旁观者的。一旦我们沦为人生的旁观者，那就表明我们已不再拥有现实的人生。可见，谁指责和抱怨人生，谁就丧失了人生。

曾经读到过这样一则故事：民国元老、著名书法家于右任饱经沧桑沉浮，却一生淡泊、荣辱自安。常有友人问及他高寿的养生之道，他总是指指客厅墙上高悬的那幅字画，笑而不言。那是一幅写意的莲花图，旁边是一幅对联。上联："不思八九"；下联："常想一二"；横批："如意"。的确，"人生不如意事常八九"。倘若心为物役、患得患失，就只会被悲观、绝望窒息心智，人生的路途注定是如负重登山而举步维艰了。"常想一二"，就是用心感恩，庆幸、珍惜人生中那如意的十分之一二，最终以那份豁达与坚忍去化解并超越苦难。可见，在智者看来，决定生命品质和人生境界的，不是"八九"，而是"一二"。

其实，正如禅语所言的"境由心生"。人生的所有问题本身都不是问题，如何以一种好的心态看待它才是问题的关键。这也就是为什么先哲们要留下这样一句箴言：我们怎样对待人生，人生便怎样对待我们。这也就是我在课堂上为什么总是不厌其烦地告诉你们要笑看人生的缘故。

智慧之二：善于重新选择。由于选择美好人生要受诸种主客观条件的限制，因此选择人生并不是轻而易举之事，否则人生真善美理想的追求对每个人就太容易实现了。在我们的人生中注定会有许多的艰难和曲折，会有许多的惆怅和沮丧，甚至是绝望的感受。但即使如此，我们也不能心灰意懒地断言"看透了"。其实，当我们绝望地宣称"看透了"人生时，这恰恰表明我们并没有"看透"。如果真的"看透了"人生，我们就不会抱怨和诅咒它，因为我们还可以重新选择。而人生的如意、快乐和幸福，往往是我们进行了重新选择之后才获得的。

在重新选择的过程中，关键的一点是善于原谅自己。在我们的人生中不管做错了什么，也不管造成了怎样的后果，我们都应宽容和谅解自己。因此，"过去的就让它过去吧"这一箴言具有永恒的哲理。但许多人却并未能真正意识到这一点，而总是把自己置于对过去的悔恨交加之中。这种悔恨使我们的人生变得更加不如意。于是，正如心理学研究所表明的那样，悔恨不仅使人重复体验

正如禅语所言"境由心生"。人生那些所谓的问题本身都不是问题，如何以一种好的心态看待它才是问题的关键。这也就是为什么先哲们要留下这样的箴言：我们怎样对待人生，人生便怎样对待我们。这也就是我在课堂上为什么总是不厌其烦地告诉学生要笑看人生的缘故。

过去的痛苦，而且使人因此无法把握住现在和将来的一切。事实上，那些总是追悔过去的人，人生对他们来说无疑是在痛苦和悲伤中度日如年。

智慧之三：不要让苦难遮住双眼。人生的道路充满艰难和曲折，这是谁都明白的道理。既然如此，为什么还总有一些人在人生的艰难和曲折面前痛苦悲伤甚至绝望呢？唯一的原因就是他们让苦难遮住了理智的双眼。

其实，无论我们如何选择人生，也无论选择的是如何适合自我个性的人生，我们总不可避免地要遇到挫折、坎坷和艰辛。问题不在于有没有艰难曲折降临人生，而在于如何以坚定不移的胆识和勇气面对人生的艰难和曲折。其实，正如俗语所说的那样，"苦难是人生的垫脚石"，正是在苦难的历练中我们才能站在人生更高的立足点上。因此，从积极的意义而言，把苦难视为人生的教科书，它能教会我们如何在冬天里心中装着春天。生活的经验表明，许多的成功者正是能够以积极的态度看待人生的艰难和曲折，所以他们成功。回避艰难和曲折，我们也就回避了人生的成功。事实上，正是在对艰难和曲折的征服中，我们才能体验到一种最强烈、最持久的人生快乐。这就犹如在走过了沙砾滚滚的戈壁之后，我们必定会寻找到芳草萋萋的生命绿洲。这不只是一种人生美学的信念，而且是客观的人生辩证法。因此，我们以真善美的理想建构来追求生命的美学境界，在这里就意味着绝不要让苦难遮住智慧的双眼。

而且，我想特别指出的是，一旦我们能在真善美理想的建构和实践中选择自己所向往的人生，那么，我们就可以说，我们已拥有了人生的幸福。

　　也就是说，作为人生美学的一个基本范畴，幸福可以被定义为人在追求及实现真善美理想过程中而体验到的自我愉悦和欣慰的感受，而不幸则是这种追求遭到了否定或阻碍而产生的痛苦体验。也是从这一理解出发，我们甚至可以说，如果在现实生活实践中，一个人根本没能有效地确立一种真善美的人生理想，那无疑是人生最大的不幸。

　　对于幸福，费尔巴哈曾这样说过："人的任何一种追求也都是对于幸福的追求。"①但对于何为幸福他却没有给予明确的界说。其实，人类思想史上对幸福的探讨可谓源远流长。亚里士多德认为"幸福就是至善"，亦即"最高尚的事是最公正的事情；最优美的事情是健康；最快乐的事情是欲望得到满足……我们把这些性质，视为即是幸福"②。亚里士多德把幸福和欲望的满足联系起来把握是正确的，但他对幸福的理解又是抽象的，因为道德上的公正和人的欲望的满足往往要发生矛盾。这样，我们如果从道德的规定性方面考察就会发现，并不是所有的欲望都是可以满足的，惟有"可欲之谓善"（《孟子·尽心上》）。所以，莫尔的说法是对的，他认为，只有正直高尚的快乐才是幸福。这就如恩格斯指出的那样："当一个人专为自己打算的时候，他追求幸福的欲望只有在非常罕见的情况下才能得到满足，而且决不是对己对人都有利。"③

　　在我看来，真正的幸福必须建立在道德上的善之欲望满足和快乐的基础之上。人生真善美理想作为人的欲望的一种综合和最高的体现，正是人类生活实践中一种善的建构。比如，我们景仰和称羡马克思的一生，这是因为我们知道马克思在其青年

①费尔巴哈哲学著作选集（上卷）[M]. 北京：生活·读书·新知三联书店，1959：536.
②周辅成. 西方伦理学名著选辑（上卷）[M]. 北京：商务印书馆，1964：380.
③马克思恩格斯全集（第21卷）[M]. 北京：人民出版社，1965：331.

时代就自觉地把人生的幸福理解为一个追求崇高理想的斗争过程。无疑，马克思的一生是颠沛流离的一生，直到逝世时他还是个无国籍者。但也正是在这种崇高的理想追求中，马克思体验和领略到了人生最伟大的幸福。

而且，我们把幸福理解为在对崇高人生理想的追求与实现过程中获得的一种愉悦感受，也就可以理解为什么马克思在回答女儿的提问时要认为"斗争就是幸福"。因为理想的实现从来需要以对现实的抗争和奋斗作为手段。理想之为理想本身就表明它与现实是不等同的，现实存在着的诸种"惰性"力量必然要阻挠理想的实现。这样，无论是社会理想、政治理想，还是人生理想，在实现自己的过程中无疑都需要斗争，甚至是艰苦卓绝的斗争。而当一个人意识到这一斗争有着崇高的善的目的和价值时，他甚至可以在牺牲自己生命的同时，也依然体验到人生真正的幸福。因此，许许多多的革命志士吟诵着"砍头不要紧，只要主义真"而毅然地走向生命的自我牺牲。正是因此，李大钊说："人生的目的，在于发展自己的生命，可是也有为发展生命必须牺牲生命的时候。因为平凡的发展有时不如壮丽的牺牲足以延长生命的音响和光华。绝美的风景多在奇险的山川；绝壮的音乐都是悲凉的音调；高尚的生活，常在壮丽的牺牲中。"[①]显然正是在这种壮丽的牺牲中，我们体验到的是最高最有价值的幸福。

特别有意义的还在于，一旦我们把幸福理解为对理想的执著追求过程中体验到的自我愉悦和欣慰的感受，我们也就可以廓清在幸福问题上的一些认知迷障。

① 李大钊选集 [M]. 北京：人民出版社，1978：24.

马克思在回答女儿的提问时认为"斗争就是幸福"。因为理想的实现从来需要以对现实的抗争和奋斗作为手段。这样，无论是社会理想、政治理想，还是人生理想在实现自己的过程中无疑都需要斗争，甚至是艰苦卓绝的斗争。而当一个人意识到这一斗争有着崇高的善的目的和价值时，他甚至可以在牺牲自己生命的同时，也依然体验到人生真正的幸福。在井冈山考察时，我真真切切地感受到了中国共产党人艰苦卓绝的这一斗争精神。

　　一些人把幸福理解成物质生活的充分享受。其实，由于幸福是对理想追求过程中的体验，所以决不能把幸福和充分的物质生活享受等同起来。因为对人生理想的追求并不总是带给我们物质享受，更多的情形下这是人生旅途中一场艰苦而曲折、需要极大意志力和忍耐力作为保障的长途跋涉。但只要我们心中拥有一个确定的理想，并因此有着一个坚定的信仰，那么，人生中再艰难困苦的跋涉也会是一种幸福。于是，当人生理想实现时我们固然可以体验到幸福，但更多的时候却是，对人生理想执著追求本身就是一种幸福。可见，幸福如果如世俗的眼光那样只被理解成肉体感官上的享受与快乐，那么这就正如古希腊哲人赫拉克利特所讽刺的那样："如果幸福在于肉体的快感，那么就应当说，牛找到草料吃的时候是幸福的。"[1]也因此，爱因斯坦说："我从来不把安逸和享乐看作是生活目的本身——这种伦理基础，我叫它猪栏理想。"[2]

　　还有一些人把幸福理解成利益的多多占有。其实，这也是现代人对幸福的一种误解。我们当然必须承认，在生活中每个人都需要获得一定的物质利益，否则难以生存。但生活并不是为了占有利益。与此相反，占有利益是为了生活，否则利益的意义无法理解。利益的典型表现形式是金钱和权力，这些东西只有在生活中被用来追求某种理想时才发生效用。这意味着利益永远是手段，永远是人生的一种中转方式。而幸福却是生活的目的，一切都为了幸福。所以我们不能想象人生除了幸福还为了什么。也就是说，利益只是实现理想追求目的的一个条件，而幸福则是理想追求的目的得到实现的结果。正因为存在着这一区别，所以充足的利益获取也不能必然地保证幸福，或者说，并不蕴涵着幸福的必然根据。

①北京大学哲学系外国哲学史教研室.古希腊罗马哲学[M].北京：商务印书馆，1982：18.
②海伦·杜卡斯.爱因斯坦谈人生[M].北京：世界知识出版社.1984：34.

写到这里，我特别想给你推荐一本小说：《工作着是美丽的》。这是我刚刚开始工作的时候，我的导师冯契先生推荐我读的。冯先生当年在延安见过作为浙江老乡的作者陈学昭。小说叙写的人物事件跨越了半个多世纪。主人公李珊裳开始时是一个热情的女青年，她两次出国学习，后来奔赴延安，投身革命。她相信"只要生活着，工作着，总是美丽的"。小说一经出版便产生了强烈反响，"工作着是美丽的"的口号一时间广为流传。针对"躺平"一词流行的当下，我想告诉你的是，"躺平"的人注定与幸福无缘，工作着的人才会有幸福感的生成。

在现实生活中，也许一些人还会这样追问：为什么理想的追求必定产生幸福感，从而使人生拥有真正的幸福？这一点其实是很容易证明的。因为既然拥有真善美的理想追求是人区别于动物的又一个本质规定，那么，以人的方式完成和印证自己，这自然会产生一种成为真正的人的幸福感。这种幸福感决不是肉体感官上的快感，因为这种快感其他动物也有。这种感觉也不是虚无缥缈的天国世界里属于神的东西，它是切实存在于现实人生中的。在我们拥有理想追求的目标并为这种理想追求目标而奋斗的过程中，我们所希冀并追求的生活是超越现实的，因此它必然是崭新的、有活力的、激动人心的。而这就是人生幸福的所有奥秘之所在。只要我们拥有理想并为这个理想而不懈地追求，那么，我们就会拥有幸福的真实体验。

可见，理想追求对于人生是充分必要的，否则我们就无从体验幸福。正是因此，我们断言没有理想的生活是没有意义的生活。也是因此，我们又可以说追求理想的人们首先需要一个能够激励

也许一些人会这样追问：为
什么理想的追求必定产生幸
福感？这一点其实很容易证
明。因为在我们拥有理想追求
的目标并为这种确定性的目标
而奋斗的过程中，我们所希冀
并追求的理想既源于现实，又
超越现实，因此它必然是崭新
的、值得期待的、激动人心
的。这就是人生幸福的所有奥
秘之所在。

理想追求的社会。我们甚至可以说，一个没有理想的社会比一个不公正或者贫穷的社会更为可怕。在改革开放和市场经济的现时代，谋求中华民族的伟大复兴正是我们当今社会的共同理想。作为中华民族的一分子，我们只有自觉地置身于这一理想的追求中才能真正拥有幸福的人生。

我们也正是从这一点上特别强调理想主义对自我人生的美学意义的。这就是说，我们必须把对人生幸福的追求建立在崇高而美好的人生理想的追求之上。只有这样，无论这期间要经历多少艰难坎坷，也无论最终是否功成名就，我们都能坦荡而自豪地说：我曾为一个美好的理想追求过和奋斗过，并为之而感到人生最大的幸福。

3. 学会体验痛苦的审美价值

[来自学生的问题]

我曾经选修过西方现代哲学。授课老师开设的必读书目之一是叔本华的《作为意志和表象的世界》。在这部让作者声名鹊起的书中，叔本华把人生比喻成被无限欲求和意志鼓动起来的一叶扁舟，在茫茫的苦海上挣扎。而且，他认为人类与动物不同所特有的理智又加剧了痛苦的程度。这是因为：一方面人不仅如动物一样遭受当下直接的痛苦，而且因为理智中的记忆，所以已消失了的以往痛苦也都保留在记忆中，并随时因当下的偶然触发而被唤回在现在的意识中来，另一方面，人的理智还有动物所没有的预见能力。于是，人又得为未来的祸害遭遇忧心忡忡。老师认可这种人生注定痛苦的结论吗？

[我的学理回应]

你说的叔本华这本《作为意志和表象的世界》的书，最令人印象深刻的内容应该就是其痛苦论。我首先肯定叔本华对痛苦的揭示不仅深刻，而且其某些论证也很严谨。

事实上，无论我们的人生是漫长曲折，还是短暂幸运的，我们都会体验痛苦。从根本上说，人生的痛苦源于人生的矛盾：生与死、得与失、冲动与理智、现实与理想、自我与他人以及认识自我却又无法实现自我之间的矛盾。矛盾意味着不如意、匮乏和冲突。而不如意、匮乏和冲突总带给人生痛苦。正是这些矛盾的存在使我们人生必然沉浸于或浅或深、或短暂或长久、或轻微或强烈的痛苦体验之中。显然，我们每个人在自己的人生中都真实地体验着这种矛盾。人生无法摆脱这些矛盾，所以人生也注定无法摆脱痛苦。

记得在一本杂志上读到过一个意味深长的故事：一次，佛祖释迦牟尼为了消除人们对痛苦的妄念，就从皈依的弟子中选了100个自以为最痛苦的人，让他们把自己体验到的痛苦写在纸上。写完后，佛祖说："现在，请你们把手中的纸条相互交换一下。"结果，这100个人交换了别人的纸条之后，许多人都非常惭愧。过去，总以为自己是最"不幸"的那个人，现在才知道很多人比自己更痛苦。于是，因佛祖开示而觉悟了的众人纷纷接受了痛苦人生的现实。

痛苦有各种不同的表现形式。诚然，肉体的磨难（比如疾病、灾难）常带给我们许多苦楚，但这还称不上真正的痛苦，我们真正称之为痛苦的其实是自我生命中那种精神上的折磨、困顿和迷惘，它隐藏在自我的内心深处，缠绕着我们的灵魂，使我们的人生处于一种永恒的矛盾冲突之中。如果作一点逻辑的归纳，在我们人生真善美理想追求中体验到的心灵痛苦大致有如下诸种不同的表现形式。

其一是超越自我的痛苦。这通常是我们自我人生真善美追求中体验到的最强烈、最深沉的痛苦。我们或许可以称其为约翰·克利斯朵夫式的痛苦。在罗曼·罗兰的笔下，约翰·克利斯朵夫对事业、对爱情、对人生理想的执著追求，都为着一个目的：战胜自我人格中的惰性和虚荣，从而超越自我以实现人生理想的升华。他忍受了难以言状的痛苦和折磨，但也因此使自己的人生得以显示出美的风范。其实，在我们每个人的心灵中都可以感觉到人生的这一事实存在：现实人生的惰性力量不仅强大而且普遍。因此我们在以理想人生对现实人生进行超越的过程中，作为个体生命而存在的每一个我们要超越自我，就必然会遭遇现实惰性力量的阻力。于是，超越自我的痛苦便经常会光顾我们的心灵。但惟有这个对现实自我的艰难超越，才能令我们达到人生美学的理想境界。

其二是忧国忧民的痛苦。作为社会的人，我们在自我人生的真善美追求中必然要关注他人、关注社会，关心国家、民族的兴衰存亡，并在这个为国为民奋斗的过程中造就自己的理想人生。这样，对国家和民族前途的忧虑也深深地使人陷于痛苦之中。这或许可以说是诗人陈子昂式的痛苦。"前不见古人，后不见来者。念天地之悠悠，独怆然而涕下。"在这首著名的《登幽州台歌》中，我们看到这种痛苦折磨得诗人涕泪交流。但也正是诗人这种忧国忧民的博大情怀和德性，其人格品性才深深地感动了无数的后来人。事实上，在人生的许多情形下，正是忧国忧民的痛苦推动着我们去成就自我人生那些非凡的成就。

其三是爱情追求中的痛苦。爱情是人生憧憬和向往的美好感情。但在追求爱情的过程中，却同样充满着艰难和不如意。而这几乎无一例外地要带给我们痛苦。这个痛苦的一个最经常的形式就是失恋。马克思就曾经这样描述过失恋："如果你的爱作为爱没有使对方产生相应的爱，如果你作为恋爱者通过你的生命表现没有使你成为被爱的人，那么你的爱就是无力的，就是不幸。"[1]爱情中的痛苦的另一个形式是婚姻的解体。当因某种原因曾经有过的那么炽热的爱渐渐变成冷漠时，这份痛苦也是很锥心的。但是，我们也正是在对这种痛苦的超越中造就自我的优美德性和坚强灵魂的。而一旦做到了这一点，我们就必然会寻找到那真正属于我们的爱。

佛教在其教义"苦谛"中对人生的痛苦作过许多详尽的阐述和描绘。[2]佛教因此告诫人们："人生苦海无边。"而消除这一痛苦的唯一途径是"回头是岸"，即看破红尘，根绝一切俗念，达到一切皆空的觉悟。我们承认佛教对人生痛苦的揭示是有意义的，但它在解释痛苦时却走向了唯心主义的幻觉。佛教尽可以在自己的教义中宣称一切痛苦都可以在彼岸世界消失，但现实的人生痛苦却依然要在我们人生理想的追求中真实地存在着。也就是说，佛教宣称"回头是岸"。但此"岸"世界仍然充塞着人生的诸种痛苦。

其实，人类正是在正视痛苦并战胜痛苦的过程中，才到达自我人生理想之彼岸世界的。人生之真善美的丰富内蕴也正是从中孕育和造就的。因为痛苦可以历练人的意志品性。如果没有这种痛苦的历练，那么，勇敢、力量、坚韧等人格品性往往就无从造就。快乐和欢愉的体验对人生而言是轻松的，但痛苦和不幸的考验则使人

①马克思.1844年经济学哲学手稿[M].北京：人民出版社，2014：142.
②"苦谛"是佛教术语，指对人生痛苦的揭示。在佛教看来人生有生苦、老苦、病苦、死苦、怨憎会苦、爱别离苦、求不得苦、五阴炽盛苦等八种痛苦。

生有了坚强和怯懦的区分。从这个意义上，我们甚至可以认为：痛苦是人类灵魂的导师，灵魂在痛苦的培育下才日益茁壮。人类历史与现实中的无数事实也反复证明了这一点，那些被称为英雄或伟人的人，往往都经历了我们常人所无法想象的痛苦之后才获得其人生的成功。

正是基于这样的理由，我想告诉你的是，叔本华的悲观主义人生哲学显然不恰当地夸大了痛苦这一精神现象。叔本华认为，生命的本质就是痛苦。因为在他看来，人从本质上讲不仅是一个具体的欲求和需要的意志存在，而且还是千百种欲求和需要的凝聚体。而欲求与需要得不到满足即是匮乏，也就因此而有"求不得苦"。于是，叔本华的结论是人注定就是痛苦的。但是如果相反，人因为太易于获得满足随即消除了可欲之物导致的匮乏感，这时可怕的空虚和无聊就会袭向人生。由此，叔本华总结说："人生就是在痛苦的匮乏状态下力求去掉匮乏可又不能去掉的悲惨存在。"①而且，在叔本华看来："智力愈发达，痛苦的程度愈高，因此随着认识的愈益明确，意识愈加强，痛苦也就增加，这是一个正比例。到了人，这种痛苦也达到了最高的程度，并且，一个人的智力愈高，认识愈明确，就愈痛苦，具有天才的人则最痛苦。"②最终，叔本华的结论就是：禁欲才是人生解脱的唯一途径。

其实，与叔本华的观点相类似，早在古希腊斯多葛学派的哲人就曾告诫世人：不动心和平静能减轻或消除人生痛苦的重荷。但其实这只是一种无可奈何的逃避。而且，事实上人们往往做不到这一点。因为既然我们无法逃避人生，当然也就无法逃避痛苦。这

---

①叔本华. 作为意志和表象的世界 [M]. 北京：商务印书馆，1982.：427.
②叔本华. 作为意志和表象的世界 [M]. 北京：商务印书馆，1982：57.

样，对人生痛苦的冷眼旁观或无动于衷，或根本就采取无欲无求的态度，也许会达到某种表面上的平静。但在这个貌似平静的背后无非是两种可能：或是因为无法消除痛苦的真实存在而内心变得更加不平静，或是走向人格心态上可悲的迟钝和麻木。可见，无论哪一种情形，它对自我人生真善美理想的追求与实现而言都只能是一种不幸。

我们或许可以这样说，在自我人生实践中，逃避痛苦比战胜痛苦要容易得多，但人生却因此失却了一个造就自我人格坚强品性的机会。正是从这个意义上，我认为斯宾诺莎的如下一个说法是深刻的：如果有人感觉痛苦，那他就首先力求去掉痛苦；痛苦愈大，他用来反对痛苦的力量也必然愈大。①

事实上，我们或许都有这样的体会，人生中最大的痛苦莫过于知道"应当"做什么，可又不能在现实中真正完全地做到这一点。但惟其因为有这种理想与现实之矛盾冲突中的痛苦存在，才促使我们永恒地拥有一份改变现实的决心和冲动，然后在这个改变现实的过程中造就自我人生不平凡的业绩和实现自我建构并向往的真善美理想人生。由此，我也许可以下这样一个断言：只有体验痛苦的人，才能懂得人生的真正价值。

更重要的还在于，从另一方面说，虽然人生和痛苦纠缠在一起，但人生并不像叔本华声称的那样所有的一切都是痛苦的。因为人生毕竟还有另一种体验：欢乐。因此，虽然痛苦作为自我生命体的体验与感受，是任何人都会亲身经历和感受到的，但同时任何人也可以亲身经历和感受到欢乐。也就是说，痛苦不是人生的唯一体验，在痛苦之外，我们还可以体验到生命的欢乐。

① 斯宾诺莎. 伦理学 [M]. 北京：商务印书馆，1958：189.

　　古希腊哲人伊壁鸠鲁尽管不恰当地把人性视为先天地具有趋乐避苦的本性，但他对快乐的研究却是给人以启发的。他认为人类有两种快乐的体验：其一是感性的、肉体的快乐，比如，人的嗜好的满足；其二是灵魂、精神的快乐，即心灵的平静和无纷扰。[①]而且，伊壁鸠鲁认为人类更应该关注后一种快乐的体验。伊壁鸠鲁的说法是深刻的。正如真正的痛苦不是肉体的磨难而是精神上的困顿那样，真正的欢乐也不是肉体的恣情纵欲，而是一种精神上的愉悦和满足。这是我们对孜孜以求的真善美理想获得实现之后的一种满足、自豪和欣慰的心理感受。

　　因此，当我们体验到自然和人文环境的舒适；当我们正确地选择了适合自己个性的人生道路；当我们摈弃了自我人性中的丑陋品性并造就了真善美的理想人性；当我们认识自我、实现自我并超越自我不断有新进展；当我们拥有青春、友谊、爱情；当我们有一个崇高的人生信仰并为之孜孜奋斗时……我们便都能从中体验到人生的真正欢乐。在这个过程中甚至连坎坷、挫折、失败也都和欢乐交织与融会在一起了，因为一旦我们战胜它们时，我们同样体验到深深的满足、欣喜和快慰。

　　我一直觉得非常奇怪的是，叔本华为什么就体会不到人生的这种快乐。在叔本华看来，人生无疑是一场漫长的梦魇，充塞于其中的是无休止的痛苦。这种痛苦来源于生命欲望的二难窘境：欲望不能满足，人生必然要产生和体验求不得的痛苦；而欲望满足了，又会发觉不过如此，于是，又有新的欲望产生，因为"欲壑难填"。这样，人生便永远是痛苦的。人一旦意识到这一点，便总感到

① 北京大学哲学系外国哲学史教研室. 古希腊罗马哲学 [M]. 北京：商务印书馆，1982：368.

极度的无聊和倦怠。由此，对"人生是什么"的问题，叔本华作了一个极其悲观绝望的回答："人生犹如一个不停地在痛苦和无聊之间来回地摆动的钟摆。"①

应该承认，叔本华把人生的痛苦归于欲望的不能满足，这正确地揭示了痛苦的根源。但问题在于，他却不愿同时承认欲望的满足可以带给人快乐。其实，真实的情形总是这样：人们不断地产生欲望，这不断地带给人"求不得"的痛苦，但同时也不断地带给人"求得"以后的快乐。欲望愈大，其痛苦愈大，实现以后感受到的欢乐也愈大。而且，特别有意义的是，当我们产生一个崇高的欲望（即人生的真善美理想）时，追求过程本身往往就是快乐。这种快乐甚至比欲望实现时体验到的快乐更深沉更持久。为此，我或许可以把叔本华对人生的比喻更改如下：人生犹如一只不停地在痛苦和快乐之间来回摆动的钟摆。

重要的还在于，经验表明我们在人生中体验到的是快乐还是痛苦，往往取决于我们自己，取决于我们对人生的态度，取决于我们是否具有对人生丰盈充实的审美旨趣。从这一理解出发，我认为显然有必要研究如何获得快乐的智慧。这是一种人生的审美艺术。我们虽然不能穷尽所有这方面的智慧，因为对每个人而言，这其中有许多特殊性的东西，但我们依然可以从最普遍一般的角度对这种人生的智慧作如下几点归纳。

智慧之一，我们不要去想象痛苦。许多人之所以无法体验人生的快乐，信奉悲观主义的人生哲学，那是因为他们总想象出许多不存在的痛苦。其实，想象的痛苦有时往往比真正的痛苦更让人郁郁寡欢。蒙田在其《随笔》中曾叙述过一个寓意深长的故事：一

① 叔本华. 爱与生的苦恼 [M]. 北京：中国和平出版社，1986：90.

明月几时有，把酒问青天。不知天上宫阙，今夕是何年。我欲乘风归去，又恐琼楼玉宇，高处不胜寒。起舞弄清影，何似在人间。转朱阁，低绮户，照无眠。不应有恨，何事长向别时圆。人有悲欢离合，月有阴晴圆缺，此事古难全。但愿人长久，千里共婵娟。

坡公词一首 庚子夏 雁杭于浙大

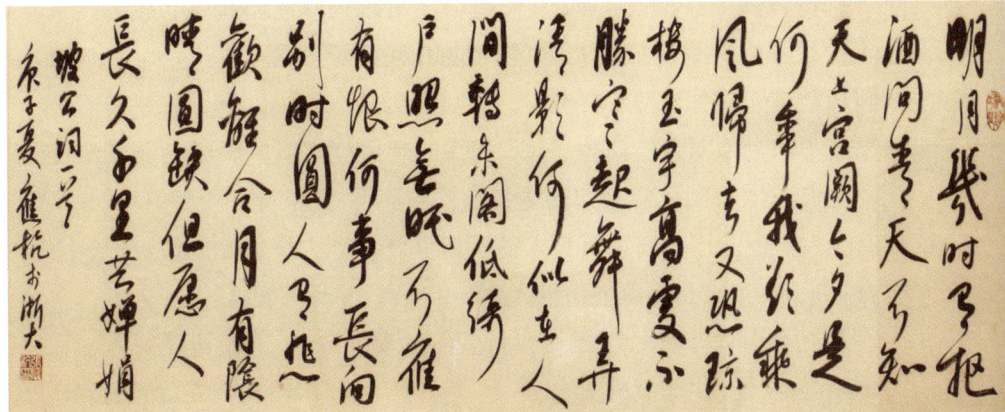

经验表明我们在人生中体验到的是快乐还是痛苦，往往取决于我们自己，取决于我们对人生的态度，取决于我们是否具有对人生丰盈充实的审美旨趣。比如苏东坡在其著名的《水调歌头·明月几时有》中，就把"人有悲欢离合，月有阴晴圆缺"的痛苦化作了"但愿人长久，千里共婵娟"的美好期待。

个妇人想象自己把一枚针和一个面包一齐吞下了，于是她不停地哀叫、呕吐，感到一种难言的痛苦。一个聪明的年轻人偷偷地把一枚针放到了她的呕吐物中。这妇人见了，顿时觉得浑身轻松如常。蒙田为此不由地感慨：想象带给人多少并不存在的痛苦啊。[①]

在我们的自我人生中，我们是否经常因为理性和智慧的迷失而受着子虚乌有的痛苦折磨呢？比如，生命原本是美好的，可我们却常常无法体验生命的快乐。究其原因往往是因为我们总是自觉或不自觉地对死亡产生恐惧。而我们想象死亡所体验到的痛苦要比真正体验到死亡的痛苦更持久，更强烈，更令人惶恐不安。古希腊哲人伊壁鸠鲁曾以其哲人的深刻性和洞察力早就指出过这一点。他认为死亡是不可能带给人痛苦的：当死神降临时我们失去了感觉，也就不可能感到痛苦；当我们还活着的时候，又不可能去体验死亡。于是，伊壁鸠鲁认为：人是快乐地活着，坦然地死去。[②]

智慧之二，我们应该让自己明白，真正取之不竭的快乐之源是自我才能的发现。可以肯定地说，每个人的聪明、才干、能力和品性方面都有许多尚未发现的新大陆。这是人的潜能方面的存在。如果我们能够成为寻找心灵世界新大陆的哥伦布，那么，我们在自我人生过程中就不仅能体验到绵绵不绝的欢乐，而且所体验到的这种欢乐往往是最深沉持久的。正是从这一意义上，法国女作家莎冈有过如下一个断言："在人没有将他生命中最高尚、最好的东西发挥出来，没有将他的天赋充分发挥出来以前，我不信他的生活是幸福和快乐的，他的生命是美好的，不管他的处境如何。"[③]

①蒙田随笔全集（下卷）[M]．上海：上海书店出版社，2009：102．
②北京大学哲学系外国哲学史教研室．古希腊罗马哲学[M]．北京：商务印书馆，1982：89．
③莎冈．我的美好回忆[M]．香港：海风出版社，1990：23．

　　自我才能的发现和开发，之所以总带给人快乐和审美的体验，那是因为这种发现和开发本身就是一个追求和创造优美人生的过程。在这个对自我的追求和创造的过程中，人类永不满足的天性使得他必然要按"美的规律"（马克思语）开发并造就自己各方面的才干和品性。而开发并造就这方面的才能和品性后便又使得他能够更多地体验到人生美的意蕴。这显然是一个美与人生双向作用共同提升的过程。

　　智慧之三，我们也不要认为命运对自己特别不公正。命运对每个人都一视同仁，问题在于我们能否把握住自己的命运。我们知道命运对贝多芬和海伦·凯勒来说是很不公正的，可正是在"扼住命运的咽喉"（贝多芬语）的抗争中；在"接受命运，但决不顺从命运"（海伦·凯勒语）的奋斗中，他们造就了自己最美的人生。面对着这两位成功者，我们还有什么理由抱怨命运对自己的不公正呢？

　　我尤其想向你推荐海伦·凯勒的自传。海伦·凯勒自幼集聋、盲、哑于一身，但她以坚强的毅力刻苦学习，克服了普通人难以想象的无数困难，不仅读完大学，而且还使自己成为一位著名的学者和社会活动家。她挑战命运的感人故事曾感动过全世界不同地区的无数心灵。她有一篇著名的散文题目就叫"假如给我三天光明"。在这篇文章中，她曾这样深情地写道：最近，我的一位好朋友来看我，她刚从森林里散步回来，我问她都看到了些什么。她回答说："没有看到什么特别的东西。"我常这样问自己，在森林里走了一个多小时，却没有发现什么值得注意的东西，这怎么可能呢？我这个有目不能视的人，仅仅靠触觉都能发现许许多多有趣的东西：我感到一片娇嫩的叶子的匀称，我爱抚地用手摸着银色白桦树光滑的外皮，或是松树粗糙的表皮。春天，我满怀希望地在树的枝条上寻找着芽苞，寻找着大自然冬眠后的第一个标志。我感到鲜花那可爱的、天鹅绒般柔软光滑的花瓣并发现了它那奇特的卷曲。大自然就这样向我展现了千奇百怪的事物……

此外，快乐的智慧也还意味着我们不要以为自己应有比别人更多的权利去享受人生，而不愿去创造人生。这不仅是不可能的，即便是可能的，也正如我们感受和体验到的那样，没有创造的人生是注定没有快乐可言的。

这就是我为什么在课堂里总说："快乐的最高境界是所有快乐都源于自己而不是别人。"我觉得这是对快乐本质的最深刻的揭示。也是佛家"境由心生""万般烦恼皆由心生"之类的口头禅要表达的意思。

许多成功的人生经验告诉我们，真正的人生既不是忍受痛苦，也不是享受欢乐，而是追求和实现自己人生真善美的理想。但在实现这个目的和使命的过程中，痛苦和欢乐总构成人生两个永恒的情感体验。只要认真反省一下我们曾有过的人生，并对我们正在体验的人生做一审视，便可以得出一个基本的结论：在人生繁杂的表象背后是一条痛苦和欢乐组成的运动曲线。我们拥有人生，我们便拥有痛苦和欢乐。

许多人总习惯把痛苦视为欢乐的否定，但这仅仅是常识带来的偏见或误解。其实，在人生美学的理论看来，痛苦正是欢乐之源。这不仅是因为如果没有痛苦的体验作为参照，我们根本不知道欢乐是一种什么东西，更因为痛苦本身创造欢乐。我们追求的东西没有如愿，这使我们忍受痛苦，而这个痛苦便作为一种精神的内驱力, 促使我们加倍地去追求和抗争。而一旦我们实现了所追求的目的, 痛苦就转换成了快乐。而且, 自觉地意识到这一点, 又反过来促使我们在追求和抗争的过程中也能自觉地视痛苦为欢乐, 从痛苦本身中体验欢乐。同样, 欢乐也构成痛苦之源。痛苦恰恰产生于对欢乐的渴望。我们忍受痛苦, 在痛苦中不懈地追求, 正是为了体验成功的欢乐。如果没有对欢乐的渴望, 我们就不会有追求, 从而也不会有在追求中遭受挫折之后体验到人生的痛苦。

可见, 对人生痛苦和欢乐的理解, 决不是减去了痛苦便是欢乐, 而是痛苦之中有欢乐, 欢乐之中有痛苦。这正是现实人生的辩证法。人生在这里可以理解为因一个崇高的理想, 在痛苦中渴望和追求欢乐, 又在欢乐之后忍受和衍生新的痛苦这样一个不断更迭运转的过程。一旦我们意识到这一点, 所谓的痛苦往往便被我们超越和战胜了。

事实上, 痛苦和欢乐不仅相互包含和转化, 而且其本身也往往只有相对的意义。古希腊哲学家普罗泰戈拉说过一句在哲学史上极负盛名的话: "人是万物的尺度。"①摈弃其中唯心论的因素, 那么我认为这句话是包含了相对真理的。从哲学主体性的立场出发理解, 人生中痛苦和欢乐的存在也是以人为尺度的。比如, 劳作对于怠惰者是痛苦, 而对于创造者则是欢乐; 节约对于奢侈者是痛苦, 而对于简朴者而言则是欢乐, 如此等等。因此, 如果我们能以自己的存在作为人生痛苦和欢乐的尺度, 那么我们在战胜痛苦、超越痛苦的过程中就能达到极不平凡的审美境界。

因此, 我们不要轻易地断言人生是痛苦的。要知道, 真正的痛

①北京大学哲学系外国哲学史教研室. 古希腊罗马哲学 [M]. 北京: 商务印书馆, 1982: 138.

苦正如作家雨果所说的是"既无勇气选择死又不堪忍受生，既不能抗争，又无法逃避"的痛苦①，而这种痛苦我们通常是很少体验到的。我们更多的体验是人生的欢乐：在忍受痛苦中体验欢乐，在摆脱痛苦后体验欢乐；抗争是一种欢乐，创造也是一种欢乐；工作是欢乐，休息也是欢乐。这就正如革命志士伏契克在《绞刑架下的报告》中所谆谆告诫后人所说的那样："我们曾经为欢乐而斗争，我们将要为欢乐而死，因此，愿悲哀永远不要同我们的名字联系在一起！"②而且，即使是那真正不可避免的痛苦，我们也应该欢快地视其为人生"降大任于斯人，必先苦其心志"（孟子语）的一个极好历练机会。

可以肯定地说，正因为有了痛苦和欢乐的交织，也才使我们的人生摆脱了单调和乏味。真正的自我人生只能是在痛苦和欢乐的交织、更迭、渗透和转化中永恒地存在和运动着。因此，我们对人生审美理想的追求在这里就意味着我们必须战胜痛苦与超越痛苦。这样，欢乐的审美体验就会永驻我们的心田。

这就是我对痛苦与欢乐的学理解读。正是有鉴于这一解读，我非常不认可你信中提及的叔本华《作为意志和表象的世界》中关于人生痛苦的结论。顺便说一句题外话，我们读古今中外的哲学名著，但一定不是那种全盘接受式的阅读，而是带着独立思考和批判性眼光地阅读。否则，我们就永远超越不了前人。这当然是另一个话题了，这里就不再展开了。

①陈晓. 雨果名言赏析 [M]. 香港：中国国际文化出版社，1988：34.
②伏契克. 绞刑架下的报告 [M]. 桂林：漓江出版社，1995：325.

4. 失败与成功的困顿和解脱

[来自学生的问题]

我于大二那年在本应成功的全国高校计算机程序设计邀请赛中意外失利。带队的辅导员安慰我说"不以成败论英雄"。我不以为然地反驳她说："竞赛就是以成败论英雄！"我们谁都说服不了谁。后来她推荐了您这门"人生美学"通识课。她说她曾选修过您的课，感觉获益颇丰。我如愿选上后，急不可耐地将这个问题抛给您。希望您能够释我的疑、解我的惑。

[我的学理回应]

人生是追求真善美理想的一场漫长跋涉。在这个追求中我们可能获得成功，也可能会失败。所谓成功是一个人追求理想的实现。这个理想可能是很宏大的，需要我们一生为之孜孜奋斗，也可能是一个很具体的如你信中提及的竞赛目标。但无论如何，只要实现了理想，我们都可以从中体验到成功的欢愉和喜悦。显然，成功对于人生是重要的。这不仅仅是因为在成功中我们能感受到人生的欢乐和幸福，更因为社会对一个人价值的衡量往往以成功作为标准。尽管"以成败论英雄"不无偏颇，但大众心理和社会舆论却总是自觉不自觉地以此作为衡量人生价值的标准，甚至更有走向极端的评判，即所谓"胜者为王败者寇"。正是因此，我们对人生美学境界的追求常常便被归结为对成功的追求。谁获得了成功，谁就在成功中体验到愉悦，领略到美。

谁都希望自己获得成功。然而，成功并不是靠希望便可以获得的。那是唯心论者的想法。在追求成功的人生历程中，我们难免遭受失败的挫折。

　　失败是指人生中那种没能如愿的追求。一个人追求的理想目标越高，他在追求中遭受到的失败便越多，失败所带给他的痛苦的体验也就越深。因此，就每个人的意愿而言，谁都在自己的人生中忌讳失败或逃避失败。逃避失败最具普遍性的一种形式是崇尚"无为"，信奉老子"为者败之，执者失之；是以圣人无为故无败，无执故无失"（《老子·六十四章》）之类的信条。然而，没有作为，没有对理想的执著追求（即"无为无执"）的人生恰恰是一种最大的失败，因为这无疑是虚度了对我们每一个人来说只有一次的生命。也因此，这种"无为、无执、无败、无失"的人生没有任何美感可言。可见，谁逃避失败，谁就是逃避人生，谁也就逃避了对人生美学意境的追求。

　　正如痛苦比快乐更多、更接近我们的人生一样，较之成功，光顾我们人生更多的是失败。失败是痛苦的体验，人生的失败总使许多人消沉。但也因为失败的痛苦，人生便也有了摆脱失败的努力和抗争，因而失败也给许多人带来勇气，使人奋发，使人生在抗争、勇气和奋发中显现出美的气度和风范。比如，歌德笔下的浮士德在历经了多次的失败之后，说出了如下一句不朽的名言："人是只须坚定，向着周围四看，这世界对于有为者并不默然。"①

　　在我们的自我人生中"无为"固然可以使我们无败，失败之后的"无为"更是可以令我们很快地走出失败的阴影。但这个世界对无为者却什么也不赠予。既没有失败，也没有成功，有的只是一无所有的空虚。而这样的人生显然已不再是真正的人生了。

　　其实，尽管谁都渴望自己能成功，渴望能在成功中实现自己人生美学意境的追求，但并不是所有的人都知道人生的成功与

① 歌德. 浮士德 [M]. 广州：花城出版社，1988：268.

否,往往是从失败处开始分道扬镳的。失败将坚强的和优秀的人们挑选出来,锤炼他们,使他们变得更加坚强和优秀,从而在他们自己的人生中大有作为。而那些经不起失败挫折的考验,为免受痛苦而逃避失败,遁入"无为无执,故无败无失"之虚假安慰中的人,结果他们也逃避了成功,注定只能沦为平庸的碌碌无为者。显然,这样的人生无疑是不幸的,也是与美无缘的。

我常在课堂上讲,我们在失败面前应永远相信这样一句古老的格言:"失败是成功之母。"事实上,这一平常的格言所蕴含的哲理是深刻的。也就是说,失败总和成功形影相随。任何想轻而易举地获得成功的人,只是一些不切实际的幻想者。可以肯定地说,在我们人生中一次性的成功总是罕见的,特别是在人生真善美理想的追求方面更几乎是绝无仅有的。无论是在历史还是在现实中,我们见到的更多情形是,人们往往要做出巨大的努力,付出艰辛的劳动,经历无数次的失败,然后才能获得成功。有时甚至只是一点点的成功,也需要我们经历无数的失败和挫折之后才能获得。

写到这里,与你分享古希腊哲学中记载的一则哲理故事:有一次,有人问被称为希腊七贤之一的阿那哈斯:"你说,什么样的船只最安全?"阿那哈斯的回答是:"那些离开了大海的船只。""哦,我明白了,离开了道路的车辆,离开了战场的士兵,也都同样可以安全无比。""是的,但有多少人愿意这样做呢?"阿那哈斯反问道。

存在主义哲学家曾忧郁地断言:人生注定要失败,因为人在自我的存在中,与外部世界和他人的关系表现为十足的荒谬性。这种荒谬性不是源于世界本身,也不是源于人本身,而是源于人与世界的不可调和的对立。这种对立就表明人在外部世界中追求自我的人生理想是注定要失败的。也因此，人生充满了痛苦。应该承认，存在主义把失败归结为人与外部世界的对立有一定的道理。事实上，这个对立的确常常带给人生失败的挫折和困顿。但问题在于，在许多情形下人与外部世界不可调和的对立，恰恰造就人生的抗争、搏击和发奋向上的斗志。这正是使我们实现自己真善美生命理想的内在驱动力。

英国历史学家汤因比在其《历史研究》中曾经断言：一部人类社会的历史和文明发展史，正是自然、社会对人的挑战和人对其进行应战的历史。在这个挑战和应战的对峙与冲突中，历史才闪现其悲壮而迷人的光彩。[①]整个人类历史是这样，一个人的自我人生也同样如此。我们总是可以发现，人生的过去、现在和将来都表明着一个基本的事实，人生并非只能是失败的结局。至少古今中外杰出人物那优美成功的人生就是一个有力的证明。

可见，问题不在于人生存在着失败，失败的存在对人生是一个事实。对许多人来说，承认这个结论可能是残酷的，但这却是最终取得成功所必须面临的一个现实。美在痛苦中孕育，成功之美也在失败的磨难中造就。因此，我们惟有战胜失败。那些在失败中依然执著坚定地朝自己追求的目标前进的人，才是能在自己的人生中取得成功的人。事实上，那些被称为伟人的人其实和我们一样要遭受失败的挫折，但他们能自觉地把失败作为自己意志、人格的考验和历练，从而造就了为后人所景仰的或优雅或壮美的人生。而我们却往往自觉或不自觉地要诅咒和逃避失败，于是，我们也就丧失了美的人生。

那么，我们如何获得成功呢？以我的个人经验而论，如下几条也许可以启迪到你。

① 汤因比. 历史研究（上卷）[M]. 上海：上海人民出版社，2010：271.

其一，永远相信自己能够获得成功。正如每个人有不同的相貌那样，我们每个人也都有各自独特的学识和才干。但许多人却没能自觉地意识到这一点，而总是抱怨自己没有获得成功的天赋和才干。为此，他们仅仅把成功的希望虚幻地寄托于幸运女神的恩赐上。但是，幸运女神是没有的，只有我们每个人自己才能成为自我成功的"幸运女神"。

也就是说，我们要取得成功就必须使自己对成功充满自信。心理学的研究表明，自信能为成功创造一种积极的情绪和心境。而哲学的研究则揭示，自信的主体意识能转换成获取成功的物质性力量，从而反过来造就成功。许多人的失败，往往在开始时就有了必然性的依据。这就是缺乏自信。对自己企图做的事，总是怀疑、徘徊、动摇，而成功的契机就在这种徜徉中失去了。特别是在失败面前更是应该充满自信。当我们不可避免地走向失败时，我们固然需要别人的同情、帮助、宽容和友爱，但我们最需要的无疑还是自己的自信。惟有自信，才能自强不息，也才能励精图治，从而促使我们最终走向成功。甚至是在面临毁灭性的失败时，我们也不应悲观绝望。可以这样断言，只要生命还存在，只要人生还在继续，那就该相信自己终究能从失败中走出来，获得最终的成功。

其二，永远忠实于自己的选择。人生表现为一系列可能性选择。有些人的选择可能较快地获得了成功，而有些人则在使这个可能性变为现实性的过程中较为曲折，充满着无数次的失败。如果我们能在经历较少的失败后便获得成功，这固然值得欣慰；而如果我们在对自我人生理想的追求中正经历着这样或那样的失败，那么，一定要坚信自己最终一定能获得成功。最不明智的一种选择

演讲是教师这一职业的最基本技能。正是经历一次次因紧张而失败的打击后，凭着不放弃、不言败的韧劲，最终让校园内外的诸多讲座海报上出现了自己的名字。尤其值得庆幸的是因讲座结识了杭州电视台的李天琼同道，受邀成为了300集《应杭说道》的主讲人。因此，如果有成功者告诉你成功的"秘诀"，我想用不着相信他。真正的成功"秘诀"，恰恰就是永远忠实于自己的选择。

是，在羡慕别人成功的同时，却把别人的成功作为自己的教科书。

关于成功的这方面智慧，佛家称为"不生比较心"。佛祖释迦牟尼在灵山法会上采摘了一朵不知名的小花，以拈花微笑来弘法。他除了要人们微笑地面对生命之外，还有更深一层的意蕴，这就是告诉世人，每个人都像一朵花，每一朵花虽不相同，其颜色、形状、香气各异，但每一朵花绽放所带给人喜悦的性质都是相同的，都值得我们报以欣然的微笑。

儒家的孟子也有类似的思想。他曾说："人病舍其田而芸人之田。"（《孟子·尽心下》）在孟子看来，人的个性也就像农夫拥有的土地一样，土地有肥沃、有贫瘠。无论是贫瘠还是肥沃，我们一定要在自己的土地上耕作才会有所收获。不能因为自己拥有的那一块土地贫瘠，就不去耕作，而只是倚着锄头站在那里长吁短叹："我的土地不好，该怎么办啊！"这样任何东西也长不出来。更不能因为自己的土地贫瘠，看到别人的土地肥沃，就不在自己的土地里耕种，而是把希望的种子播在别人的土地上。到头来虽然获得了收成，但终究不是自己的。这样的人生当然注定将会是一事无成的。

哲学家莱布尼兹说过一句久负盛名的话："世界上没有两片相同的树叶。"[1]同样，人生中也没有两个相同的成功。别人的成功是别人的，有他的特殊性，是他独特的才能、品性以及生活经验造就的，这其中的经验只有启发意义，很少有普遍的模式可言。而且，一个人的成功，无论是他叙述的，还是别人描绘或舆论工具所宣传报道的，往往会有意无意地把成功渲染得神奇莫测，似乎"难于上青天"，我们往往会因此望而生畏，以致错误地认为自己注定

[1]冯契.哲学大辞典[M].上海：上海辞书出版社，1992：823.

与成功无缘。因此，要使自己获得成功，必须注目并执著于自己的选择。如果有成功者告诉我们成功的"秘诀"，我们用不着相信他。真正的成功"秘诀"，恰恰就是永远忠实于自己的选择。

其三，善于耐心等待。失败常常使急于成功者焦虑烦躁，但真正的成功者却总是能清醒地意识到：事业常成于坚韧，毁于急躁。人生理想的奋斗和进取好比是穿越茫茫的大沙漠，疾驰的骏马总是被稳健的骆驼超过，而匆忙的旅人往往落在从容者的背后。尤其是急于求成总会使人形成一种烦躁的情绪和心境，而无法专心致志地去争取成功。这也许就是为什么历史与现实中那些急于求成者常常事倍功半的原因。

急于求成者还常常为一种流行说法所蒙蔽。比如张爱玲就曾说"出名要趁早"。一些人才学的研究者甚至断言：如果在青年期无法使自己在某一领域里取得成功的话，那么我们注定只能是平庸之辈。这实在是一种误解。只要我们去翻阅一些名人的传记，就不难发现，处于各种年龄段的人，都可能作出卓越的贡献，获取令人惊叹的成功。事实上，人生的很多成功者正如老子说的那样"大器晚成"(《道德经》四十一章)。在中国历史上，最著名的大器晚成者当推姜子牙。相传姜子牙为了生计曾经四次行商却屡屡败北。但不急不躁的姜子牙却没有任何抱怨。一次，在渭水河岸正心闲气定垂钓的姜子牙以其从容不迫的气度和言谈中的睿智而终于被周文王发现，从而在耄耋之年成就了自己人生一番不凡的业绩。他先是被周文王拜为丞相，后来又辅佐周武王牧野誓师，兵出岐山，伐纣灭商，奠定了周王朝800多年的基业。

其四，善于在失败中变通前进。人生中有一个不被人关注的事实，这就是成功者不仅仅是那些在失败面前始终如一、砥砺前行的人，而且也是那些在失败面前能冷静思考、变通前进的人。比如，当我们在一个地方跌倒时，应该冷静地判断一下：是爬起来继续朝前走呢？还是另辟蹊径，变通前进？无数成功者的生活经验证明，变通前进，往往会导致柳暗花明的成功。

变通前进不是逃避，更不是不忠实于自己的选择。逃避是裹足不前，或知难而退；而变通前进则是对自己选择的理想迂回的进取。西方有一句有名的谚语："条条大路通罗马"，变通前进正是我们通向"罗马"的一种机智。显然，在没有花的枝干上，幻想结出甘甜的果实来，那是注定要成为失败者的。事实上，这世界供我们人生选择的余地是广阔的，重新选择，变通前进，我们往往就能实现理想的追求。

写到这里，我还想与你谈谈超越成功的话题。

如果认真考察一下历史和现实中的那些成功者，我们似乎还可以得出人生美学追求的一个普遍性的结论，这就是：决不能把成功看作人生唯一的目的和希望。

可以肯定地说，我们要追求成功。但如果成功因此构成我们人生唯一的欲望，那么人生就会显得异常沉重和艰辛。因为追求成功使我们必不可免地遭受失败的挫折，而成功以后又有新的追求成功的欲望产生，于是，我们又要忍受新的失败的挫折。人的欲望在这方面是无穷无尽的，因为谁都希望自己能不断获得成功。于是，挫折也就无穷无尽。成功当然会带给我们欢乐和幸福的体验，但倘若人生的欢乐和幸福的体验只能从成功中获得，那么我们人生的幸福感来源无疑就显得太单调和贫乏了。

朱光潜先生曾经说过这样一句话："摆脱不开是人生的一大悲剧。"[①]在成功的追求中也同样如此。对于成功，如果我们太执著、太固执地追求它时，它往往最难获得。这当然不是命运在开玩笑，而是因为过于固执地追求成功时，我们往往被一种急功近利的心境和思绪所攫取，而这种心境和思绪又总是要阻碍我们对成功的追求。而此时，我们越是得不到，便越是想得到。于是，焦虑、烦闷、不安、憎恨便必然不时地侵蚀我们的心灵，人生在这里便会陷于一种痛苦的折磨之中，显得沉重而毫无美感可言。

与你分享一个案例吧。诸葛亮一生谨慎处事，堪称智谋有加。但正如后人评述的那样，由于他太急切地想以讨魏战争的成功来报答先帝知遇之恩，在呈上那篇感人肺腑的《出师表》后，匆匆挥师六出祁山，便是他失败之时。诸葛亮此举其实不无战略上的失误。因为蜀汉的军事、经济实力，毕竟比曹魏要弱，难以打赢这场讨魏战争。而关羽"大意失荆州"，又使诸葛亮早年设想的两路夹攻中原、统一汉室的计划，只剩下益州一翼。所以史家对诸葛孔明也不禁有"连年动众，未能成功"（陈寿：《三国志》）之感叹。事实上，魏、蜀双方在渭水一带相持了百余日，最终结果是诸葛亮鞠躬尽瘁，"星陨五丈原"，蜀军无功而返。

我们发现，许多成功者面对成功的追求往往是居于有意无意的境界之中。而且，我们还不得不承认这样一个事实：卓越的成功毕竟只属于少数人，而我们中的大多数人却注定与它无缘。这个事实对于把成功视为人生唯一目的之人来说，无疑又是一个悲剧性的打击。其实，我们迟早会有这样的体验：如果把成功作为单向唯一的人生目标，那么失败对我们的打击总是显得特别的沉重。因

[①] 朱光潜.悲剧心理学 [M].南京：江苏文艺出版社,2009：113.

为失败意味着我们唯一的目标丧失了。这样，我们不但不能从失败的抗争中感受到人生另一种幸福、快乐和美的体验，而且注定要时刻受到对自己不能成就大事业的苦恼煎熬。试想，这不正是对人生美学意境追求的一个最可悲的否定吗？

所以，必须使我们的人生追求超越于成功与失败的得失之上。在我们的现实生活中，无论是才华早露还是大器晚成者，他们都有一个普遍性的优点：他们并不顾及自己的一生是短暂忙碌，还是漫长幸运，也不在意自己能否获得成功，抑或注定要失败，他们只是坚定执著地追求和创造着。成功往往只是其中的副产品罢了。这样的自我人生无疑就达到一种真正摆脱了成败得失的至善至美的境界。

重要的还在于，值得人类尊敬和景仰的并非成功本身，而是成功所赖以实现的成功者的德行、抱负、智慧、品行、才华、毅力等品质。只要是以自己执著的追求去实现自己人生的真善美理想，并在追求中表现出那种"生命不息，奋斗不止"的精神，那么，无论成功与否，我们都可以骄傲地说自己的人生是美的和有价值的。也正是从这个意义上我们可以说，成功者固然伟大，而失败者也未必渺小。伟大与渺小的区分只在于我们是否有孜孜不倦的追求精神。也是因此，在历史和现实的人生中，那些并无奋斗和献身精神，只不过是凭侥幸或因投机取巧获得成功的人，我们不但不会尊敬和爱戴他，反而会轻蔑和鄙视他。

因而，我们主张要超越成功。超越成功使我们的人生不再沉浸于成败得失的痛苦算计之中；超越成功也使我们能从更广的人生阅历中获得快乐、幸福和美的体验；超越成功还使我们的人生豁达、洒脱；甚至我们也只有超越成功得失之上，才能真正做到对人对己都"不以成败论英雄"，而"只以追求论英雄"。

在我们人生的追求中，既有失败的挫折和困顿，也有成功的欢欣和解脱。如果我们失败了，不要抱怨也不要诅咒，更不要因此而止步不前。失败只是一个事实，但不是最终结论，我们应该懂得生活中不会没有失败也不会没有成功的道理。一旦我们获得了成功，也不要占有或享受它，而应该走出成功以及因成功而来的名利的羁圈，坚定地信奉追求本身。失败了继续追求，我们便又走到了成功的起跑线上；而成功了不再追求，我们便又面临着一个失败的开始。

如果回到你信中提及的问题，最后的结论就是，我既不认同"以成败论英雄"，也不认同"不以成败论英雄"，而是主张"以追求论英雄"。因为惟有坚定而执著地追求，我们才能超越成功和失败的得失，走向成功人生最美的境界：永远立于不败之地。

5. 生与死的审美沉思

[来自学生的问题]

我是来自武汉的一位考古专业的学生。我之所以选修您的课程的一个目的是希望通过课程学习来更自觉更理性地思考生死问题。在这次武汉的疫情中我痛失了身体一向很健朗的外婆。我曾一度非常痛苦，吃不下饭，睡不好觉。后来父亲安慰我说：你学考古的，面对的无一不是没有生命的古代遗迹。对死亡问题不应如此不理性。老师，您觉得我父亲说得有道理吗？ 我们究竟应该怎样看待死亡才是合乎理性的呢？

我既不认同"以成败论英雄"，也不认同"不以成败论英雄"，而是主张"以追求论英雄"。这就如泰戈尔有一句诗所写的："天空中没有留下翅膀的痕迹，但我已飞过。"

[我的学理回应]

就生与死对人生的意义而论，生无疑是美好的。因为人生是以生命的存在作为自然基础的，没有生命便不再有人生。而没有了人生那最可宝贵的生命，我们谈何对人生美学意境的追求？

生命之美，首先在于人类生命的可贵与奇特。从人类生命的起源上讲，就经历了极为漫长的进化历程。而且，迄今为止，我们尚未发现在茫茫的宇宙中还存在着其他高级生命。仅就这一点而言，人类的生命就显得异常可贵。因为不但人类生命的进化结果是奇特的，而且人类独一无二的存在更是奇特的。这种奇特，千百年来带给人类多少对生命的审美感受，并由此诞生了多少伟大的文学艺术作品！因此，面对着人类的生命，诗人们禁不住要饱蘸笔墨歌颂她："我们有什么理由不爱惜自己稀有的生命？有什么痛苦可与宇宙孕育生命的痛苦比拟？有什么能使我们比生存在这个宇宙更感幸福？又有什么能阻碍我们充分利用自己短暂的一生努力为自己生活的这一茫茫星海中的孤岛提供一点生机，增添一点色彩呢？"[1]

然而，死亡毕竟是一种真实的存在。亦即是说，大自然并不因为生命的美丽便使生命永驻，而是恰恰相反，在孕育生命的同时，也孕育了死亡。生命和死亡互为因果。尽管从古到今，有多少人企图使生命永驻，但从来没有一个人真正地做到过。这一点对人生而言是残酷的，因为死亡把作为人生承载者的生命毁灭了，随之也把因为生而所拥有的一切美好的东西变成无意义的存在。对此，蒙田曾不无感慨地叹道："我随时准备告别人生，毫无惋惜，这倒不是生之艰辛或苦恼所致，而是由于生之本质在于死。"[2]显然，把

①陈大柔．心路[M]．上海：上海人民出版社，1987：105．
②蒙田随笔[M]．长沙：湖南人民出版社，1986：246．

生之本质理解为死，这当然是有所偏颇的，但生的归宿却确实是死。也就是说，如果说生赐给我们人生的一切，那么死也意味着这一切的丧失。

于是，珍惜生命几乎便成为人类的一种天性，也仿佛构成人生美学的一个基本追求。既然生不可能永驻，死神总不可避免地来结束人生，那么，我们的人生必然地要在生与死的这个夹角之间进行抉择。惟有在这个抉择中，我们创造出了自我生命最美的东西，我们也才能从中领略到人生最美的感受。

许多人总是抱怨生命太短促了，殊不知就在他们的抱怨中，短促的生命变得更短促。事实上，在自我人生的美学意境追求中，惟其因为生命的短促才需要我们加倍地努力和创造，使我们在生命的创造中体现其崇高的美学价值。只要我们是在创造和奋斗，那么生命的短促是无关紧要的。因为短促的生命可以"依据美的规律"（马克思语）创造出永恒的对象世界。我们正是在这个对象化的劳动创造和艰苦奋斗中，在自己的创造物中，感受到自己生命的审美意义和美学价值的。你不妨试想一下，如果老子没有他五千言的《道德经》，孙武没有他的《孙子兵法》十三篇，孔子没有 "弟子盖三千焉，身通六艺者七十有二人"（司马迁：《史记·孔子世家》）的杏坛成就，李白杜甫不曾 "李杜文章在，光焰万丈长"（韩愈：《调张籍》），秦王汉武、唐宗宋祖、成吉思汗没有他们雄才大略，征战万里统一中国所开创的帝国大业，那么，老子、孔子、孙子、秦始皇、汉武帝、李白、杜甫、唐太宗、赵匡胤、成吉思汗的名字也就不可能被人传颂至今。同样的道理，如果爱迪生没有他那上千种的发明创造；贝多芬没有他那震撼人心的交响乐；拿破仑没有他那叱咤风云的法兰西帝国；马克思没有他的剩余价值学说和历史唯物论，那么，爱迪生、贝多芬、拿破仑、马克思的生命就不会具有我们今天所景仰的那种崇高的道德和审美价值。

创造是艰辛的。因为生命的存在一方面很短暂，另一方面也很脆弱。而生命所面临的外部世界则往往是无限强大的。但也正是在这个以短暂抗衡无限，以脆弱抗衡强大的创造和奋斗中，生命得以延伸，人的价值或优雅或悲壮地得以实现。而人生的美学意境也就在这优雅或悲壮中得以造就。

当然，你也许会说：伟人们因为其伟大的创造，无愧曾经有过的生命，自然无惧死亡的降临。但更多的芸芸众生还是惧怕死亡降临的。对于这种观点，我想说的是借助哲学的睿智也许可以让我们摆脱这个恐惧。

在中国古代哲学史上，庄子面对死亡最有哲人的洒脱和审美的气度。他曾经这样论述过这一问题："夫大块载我以形，劳我以生，佚我以老，息我以死。"（《庄子·大宗师》）据记载，"庄子妻死，惠子吊之，庄子则方箕踞鼓盆而歌。惠子曰：与人居，长子老身，死不哭亦足矣！又鼓盆而歌，不亦甚乎？庄子曰：不然。是其始死也，我独何能无慨然？察其始，而本无生；非徒无生也，而本无形，非徒无形也，而本无气……"（《庄子·至乐》）庄子在这里表露的是何等达观的生死心态！无独有偶，爱因斯坦在晚年时，也极有感慨地对生与死的问题发表了自己超然淡泊的见解："一个人的生命，连同他的种种忧患烦恼等问题，有一个了结，到底是一件好事。本能不愿使人接受这种摆脱，但理智却使人赞成它。"[1]这两位不同国度、不同时代的伟人，之所以对死抱有如此相近的态度，其根本的

① 爱因斯坦文集（第 3 卷）[M]. 北京：商务印书馆，1976：492.

原因是他们在这个问题上都拥有一种"以死为息"的哲学智慧和审美气度。

与你分享清人王应奎在《柳南随笔》中记载的一则故事: 有两位老者陈翁、邬翁同村。一日, 二老途中相遇, 握手叙旧。陈翁喟然曰: "我辈自幼相识, 当年嬉耍淘气, 恍如昨日之事, 转瞬竟已衰老如此! "邬翁曰: "不但老朽, 也将死矣! "陈翁曰: "你我贫苦一生, 死亡之事难道还不能免除吗? "邬翁曰: "免去一死, 贫苦就没有头了! "于是, 二人相视大笑。通过这两位老者略带悲凉的谑言, 我们看到的正是中国传统文化在死亡问题上的一种达观与洒脱的心态。

在我们的日常生活中, 常有人表达这样一种愿望: "一个人能不死永远活下去, 该多好! "可这仅仅是人们一种主观的愿望。现代生物学和生命医学的研究早已证明, 就人类目前的科学水平而言要企求长生只是一种科幻片中的情形。即便是将来科学高度进步, 使生命的永生成为可能, 那我们也未必就可以断言生命的永存对人生就是幸福, 就是快乐, 就是美。我们可以设想, 如果真没有了死, 一方面是长生不老, 另一方面则是新的生命不断诞生, 那地球就会挤得无立锥之地。而且, 生命不断地被延续, 那也会使人生陷入单调、无聊、腻味的境地。这恰恰是对人生幸福、快乐和审美的否定。

正是因此, 我们可以说每一个人无疑都要珍惜生命, 但无需企求生命永驻。因为人本来就是自然的造化, 死亡正是自我生命顺从和回归自然的一个途径。这就如《圣经》所言: "因为你来自尘土, 就仍要回到尘土。"

凡所有相皆是虚妄若见诸相非相即见如来　金刚经句　庚子春月雅苑

凡所有相皆是虚妄若见诸相非相即见如来　金刚经　庚子夏雅苑沐手

凡所有相皆是虚妄若见诸相非相即见如来　金刚经　庚子孟月雅苑

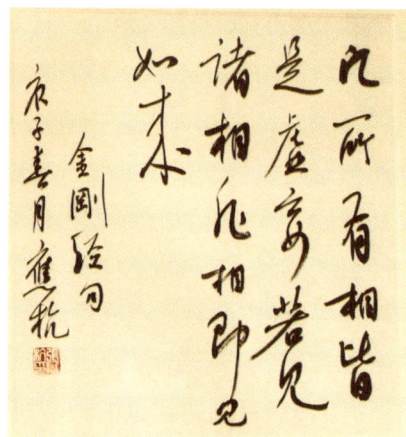

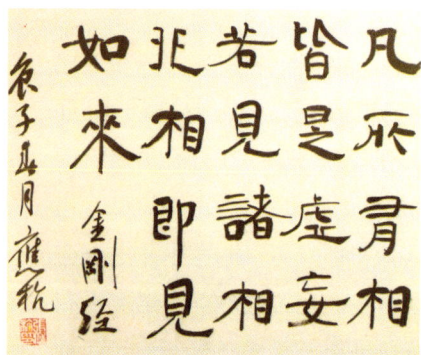

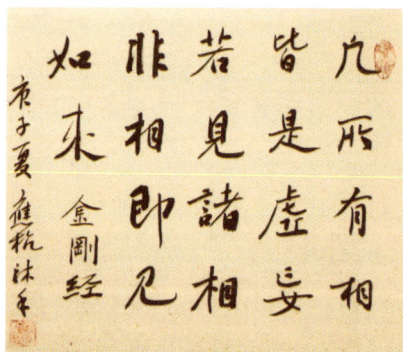

如果真没有了死，一方面是长生不老，另一方面则是新的生命不断诞生，那地球就会挤得无立锥之地。而且，一个生命不断地被延续，那一定会使人生陷入单调、无聊、腻味的境地。所以《金刚经》说"诸相非相"的道理，我有一天会变成非我。正是在这个我与非我，即生与死的轮回中，生命呈显出了或优雅或雄壮的永恒魅力。

对死亡的理性心态还要求我们不要总是想象死亡的来临。心理学的研究表明,对死亡的担忧和想象通常比死亡本身更使人痛苦。因而,当我们生的时候不应该总是设想自己将如何走向死,而是应该在生命的历程中尽可能地爱惜生命,把生命的分分秒秒都运用在对美好理想的追求上。正是在这个追求中,我们人生从中体验痛苦,也体验欢乐;既努力劳作,也尽情享受。这样一个充实的生命是不会感慨其短促的,更无暇去想象死亡的恐惧和痛苦。事实上,无论我们想象与否,死亡总要来临。因而,既然想象要增加我们的人生痛苦,那么不去想象,当然就是一种理性和聪慧的选择了。不去想象死亡,就能够更多地去体验生的乐趣和美妙。

罗素对生命的生与死作过生动而优美的表述。他说:"人的生命如同一条小溪,起初很细小,被两岸夹住,快速地向前流去,越过峭壁,淌过急流,汇成一条大江。这时两岸逐渐宽阔,水流也慢慢平稳下来,最后她与远处的大海互相融合,毫无痛苦地结束了她的存在。"①细细品味罗素的这个比喻我们就会感觉它是很深刻的。它告诉我们,在生命的过程中只要能不断充实,不断有所创造,那么我们就能毫无痛苦地走向死亡。这和中国哲人"生则乐生,死则乐死"的说法是一个绝妙的相互印证。可以肯定地说,正是在"生则乐生,死则乐死"的明智和豁达中,我们最大限度地领略和体验到自我人生那一份隽永的审美意蕴。

这就是我理解的对待死亡问题上的理性立场。

①伯兰特·罗素.罗素自传[M].北京:商务印书馆,2011:78.

6. 人生之美的最高追求：不朽

[来自学生的问题]

在袁隆平告别仪式的电视新闻中，我看到了让人泪奔的一幕：一位手持一捧菊花的年轻人，追着灵车不住地喊："从今日起，碗里有米，心中有您！"我想袁老这是达到了做人最高的境界了。我与袁隆平一样是学农的，我也立志要成为他那样的人。老师您觉得从人生哲学的义理而论，这是一种什么样的生命境界？我们要如何才能够实现这样的境界呢？

[我的学理回应]

从人生哲学的理解而论，我觉得一个人的人生会面临两次死亡：一次是生理学意义上的死亡，没有心跳没有呼吸就意味着生命有机体的终结。第二次死亡是社会学意义上的死亡，当所有人都忘记我们曾经有过的生命，那我们也就在这个世界上彻底消失了。第一次死亡谁也无法避免，但第二次死亡许多人却可以避免。比如你来信中提及的袁隆平院士，他的去世让举国上下为之哀悼。正如有记者写到的那样：袁老永远不会被遗忘。因为每一缕升起的炊烟，都是飘自人间的怀念。这就是生命的不朽境界。

那么，什么是不朽呢？让我们来看《春秋·左传》中记载的这样一个故事：晋国大夫范宣子问鲁国大夫叔孙豹：人的生命很短暂，一个人该做些什么才可以留传后世？叔孙豹的回答是："太上有立德，其次有立功，其次有立言；虽久不废，此之谓不朽。"这就是著名的"三不朽"说的由来。

中国哲学史家张岱年曾经这样说过，中国哲学离宗教最远，从不探讨灵魂不灭，而更注重生命如何以自己的创造和贡献达到不朽。《春秋·左传》中"太上有立德，其次有立功，其次有立言；虽久不废，此之谓不朽"的著名论述其意义正在这里。这里的"立德""立功""立言"，就是讲人生达到不朽的三种途径。从历史的考察也的确使我们可以发现，中国古代圣贤伟哲在自己一生中孜孜以求的莫不和这"三不朽"相关。比如，我们民族历史上那些至今英名永存的人，如老子、孔子、李白、杜甫、苏轼、文天祥、李世民、成吉思汗以及严复、康有为、孙中山、毛泽东等人，无不都是以其执著的创造和不懈的奋斗精神，或立德，或立功，或立言，或兼而有之，而使自己永垂不朽的。正是因此，明代哲人罗伦说过如下一段精辟的话："生而必死，圣贤无异于众人也。死而不亡，与天地并存，日月并明，其惟圣贤乎！"（《一峰文集》卷八）

可见，在古代哲人看来，尽管生命的躯体无法永存，但生命的精神却可以不朽。正是在不朽的追求中我们的人生最终达到美学意境的极致。试想，我们因不朽而使自己的人生不再是自我个人的，而属于整个民族历史，甚至属于整个人类，这难道不是人生一种壮美的极致吗？

西方哲学也有类似的观点。75岁高龄的歌德在一次与友人散步时，看到了绚丽的落日，在一阵沉思之后，他吟诵了一句古诗："西沉的永远是这同一个太阳。"接着他快活地像孩子似的对友人说：到了75岁，人总不免偶尔要想到死。不过，我对此处之泰然，因为我深信人类精神是不朽的，它就像太阳，用肉眼来看，它像是落下去了，而实际上它永远不落，永远不停地照耀着。[1]在这里，歌德以

①爱克曼辑录. 歌德谈话录[M]. 北京：人民文学出版社，1982：42-43.

哲人的睿智和洞察力，揭示了人生可以有不朽的追求，并以自己的毕生努力实现了这一追求。

可见，在我们短暂的人生中，一个人的肉体可以死亡，灵魂也将随之消逝。因而，长生不老、灵魂不灭只是一些可怜而又荒唐的幻想。但我们每个人却可以像歌德那样让自己创造的文学精神千古不朽，万世流芳。

1955年春天，在人们为爱因斯坦逝世举行的葬礼上，死者生前的一位朋友朗诵了歌德当年悼念席勒的诗句。歌德这样写道："我们全都获益不浅，全世界感谢他的教诲，那专属他个人的东西，早已传遍广大人群。他像行将殒灭的彗星，光华四射！"其实，歌德和爱因斯坦的一生正是超越了有限而使自己具有了无限和永恒之意义的成功一生。

你信中提及的袁隆平院士更是如此。我觉得在一定意义上，袁隆平的贡献甚至比歌德、爱因斯坦更大。歌德文学作品中的人道主义精神固然可贵，爱因斯坦对物理世界探寻而创立的相对论也非常了不起，但是相对于中国乃至世界那么多吃不饱肚子的人来说，袁老的杂交水稻技术成功地解决了几十亿人口的吃饭问题。作为这一被誉为"东方魔稻"的技术发明者，而且还主动使其惠及全世界的袁隆平，其人生注定将千古不朽，万世流芳！

让我感动的是，你在来信中表达了对袁隆平院士那样的人生不朽境界的推崇和向往。我为你有这样的志向而欣慰。你希望我谈谈实现这样的生命境界的具体路径。我很乐意谈点自己的想法供你参考。

　　可以肯定地说，人生注定要走向死亡，但死亡并不是人生注定要走向的悲剧。死亡只是人生的一个事实。也就是说，生命的尽头不是死亡，而是遗忘。如果我们的生命被别人记住了，那就是不朽；被历史记住了，那就是大不朽。

　　我们谁都希望自己能够使短暂的生命走向不朽，希望自己能英名永存。但要做到这一点，就必须对生命有一种不凡的热爱，并使这种热爱转化为坚定执著的创造和奋斗。中国古代哲人所谓的立德、立功、立言之"立"，指的正是一种"生命不息，创造不止"的创造。可以肯定地说，这是一个艰辛而痛苦的过程。比如，关于"立言"，历史就留下了如下的记载：司马迁的《史记》写了 15 年；李时珍撰《本草纲目》花了 27 年；曹雪芹 10 年心血始成《红楼梦》；达尔文著《物种起源》长达 20 年；马克思的《资本论》写了近 40 年；而歌德的《浮士德》则几乎耗尽了他一生的时间，整整 60 年！——可以想象，这是多么艰难痛苦的创造过程。但也惟因其有这种对成功追求的执著精神，才使他们的生命因为他们的著作而获得了不朽的价值。

　　你信中提及的袁隆平院士告别仪式上诸多感人肺腑的新闻细节，更是直观地给我们展示了什么是生命的不朽。有电视台记者采访一位因买不到菊花寄托哀思而泪眼朦胧的大二学生。这位学生说她跑了好几家花店，结果均未能如愿。最后记者用"倾尽一城花，只为奠一人"结束了采访。不知你有没有发现，在这个价值多元并常常相互冲突激荡的时代，在袁老离世这件事上却罕见地形成了举国上下几乎统一的立场，人们纷纷以各种方式表达了对袁隆平这位国之脊梁的由衷敬仰和赞美。道理其实也很简单，袁老把论文写在祖国大地上，把功勋建立在人民的饭碗里，人民自然将他的功劳记在心里，刻在历史的丰碑上。袁老以自己风雨无阻的无私奉献诠释了什么是生命的不朽。

正是从这一点出发，我们可以断言：死亡还是永生，往往是我们自己的抉择。捷克反法西斯斗士伏契克临行前曾留下如下一段遗言："一切次要的、非固有的东西，一切能掩盖、缓和、粉饰人的最基本的性格特征的东西都被临死的旋风一扫而光。剩下的只有最本质、最简明的东西：忠实的人忠实、叛徒叛变、平庸者绝望、英雄斗争到底。"[①]熟悉那一段历史的人都知道，面对纳粹的绞刑架，伏契克坦然面对。因为他知道历史将记住他和他的战友们的不朽事业。正如伏契克说的那样，忠实的人选择忠诚，英雄选择抗争，平庸者选择麻木的绝望，叛变者选择做叛徒。于是，一些人不朽，一些人有朽，还有一些人则罪该万死。

对于生命的死亡，即便在雨果那里，也是忧郁的。他认为："我们都被判了死刑，但都有一个不定期的缓刑期。我们只有一个短暂的期间。然后我们所呆的这块土地上便不再有我们了。"[②]于是，我们不难发现，许多人可笑地企求生命的长生和永恒，却不知道当他们在寻找、追求那子虚乌有的长生和永恒时，他们时时刻刻都有机会生活在永恒的人生之中。这个永恒就在于生命的创造、抗争和奋斗。但他们的怠惰、虚荣、功利心却使他们不愿去追求这种永恒，因此，他们无法使自己的生命走向不朽、永恒和至美的境界。这无疑是人生美学意境追求中的一个极大的迷误。

①伏契克.绞刑架下的报告[M].桂林：漓江出版社，1995：62.
②陈晓.雨果名言赏析[M].香港：中国国际文化出版社，1988：167.

可以肯定地说，我们的人生旅途无论多么遥远，每个人迟早总有一天会走到尽头的。因而，我们总要走向死亡。然而，对待死亡终究是不必忧郁的，因为"死亡是最伟大的平等"，倒是生使我们沉重。正是在生中才有了人生那伟大与平庸、崇高与卑微、英名永存与默默无闻的分野，并从中有了生命美与不美的揖别。如果我们是一个积极的创造者，那么，我们的人生甚至可以在"立德""立功"和"立言"中超越死亡，而具有不朽的意蕴。如果我们做到了这一点，这无疑意味着我们对人生美的追求达到了最终也是最高的境界。

写到这里，我想与你分享一段经典语录。马克思曾经从类与个体的关系角度这样论述过死亡的问题："死似乎是类对特定的个体的冷酷的胜利，并且似乎是同类的统一相矛盾；但是，特定的个体不过是一个特定的类存在物，而作为这样的存在物是迟早要死的。"[1]可见，死亡具有不可避免性。因此，对待死亡的理性立场就是：不去想象或害怕死，而是着力思考如何更有价值地生。我们应该明白，一个人生命的价值，不是以生命的时间来衡量，而是以他为社会创造了多少物质或精神的财富来评判的。我们每个人的人生目标无疑应是在自己短暂的一生中，以自己的创造和奋斗，造就自己伟大而崇高的人格以使自己英名永存，使自己有限的生命有一个不朽的永恒归宿。

正是在这个永恒与不朽中，我们实现了自我人生至真、至善、至美的价值追求。

[1]马克思.1844年经济学哲学手稿[M].北京：人民出版社，2014：81.

死是平等的，生却使人有了伟大与平庸、崇高与卑微、英名永存与默默无闻的分野。如果我们是一个积极践行的理想主义者，那么，我们的生命就可以在"立德""立功""立言"中超越死亡，而具有不朽的意蕴。倘若做到了这一点，那我们的人生便有了最真最善最美的归宿。

附录 1

本书作者教研活动大事记
（1979 年 9 月—2021 年 5 月）

1979 年 9 月以浙江省丽水市云和县应届毕业生文科第一名的成绩考入华东师范大学（当时称上海师范大学）政治教育系首届哲学专业就读。

1983 年 3 月获上海市市级三好学生荣誉，并因此荣誉而在外语成绩未上线的窘境下被破格录取为本系哲学专业硕士研究生，导师为冯契教授、张天飞副教授。

1985 年在张天飞老师的悉心指导和积极推荐下，公开发表了第一篇学术论文"真理真知之辩"（载《江海学刊》1985 年第 3 期，目录被收入《新华文摘》1985 年第 12 期）。

1986 年 4 月浙江大学社会科学系主任孙育征、总支书记王礼湛来华东师大招聘，被两位领导的诚意所感动，在浙江省委宣传部、浙江省委党校、杭州大学与浙江大学诸单位中最终确定了去浙大任教的意向。

1986 年 7 月研究生毕业，毕业论文为"理想范畴的认识论探讨"。此文获答辩组导师给予的"优秀"成绩。

1986 年 8 月应聘至浙江大学社会科学系任教，去学校人事处报到时获得工号：0086169。当好奇地询问有何含义时，对方热情地回答：你是 1986 年入职浙大的第 169 位新人！

1987 年 1 月获学校工会组织的青年教师"振兴浙大"演讲比赛二等奖。演讲题目为："别忘记浙大还有一个社会科学系！"无非是呼吁学校在继续发展工科优势的同时要关注和扶持文科。奖品为一本《现代汉语词典》，一直在案头使用至今。

1987 年 10 月任马克思主义哲学原理教研室副主任。

1988 年 5 月任马克思主义哲学原理教研室主任，兼任系主任助理。一次回母校参加学术研讨会，见到留校的师弟秦裕时他对这一职务任命显然有些惊讶。为此赶紧解释个中缘由：浙大在 1952 年全国高校院系调整时只保留了工科，后来浙大为了更好地发展，先是慢慢恢复了理科院系，再后来决定恢复文科，以便朝综合性大学发展。因为几乎是在一片空白的基础上恢复文科，故新进的年轻人有更多的机会被破格任用或提升。

1988 年 5 月获"浙江大学求是青年奖"。

1988 年下半年，教务处聘请了郭尚汉、陈昌生、施光德、陆明四位同志对全校青年教师教学工作做了专项调研。因在本科阶段有过在上海重点高中洋泾中学实习的经历，在研究生阶段又兼任过本科生的助教，故相对老练的课堂教学风格得到了调研小组的充分肯定。在尔后学校教务处印发的"关于青年教师开课情况调查的汇报"中曾有这样一段评价文字:"我们认为这位教师文学修养很好,表达也好,他可以把孔子、老子、佛教以至当代琼瑶小说的一些内容信手拈来随意应用于马克思主义哲学课堂""即使在全校教师中,他的课堂艺术也是属第一流的。"(参见浙大教发【1989】2号文件附件第10页)

1989年3月主讲的"马克思主义哲学原理"与"伦理学"课程获1988—1989年度浙江大学本科教学一等奖。

1989年5月3日晚应电机系学生会邀请在主席像前广场发表演讲,题目为:"五四"留给我们什么精神遗产——纪念五四运动七十周年。因与台下蒋风冰等一些同学观点不一致,讲座一度被打断。后来还进行了激烈的现场辩论。

1990年8月出版教材《马克思主义原理》(万斌、张应杭、姚先国、盛晓明编著,浙江大学出版社1990年版),成为全国最早探索马克思主义原理整体性教学的成果之一。

1991年4月12日被任命为浙江大学马列主义教研室副主任(参见浙大发人【1991】20号文件)。时年27岁,职称也只是个讲师。前来宣布任命的组织部长白同平称:"浙大在教研岗位上尚未任命过不具备高级职称的处级干部""这也是我校最年轻的中层干部任命"。

1991年7月6日获浙江大学"优秀青年教师"奖(参见浙大党委【1991】47号文件)

1991年8月出版《伦理学》(张应杭编著,浙江大学出版社1991年版)。学术界反响颇佳。李超杰、边立新主编的《20世纪中国哲学著作大辞典》收入该书简介(警官教育出版社1994年版第

884 页）；唐凯麟、王应泽的《20 世纪中国伦理思潮》（中国高等教育出版社 2003 年版）将本书列为 20 世纪马克思主义伦理思潮的 4 本代表性著作之一（参见该书第 330 页）。

1991 年 9 月获浙江省高校优秀青年教师荣誉称号（参见中国教育工会浙江省委员会【1991】12 号文件）。

1991 年 9 月，作为负责人申报的国家"八五"社科青年基金项目"大学生道德理想及教育研究"获准立项。

1991 年 10 月—12 月，以省委工作组成员的身份赴湖州参加农村社会主义思想教育活动。这是新中国成立以来，针对农村出现的新情况、新问题，中国共产党于 1957 年至 1962 年、1963 年至 1966 年之后第三次大规模的农村社会主义思想教育活动。作为一名年轻的高校思想政治理论课教师，感觉收获颇多。《浙江宣传通讯》于 1992 年第 9 期刊发了署名韩兆熊、张应杭的理论文章："在改造客观世界的过程中改造主观世界——高校青年知识分子成长的理论思考。"此外，应《共产党员》杂志的约稿，写了"认识自我·实现自我·超越自我"的感想文章于该刊 1992 年第 5 期发表。

1992 年 4 月获 1991 年度浙江大学"亿利达"优秀教师奖（参见浙大发人【1995】32 号文件）。

1992 年 12 月探索马克思主义原理整体性教学的教材《马克思主义原理》获浙江大学 1991—1992 年度校优秀教学成果集体三等奖（教材类），获奖排名：万斌、张应杭、姚先国、盛晓明。

1992 年 12 月作为主要作者参与撰写的《中华民族精神和素质研究》（杭州大学出版社，1991 年版）获"浙江省政府哲学社会科学优秀成果三等奖"。

1992 年 12 月破格晋升副教授。事迹曾被《中国青年报》头版头条刊发的长篇通讯报道。

1993 年 11 月在没有赴会的情况下意外地被选为浙江省伦理学会副会长。后据与会者告知是因为一篇论文给大家留下了深刻印象。这篇论文的题目为"伦理学基本问题新论"，原刊于《浙江大学学报》（社会科学版）1993 年第 1 期。因观点新颖被中国伦理学会会刊《道德与文明》1993 年第 1 期论点转摘、被 1992 年 11 月 4 日的《文汇报》理论版论点新摘、被《人大复印资料·伦理学》1993 年 11 期全文复印。

1994 年 12 月主持的国家"八五"社科青年基金项目"大学生道德理想及教育研究"最终成果——《大学生道德理想论》获浙江省教育厅 1992—1993 年度哲学社会科学优秀成果二等奖。

1995 年 3 月 26 日被任命为浙江大学人文学院副院长（参见浙大发人【1995】32 号文件），人文学院院长由分管副校长吴世明兼任，后改由金庸（查良镛）担任。

1995 年 4 月《现代哲学教程》获 1993—1994 年度校优秀教学成果奖二等奖（教材类），获奖排名：万斌、吴炳海、张应杭。

1996 年 10 月辞去系主任、人文学院副院长等一切兼任的行政职务，自此专心教学和科研工作。

1996 年 12 月论文"论哲学的理想职能"在《浙江大学学报》（社会科学版）1996 年第 3 期刊出，后被《人大复印资料·哲学原理》（1996 年第 12 期）全文刊载。作者的大学辅导员、时任上海市委宣传部副部长的张止静老师偶见此文，在读后特意致电叮嘱："多写这样的好文章，专心把学问做好！"令人倍感鼓舞。

1997年10月应邀担任浙江电视台"中学生电视辩论赛"评委，与总评委余式厚老师一起，先后为20场电视辩论赛进行点评。此节目收视率颇高。

1997年12月因哲学社会科学方面的突出成就获云和县"爱才奖"。在颁奖典礼上接受云和电视台记者的采访。颇为感动的是，父亲曾去电视台特意要了一张刻录有"爱才奖"颁奖及现场采访新闻的光盘。

1998年应浙江人民出版社之邀，参与编纂300万字的《中国文史百科》，任分卷主编。在与总主编张岱年先生见面时提及自己的导师是冯契时，这位著名的哲学史家连着说了好几遍："冯门弟子好！"让人倍感大树底下好乘凉的同时，也觉得压力山大，怕做不好会辱没冯门弟子的身份。好在此书出版后评价不错，甚至成为中央人民政府驻香港特别行政区联络办公室赠送香港各界人士选用的文化礼品之一。

1998年9月因一篇短文"道德如何介入经济生活"（载《哲学动态》1998年第3期）而被管理系项保华教授邀请给管理专业的本科生做了一次学术讲座。后又应邀担任该系"管理伦理"课的主讲教授，一直至今。2000年以后，该课又在MBA、EMBA中开设，其每年的教学工作量常常与政治理论课不相上下，曾被某同事戏称"在管院最懂马列，在马院又最懂管理的人"。

1999年4月春暖花开时节，接待了本科同学、毕业后任职于上海人民出版社哲学编辑室的李卫。在西子湖畔的茶室里商定主编一本传统文化方面的教材。李卫认为，马克思主义之所以在当年"主义的论战"中胜出，是因为它有许多东西（比如反个人主义、世界大同的理想等）与传统文化是相契合的。因此，传统文化的继承创新一定在未来马克思主义中国化的进程中会成为"显学"，冯契先生这方面的很多思想遗产一定会大放异彩。于是有了《中国传统文化概论》（张应杭、蔡海榕主编，上海人民出版社 2000 年版）的公开出版。

2000 年 1 月应浙江人民出版社编辑周向潮的邀请，召集了《中国传统文化概论》的主要作者一起编纂了《少儿文史百科》，由浙江少儿出版社同年公开出版发行。这是国内第一本针对少儿的中国文史百科读物，社会反响不错。

2001 年"论理想追求的可能性与必要性——对理想就是说教观点的理论剖析"获浙江省哲学社会科学规划课题立项。

2001 年在本学科最权威的专业杂志《哲学研究》第 7 期发表头版头条论文"论理想范畴之于马克思主义哲学的意义"。该文是在"论哲学的理想职能"[《浙江大学学报》（社会科学版）1996 年第 3 期]的基础上专门讨论马克思主义哲学的理想主义情怀的。论文一经刊出其观点即被多家报纸期刊转载或引用。

2001 年 7 月出版《企业伦理：理论与实践》（张应杭、黄寅著，上海人民出版社 2001 年版）。这是跨界管理学领域后的第一部专著。曾被国内多家高校的 MBA 和 EMBA 列为学生阅读的参考文献。

2001 年 12 月晋升教授。

2002 年《企业伦理学导论》（张应杭著，浙江大学出版社 2002 年版）被中国伦理学会推荐为经济伦理年度代表性成果。推荐理由是"构建了颇具特色的企业伦理学学科体系"。这个体系由一般到特殊再到个别，即普世伦理视阈下的企业伦理（一般）、社会主义伦理视阈下的企业伦理（特殊）和中华传统伦理视阈下的企业伦理（个别）。

2002 年 8 月《马克思主义基本原理》（张应杭主编）由浙江大学出版社公开出版。因为对马克思主义的整体性把握有独到之处，而且文字较为精炼晓畅，一经出版即被省内外许多高校选为教材，迄今为止已经发行至第 15 版。

2003 年 6 月应山东教育电视台"名家论坛"邀请，主讲"东方智慧"系列讲座，共计二十二讲。后由齐鲁音像出版社公开出版同名光盘，连续几周位列该社财经类音像作品畅销榜首位。

2003 年 7 月《老子的智慧与魅力》一书在台湾智慧大学出版公司出版。这是继 1990 年在香港出版《穿越黑洞：人生哲学精华》（香港海风出版社）、1996 年在台湾出版《做快乐的主人》（台湾中天出版社）后第三次在港澳台地区传播中华优秀传统文化的积极尝试。

2004 年 6 月 11 日在《中国教育报》发表理论文章"在政治理论课中塑造理想人格"。这是第一次在国家级报刊发表文章。

2005 年初应浙大城市学院鲁世杰院长邀请，与郑元康教授等人一起主持该院政治理论课课程内容的整体教学改革。其成果之一《马克思主义哲学、政治经济学教程》（张应杭等编著，浙江大学出版社 2005 年版）公开出版后，在引发了积极反响的同时，也引起了一些不同意见和观点的争论。

2006 年作为项目负责人申报的浙江省社科规划（重点）项目——"和谐社会的调节机制研究"获得立项。

2006 年 11 月万斌、张应杭主编的文科博士生政治理论课教材《马克思主义视阈下的当代西方思潮》由浙江大学出版社公开出版。这是本书作者编纂的第一本博士生教材。

2007年1月应浙江省教育科学院院长方展画教授邀请，主持中学政治课教改项目，并出版试用教材《哲学·生活·职业》（张应杭主编，浙江人民出版社2007年版）。

2007年7月《东方管理智慧》由厦门的鹭江出版社公开出版。它成为作者跨界教研活动中具有标志性的节点。因为正是此书的出版并热销，本书作者被誉为"主讲国学管理智慧的学院派代表"。

2007年12月25日美国《华盛顿邮报》以专题新闻的方式报道了本文作者在浙商"未来企业家"班讲授传统文化课程的相关情形。记者以这样一段文字作为开篇："In China, if you only rich, people will not respect you. You also need good manners, an outgoing personality and good morals," said Zhang Ying Hang of Zhejiang University ,a professor increasingly in demand on the lecture circuit.(the Washington Post on December 25, 2007.) 有意思的是，《参考消息》在摘译该报道时，颇有想象力地将作者名字 Zhang Ying Hang 译为"张鹰航"。（参见《参考消息》2007-12-26）

2008年5月应邀担任浙江大学青年马克思主义者培养学院导师，迄今为止为青年学子开设30多场讲座。

2008年2月省社科规划（重点）项目 "和谐社会的调节机制研究"的结题成果《和谐社会的调节机制研究》由高等教育出版社正式出版。这是第一次在国家级出版社出版专著。

2009年4月29日杭州电视台综合频道"应杭说道"节目正式开播，每晚22:00播出，持续播出300集。这是本书作者继2003年在山东教育电视台"名家论坛"栏目后的第二次"触电"。社会反响颇为积极。

2009 年 9 月作为主要参与者，"高效思想政治理论课 05 方案实施和整体性教学改革的创新实践"获浙江省人民政府颁发的省优秀教学成果二等奖，获奖排名：段治文、王玉芝、吕有志、马建青、张应杭。

2010 年 7 月《论语道论》由北京的大众文艺出版社公开出版，此书是第一次尝试以散文的笔调解读哲学史经典，反响尚可。

2011 年 10 月发表的"论工程技术伦理中敬畏自然的理念培植：基于中国古代道家的研究视阈"（《自然辩证法研究》2011 年第 10 期）。该文被张恒力的《工程伦理论丛：工程伦理读本（国内篇）》（中国社会科学出版社，2013 年版）收录。该书系作者对国内学者近三十年的工程伦理研究成果的精编。

2012 年初，因去年发表的论文反响不错，被编辑部约稿再就相关主题写一篇论文。于是，"论老子无欲说的道法自然立场与当代价值"在《自然辩证法研究》2012 年第 7 期刊发。这是第一次被约稿而写的论文，心中颇为感激这位素不相识的编辑同仁。

2013 年作为项目负责人申报的教育部规划基金目项"《老子》道法自然思想研究"获准立项。

2013 年 9 月 23 日被任命为"国学智慧与领导力提升"研究所所长，陈志新任执行所长。以此为平台，对传播中华优秀传统文化起到了较好的助推作用。

2014 年应浙大化工学院 1984 届某班同学邀请，在玉泉校区参加他们纪念入学 30 周年返校活动。作为唯一一位非专业课教师被当年的学生邀请，心中颇为激动。同学在致谢卡片中写的文字是："当年正是您，让我们喜欢上了政治理论课！"

2015 年 12 月出版《唯道是从:〈老子〉道法自然思想研究》一书(团结出版社 2015 年版)。2016 年全国干部教育培训浙江大学基地的"国学经典与干部修身"班以此为培训教材,获得不少学员们的好评。课后,学员们纷纷要求作者签名留念。

2016 年 6 月获浙江大学研究生院、浙江大学党委研究生工作部颁发的"五好"导学团队奖。导师排名:张彦、黄铭、张应杭。

2017 年 9 月受华商书院邀请,任"《论语》的儒商智慧"课程主讲教授,并带领学员去曲阜孔庙进行祭孔活动,任主祭官。主办方力图以此庄严仪式唤醒企业家们的儒商情怀。迄今为止已上了十余班次,并因此结识了诸多企业家朋友。

2018 年 8 月应华夏文化促进会(北京)之邀,任首席专家。这应该是对本书作者这些年来在教学科研中积极传播中华优秀传统文化工作的积极肯定。

2019 年 8 月出版《传统伦理文化的现代性研究》(朱晓虹、鲍铭烨、张应杭著,浙江大学出版社 2019 版)。此书的写作与出版是基于培养年轻人的考虑,故本书作者有意识地退居三线,只起到指导和统稿的作用。

2020 年初,应故乡云和县委叶伯军书记的邀请,主持云和本土的"和文化"专题研究。研究成果之一为公开出版的《云水胜境,和善之城:云和之"和"的文化学解读》(张应杭著,浙江大学出版社 2020 年版)一书。云和新华书店特意举行了此书的首发式。

2021 年 5 月受聘任全国专业学位水平评估专家。

附录 2

本书作者公开发表的主要著述篇目索引

(1985 年 5 月—2021 年 5 月)

一、论文部分

1. 真理真知之辩 ,《江海学刊》1985 年第 3 期（篇目收《新华文摘》1985 年第 12 期）

2. 两种普遍性的区分,《探索与争鸣》(沪) 1985 年第 6 期

3. 孟子理想人格论,《浙江大学学报》(社会科学版) 1987 年第 2 期

4. 道德主体意识发展三阶段论,《国内哲学动态》1987 年第 9 期

5. 论痛苦,《东方青年》1987 年第 9 期

6. 理想的认识论探讨,《社会科学研究》(川) 1988 年第 1 期

7. 批判与困惑: 当代中国的道德意识,《探索》(即《浙江社会科学》的前身) 1988 年第 4 期（篇目收《新华文摘》1988 年第 6 期）

8. 哲学如何爱智慧,《国内哲学动态》1988 年第 5 期

9. 当代中国人所面临的二律背反,《探索与争鸣》(沪) 1988 年第 5 期

10. 论五四启蒙的现实意义,《探索》1989 年第 2 期

11. 哲学理想: 哲学和人自我解放的契机, 载《思考与探索——青年哲学社会科学最新成果交流论文集》, 合肥: 中国科学技术大学出版社 1989 年 4 月版

12. 论作为认识论的理想范畴,《浙江大学学报》(社会科学版) 1989 年第 1 期

13. 论道德主体意识的产生、构成要素和演进形态,《浙江大学学报》(社会科学版) 1990 年第 2 期

14. "文化危机" 的出现与展望 (与张家成合作, 第一作者),《社会科学报》1990-07-05

15. 论合理利己主义的不合理性,《浙江社会科学》1991 年第 1 期

16. 当代大学生理想人格的教育, 载《浙江省高等教育学会第四次年会论文选集》, 杭州: 浙江大学出版社 1991 年 4 月版

17. 论马克思主义理论的方法论意蕴,《浙江学刊》1991 年 "建党 70 周年" 增刊 (《新华文摘》1992 年第 2 期论点摘录)

18. 费尔巴哈合理利己主义道德观批判 (署名张云和),《理论教学与研究》1991 年第 3 期 (《人大复印资料·伦理学》1991 年第 2 期全文复印)

19. 论集体主义道德原则的本体论根据及其理论实践意义,《浙江大学学报》(社会科学版) 1991 年第 4 期 (《新华文摘》1992 年第 3 期论点摘录)

20. 集体主义道德原则的再认识,《学海》(宁) 1991 年第 4 期 (篇目收《新华文摘》1991 年第 11 期)

21. 民族应变能力的文化思考,《浙江社会科学》1992 年第 1 期

22. 论当代大学生理想人格的建构,《青年探索》1992 年第 2 期

23. 伦理学基本问题新论,《浙江大学学报》(社会科学版) 1993 年第 1 期(《人大复印资料·伦理学》1993 年第 11 期全文复印 /《道德与文明》1993 年第 1 期转摘 /《文汇报》1992-11-04 论点摘要)

24. 论道德主体的意志自由,《学术月刊》1992 年第 10 期

25. 论青年毛泽东的理想社会观,《新时代论坛》(蓉) 1993 年第 3 期

26. 论孟子理想人格思想对民族精神的影响,《学海》(宁) 1993 年第 5 期

27. 毛泽东理想人格思想的基本内容与实践意义,《浙江大学学报》(社会科学版) 1993 年第 4 期(《人大复印资料·伦理学》1994 年第 2 期全文复印)

28. 教条主义错误的特殊认识根源,《国内哲学动态》1994 年第 2 期(《人大复印资料·哲学原理》1994 年第 3 期全文复印)

29. 论市场经济条件下的理想人格塑造,《浙江社会科学》1994 年第 3 期

30. 论毛泽东的理想人格思想,《毛泽东邓小平理论研究》1994 年第 1 期

31. 批判·困惑·重建——当代大学生道德意识论(第二作者,第一作者为孙慧玲),《浙江大学学报》(社会科学版) 1994 年第 4 期 (《人大复印资料·高等教育》) 1995 年第 3 期全文复印)

32. 论道德自由——兼评道德生活中的"任性"现象,《湘潭矿业学院学报》(社会科学版) 1994 年第 4 期

33. 走出商品与道德的冲突——道德重建的几点方法论思考,《当代学术信息》1995 年第 2 期

34. 论大学生人生理想范式的重建及实现途径,《南京师大学报》(社会科学版)1995年第2期(《人大复印资料·高等教育》1995年第7期全文复印)

35. 市场经济条件下的义利之辩,《浙江大学学报》(社会科学版)1995年3期

36. 论当今中国社会的伦理价值导向,《中国人民大学学报》1995年第4期

37. 马克思主义理论的学习与当代大学生道德理想的建立,《高校思想政治工作》1995年第5期

38. 五四科学精神的弘扬:从毛泽东到邓小平,《浙江社会科学》1995年增刊

39. “安土”观念对农民现代化的负面影响,《求是学刊》1996年第5期

40. 论哲学的理想职能,《浙江大学学报》(社会科学版)1996年第3期(《人大复印资料·哲学原理》1996年第12期全文复印)

41. 我为什么研究人生美学? 《美与时代》1997年第11期

42. 道德如何介入经济生活(第一作者,第二作者为孙慧玲),《哲学动态》1998年第3期

43. 论理想范畴之于马克思主义哲学的意义,《哲学研究》2001年第7期

44. 论理想追求的可能性与必要性——对“理想就是说教”论的剖析,载《当代社会主义与资本主义研究》(论文集),杭州:浙江人民出版社2003年9月版

45. 论理想及理想主义教育（第二作者，第一作者是万斌），载《马克思主义与当代》（论文集），杭州：浙江大学出版社 2003 年 10 月版

46. 在政治理论课中塑造理想人格，《中国教育报》2004-06-11

47. 马克思主义哲学理论对高校思想政治教育的方法论意义（第二作者，第一作者是万斌），载《马克思主义与当代》（论文集），杭州：浙江大学出版社 2004 年 12 月版

48. 略论理想生活的可能性与必要性（第二作者，第一作者是易开刚），《社会科学战线》2005 年第 6 期

49. 论企业竞争中的道德经营优势（第一作者，第二作者为王嫣），《集团经济研究》2005 年第 10 期

50. 马克思理想人格思想对和谐社会构建的启迪意义（第二作者，第一作者是万斌），载《马克思主义与当代》（论文集），杭州：浙江大学出版社 2005 年 12 月版

51. 论企业活动的伦理导向，《集团经济研究》2006 年第 1 期

52. 构筑现代人的心灵掩体（第二作者，第一作者是万斌），《人民日报》2006-08-04

53. 作为人类类本质的理想——马克思一个命题的新解读，《哲学研究》2006 年第 8 期

54. 论理想教育对反邪教的意义，载《社会文化建设与邪教防范研究》（论文集），合肥：中国科学技术大学出版社 2006 年 11 月版

55. 论马克思人学思想的基本内容（第二作者，第一作者是万斌），载《马克思主义与当代》（论文集），杭州：浙江大学出版社 2006 年 12 月版

56. 马克思的人学理想论(第二作者,第一作者是姜展鹏),载《浙江大学学报》(社会科学版)2007年第5期

57. 论马克思人学思想的批判性意义及其当代价值(第二作者,第一作者是万斌),载《马克思主义与当代》(论文集),杭州:浙江大学出版社2007年5月版

58. 中国特色语境下的传统管理之道(第二作者,第一作者是朱晓虹),《毛泽东邓小平理论研究》2007年第11期

59. 快乐源于心,载《风则江大讲堂(演讲录)》(第二辑),北京:中国社会科学出版社2008年2月版

60. 论老子"道法自然"命题中的和谐智慧(第二作者,第一作者是帅瑞芳),《自然辩证法通讯》2008年第4期

61. The Basic Mission of Business Ethics Education ,*Journal of Business Ethic Education*,2008,5. Neilson Journal Publishing.(此文由 Journal of Business Ethics Education 联合主编、上海交通大学管理学院周祖城教授翻译并推荐)

62. 传统治理文化中的和谐概念述论(第一作者,第二作者是方毅),《毛泽东邓小平理论研究》2008年第7期

63. 马克思的德性学说及其人本学意义(第二作者,第一作者是万斌),载《马克思主义与当代》(论文集),杭州:浙江大学出版社2008年12月版

64. 认识世界和改造世界的统一性何以可能?——马克思主义认识论研究的一个新视阈(第二作者,第一作者是万斌),载《马克思主义与当代》(论文集),杭州:浙江大学出版社2009年12月版

65. 企业经营当"道法自然",《企业家》2010年第4期

66. 论需要范畴之于马克思历史动力论中的核心地位（第二作者，第一作者是万斌），载《马克思主义与当代》（论文集），杭州：浙江大学出版社 2010 年 5 月版

67. 论《马克思主义基本原理概论》的逻辑框架和教学的整体把握，载《马克思主义与当代》（论文集），杭州：浙江大学出版社 2010 年 5 月版

68. 论马克思主义自由观教育的基本内涵（第二作者，第一作者是万斌），载《马克思主义与当代》（论文集），杭州：浙江大学出版社 2011 年 4 月版

69. 论工程技术伦理中敬畏自然的理念培植——基于中国古代道家的研究视阈，《自然辩证法研究》2011 年第 10 期

70. 论"马克思主义中国化"命题的思维必然性（第二作者，第一作者是万斌），载《马克思主义与当代》（论文集），杭州：浙江大学出版社 2012 年 3 月版

71. 论老子无欲说的道法自然立场与当代价值，《自然辩证法研究》2012 年第 7 期

72. 消费主义的另类批判（第一作者，第二作者为朱晓虹），《浙江社会科学》2013 年第 10 期

73. 物欲主义的超越，《学习与实践》2013 年第 1 期

74. 论冯契的理想观对马克思主义哲学的理论贡献，《华东师范大学学报》（社会科学版）2016 年第 3 期

75. 马克思关于人的社会本质理论与社会主义核心价值体系建设（第二作者，第一作者是万斌），载《马克思主义与当代》（论文集），杭州：浙江大学出版社 2013 年 5 月版

76. 论马克思人的价值实现理论及当代价值（第二作者，第一作者是万斌），载《马克思主义与当代》（论文集），杭州：浙江大学出版社 2014 年 3 月版

77. 论老子"法自然"思想的普世伦理价值（第二作者，第一作者是傅溢），载《马克思主义与当代》（论文集），杭州：浙江大学出版社 2015 年 5 月版

78.《道德经》道论的基本内涵与当代价值，载《马克思主义与当代》（论文集），杭州：浙江大学出版社 2016 年 7 月版

79. 论冯契的智慧说对马克思主义价值论的理论贡献（通讯作者），《浙江社会科学》2017 年第 6 期

80. 马克思主义原理的方法论意义如何在教学中传授（第二作者，第一作者是万斌），载《马克思主义与当代》（论文集），杭州：浙江大学出版社 2017 年 9 月版

81. 新时代开掘中华优秀传统文化价值以增强文化自信的若干思考（通讯作者），《毛泽东邓小平理论研究》2018 年第 9 期

82. 论中国古代哲学的"践形"说及其育人价值（通讯作者），《丽水学院学报》（社会科学版）2019 年第 6 期

83. 文化自信与中国风景园林的美学自觉、传承与创新（通讯作者），《丽水学院学报》（社会科学版）2020 年第 3 期

84. 论作为思政课之延伸的人生美学课的教学宗旨，载《观察·思考·探究》（论文集），杭州：浙江大学出版社 2020 年 12 月版

85. 新时代中国共产党对中华优秀传统文化继承创新的推进路径与实践主张（第一作者，第二作者为朱晓虹），《毛泽东邓小平理论研究》2021 年第 2 期

二、专著、教材、理论读物部分

1.《婚姻恋爱的艺术》(周向潮、张应杭等),杭州:浙江人民出版社 1988 年 12 月版

2.《穿越黑洞:人生哲学精华》(张应杭、黄寅),香港:海风出版社;上海:上海文化出版社 1990 年 5 月版

3.《卑贱与我无缘:伦理学精华》(郭夏娟、应杭),香港:海风出版社;上海:上海文化出版社 1990 年 5 月版

4.《马克思主义原理》(万斌、张应杭、姚先国、盛晓明),杭州:浙江大学出版社 1990 年 8 月版

5.《人生的美学意境》(张应杭、蒋德海、郜峰),杭州:浙江人民出版社 1990 年 11 月版(《中国图书评论》1991 年第 3 期刊发署名刘海波的书评"人诗意地栖居世界")

6.《伦理学》(张应杭编著),杭州:浙江大学出版社 1991 年 8 月版(李超杰、边立新主编的《20 世纪中国哲学著作大辞典》(北京:警官教育出版社 1994 年版)收入该书简介,参见该书第 884 页 / 唐凯麟、王应泽的《20 世纪中国伦理思潮》(北京:中国高等教育出版社 2003 年版)将本书列为 20 世纪马克思主义伦理思潮的 4 部代表性著作,参见该书第 330 页)

7.《中华民族精神和素质研究》(孙国栋、张应杭等著),杭州:杭州大学出版社 1991 年 12 月版(获"浙江省政府社会科学优秀成果三等奖",见《浙江社会科学》1995 年第 1 期报道)

8.《历史的选择与选择的历史》(吴金水、郑元康、张应杭主编),杭州:浙江大学出版社 1992 年 6 月版

9.《困惑与思考：马克思主义原理课疑难问题探讨》(万斌、张应杭主编)，杭州：浙江大学出版社 1992 年 11 月版

10.《现代哲学教程》(万斌、吴炳海、张应杭主编)，杭州：浙江大学出版社 1993 年 8 月版

11.《当代大学生道德理想论》(张应杭、孙慧玲)，杭州：浙江人民出版社 1993 年 12 月版（《中国图书评论》1993 年第 6 期发表万斌书评文章："困惑心态的理性重建"（参见第 27-30 页）/《高教理论与实践》(哈)1994 第 2 期转载同名书评文章 /《浙江社会科学》1995 年第 4 期刊发署名应嘉的书评文章"当代大学生道德困惑的理性探寻"）

12.《大学生人格发展》(本书系美国 John M.Whiteley 原著，主要编译者为朱深潮、余潇枫、马建青、王勤、张应杭)，杭州：浙江大学出版社 1993 年 12 月版

13.《仁者谠言——〈孟子〉一日一语》(张应杭、黄寅)，杭州：浙江人民出版社 1996 年 3 月版

14.《人生美学导论》(张应杭著)，杭州：浙江大学出版社 1996 年 6 月版

15.《马克思主义哲学新教程》(万斌、吴炳海、张应杭主编)，杭州：浙江大学出版社 1996 年 7 月版

16.《看重自己》(张应杭、黄寅)，台北：台湾中天出版社 1996 年 11 月版

17.《做快乐的主人》(张应杭、黄寅)，台北：台湾中天出版社 1996 年 11 月版

18.《伦理学新论》（黄应杭编著），杭州：浙江大学出版社 1998 年 7 月版（《中国图书评论》1998 年第 10 期发署名傅百荣的书评文章"真理在体系之中"/《浙江教育报》1998-10-31 "求智巷"栏著文推荐此书）

19.《中国文史百科》（张岱年总主编、张应杭等任分卷主编），杭州：浙江人民出版社 1998 年 6 月版

20.《〈庄子〉一日一语》（应杭、李林森），杭州：浙江人民出版社 2000 年 4 月版

21.《少儿文史百科》（张应杭等编），杭州：浙江少儿出版社 2000 年 1 月版

22.《人生哲学论》（张应杭著），杭州：浙江大学出版社 2000 年 4 月版

23.《中国传统文化概论》（张应杭、蔡海榕主编），上海：上海人民出版社 2000 年 8 月版

24.《企业伦理：理论与实践》（张应杭、黄寅编著），上海：上海人民出版社 2001 年 8 月版

25.《智慧之光：中西哲学名著导读》（万斌主编，浦永春、张应杭副主编），上海：上海人民出版社 2001 年 10 月版

26.《企业伦理学导论》（张应杭著），杭州：浙江大学出版社 2002 年 9 月版

27.《马克思主义通论》（张应杭主编），杭州：浙江大学出版社 2002 年 10 月版

28.《马克思主义基本原理》（张应杭主编），杭州：浙江大学出版社 2002 年 8 月版

29.《老子的智慧与魅力》（上下卷）（张应杭著），台北：台湾智慧大学出版公司 2003 年 7 月版

30.《读庄子，开智慧》（张应杭、李林森著），台北：台湾智慧大学出版公司 2003 年 4 月版

31.《读孟子，开智慧》（张应杭、黄寅著），台北：台湾智慧大学出版公司 2003 年 4 月版

32.《人生美学》（张应杭著），杭州：浙江大学出版社 2004 年 4 月版

33.《困惑与思考：新时期思想政治教育若干热点问题探讨》（孙慧玲、张应杭著），北京：中国社会科学出版社 2004 年 6 月版（曹喜博发表书评文章——心中的风铃：评孙慧玲、张应杭的《困惑与思考：新时期思想政治教育若干热点问题探讨》，载《奋斗》2006 年第 1 期）

34.《快乐源于心》（张应杭、黄寅），天津：天津科技翻译出版公司 2004 年 10 月版

35.《高校思想政治教育新论》（万斌、张应杭著），北京：中国社会科学文献出版社 2005 年 2 月版

36.《中国传统文化概论》（张应杭主编）（第 1 版），杭州：浙江大学出版社 2005 年 3 月版

37.《马克思主义哲学、政治经济学教程》（张应杭等编著），杭州：浙江大学出版社 2005 年 7 月版

38.《自我的境遇：认知、践行、审美》（张应杭、汪建云、蔡海榕著），北京：中国文史出版社 2005 年 5 月版

39.《走向成功的自我》（王学川、颜桂珍、张应杭著），济南：山东人民出版社 2002 年 10 月版

40.《管理伦理》（张应杭编著），杭州：浙江大学出版社 2006 年 3 月版

41.《马克思主义视阈下的当代西方思潮》（万斌、张应杭主编），杭州：浙江大学出版社 2006 年 11 月版

42.《国学的管理智慧》（3 卷）（张应杭著），北京：中国档案出版社 2006 年 12 月版

43.《审美的自我》（张应杭著），济南：山东人民出版社 2007 年 1 月版

44.《东方管理智慧》（张应杭著），厦门：鹭江出版社 2007 年 7 月版

45.《哲学·生活·职业》（张应杭主编），杭州：浙江人民出版社 2007 年 8 月版

46.《和谐社会的调节机制研究》（张应杭著），北京：高等教育出版社 2008 年 2 月版

47.《伦理学概论》（张应杭编著），杭州：浙江大学出版社 2009 年 12 月版

48.《〈马克思主义基本原理概论〉教学要点探析》（张应杭、潘于旭等编），杭州：浙江大学出版社 2009 年 10 月版

49.《要有钱也要有人性：孟子如是说》（张应杭、黄寅），长沙：湖南人民出版社 2010 年 9 月版

50.《论语道论》（张应杭著），北京：大众文艺出版社 2010 年 7 月版

51.《二十四孝新编》(张应杭编著),杭州:浙江大学电子音像出版社 2010 年 12 月版

52.《基于传统文化语境下的管理伦理》(张应杭著),北京:中央文献出版社 2013 年版

53.《〈金刚经〉译注》(张应杭),杭州:西泠印社出版社 2015 年 11 月版

54.《唯道是从:〈老子〉道法自然思想研究》(张应杭著),北京:团结出版社 2015 年 12 月版

55.《中国传统文化概论》(张应杭、蔡海榕主编)(第 2 版),杭州:浙江大学出版社 2016 年 12 月版

56.《传统伦理文化的现代性研究》(朱晓虹、鲍铭烨、张应杭著),杭州:浙江大学出版社 2019 年 8 月版

57.《云水胜境,和善之城:云和之"和"的文化学解读》(张应杭著),杭州:浙江大学出版社 2020 年 12 月版

三、小说、散文、报告文学部分

1.黑色的旅行(小说),载《萌芽》1987 年第 1 期

2.浆(小说),载《〈华东师范大学〉校刊》1987-03-21

3.爱的哲学(小说),载《人才天地》1987 年第 8 期

4.撑渡者的故事(小说),载《丽水日报》1988-04-12

5.创收(小说),载《西湖》1988 年第 12 期

6.爱就是成为一个人(散文),载《吉林日报》1986-12-04

7. 应该有比爱更多的爱（散文），载《吉林日报》1987-02-12

8. 爱情的哲学断想（散文），载《大众哲学报》1986-12-15

9. 两块五的书……（散文），载《浙江工人报》1987-01-01

10. 关于"欲望"的断想（散文），载《东方青年》1988年第3期

11. 自我的成熟（散文），载《东方青年》1988年第7期

12. 人生方法谈（散文），载《人生与伴侣》1990年第7期

13. 认识自我·实现自我·超越自我（散文），载《共产党员》（浙）1992年第5期

14. 爱的喁语（诗），载《江阴报》1993-02-24

15. 甘于寂寞（散文），载《浙江大学报（校刊）》，1994-10-15

16. 走出执迷（散文），载《浙江大学报（校刊）》，1995-03-5

17. 十里云河皆美景（散文），载《丽水日报》瓯帆副刊，2020-4-27

18. 云水佳境是故乡（散文），载《处州晚报》副刊，2020-04-22(9)

19. "裁云剪水"的长汀沙滩（散文），载《处州晚报》副刊，2020-04-29

20. 云水相映的云和梯田（散文），载《处州晚报》副刊，2020-05-06

21. 《站立自己：杭州帕金森患者的故事》（报告文学）（张应杭主编），北京：光明日报出版社2017年4月版

后记

　　我自 1986 年研究生毕业离开华东师范大学应聘至浙江大学社科系任教，不知不觉中已有 35 个年头了。在经年累月的教学活动中，我积淀的最为丰厚的东西应该就是本书呈现的这些文字。

　　也许是读师范的缘故，更也许是受导师冯契先生的影响，我总是特别享受与学生课内外交流的那些美妙时光。事实上，助教替我统计过，课外交流仅在电子邮箱里以答问录的方式与学生互动的文字就达 150 多万字。本书呈现的只是其中很少的一部分。为此，我在这里要特别郑重地向这些敞开心扉的同学致以诚挚的谢意。因为没有他们的问题，就没有我的思考以及思考后形成的文字。重要的还在于，来自学生的许多问题甚至直接成为我申报基金项目的选题来源，或公开发表论文所探究的主题。比如我发表于《哲学研究》2001 年第 7 期的《论理想范畴之于马克思主义哲学的意义》一文，就源自一位博士生提出的如何理解马克思在其博士论文里说的"理想主义不是幻想而是真理"的提问。

除了感谢这些与我交流的学生外，我还想特别致谢黄达人教授。记得是 1989 年的下学期，我的"马克思主义哲学原理""伦理学"课程被系里推荐申报优秀教学成果三等奖。时任学校教务处长的黄达人教授在现场听了我两个班的授课后，意外地决定给我一等奖的推荐资格。在顺利获奖之后，黄达人教授还特意约我去他的办公室做了面对面的交流。他特别欣赏我专设一节课用以答问的现场教学模式，并要求我坚持下去。正是从那以后，我总结出了政治理论课"2+1"的模式，即 2 节课讲授、1 节课师生答问互动的教学法。后来，鉴于提问的学生颇为踊跃，我又增加了课外邮件交流的方式。虽说回复邮件的工作量有时颇为繁多，但我却乐此不疲，坚持至今。本书甄选的 40 多个问题与对这些问题的学理思考，正是由此积累起来的。

当然，我也要感谢浙大出版社李海燕同道对选题的认可，以及在编辑出版本书过程中付出的诸多努力。我也还要感谢学院学术委员会诸位同仁同意对本书给予的部分出版资助。

我将把这些化作我教研生涯中继续前行的不竭动力，争取更上层楼。

张应杭

2021 年 6 月 19 日于杭州碧月华庭寓所

图书在版编目（CIP）数据

化理论为德性：思政课教学答问录 / 张应杭著 . —杭州：
浙江大学出版社，2021.10
ISBN 978-7-308-21730-9

Ⅰ．①化… Ⅱ．①张… Ⅲ．①高等学校－思想
政治教育－研究－中国 Ⅳ．① G641

中国版本图书馆 CIP 数据核字（2021）第 183837 号

化理论为德性：思政课教学答问录

张应杭　著

责任编辑	李海燕
责任校对	黄伊宁
封面设计	黄伊宁
排　　版	杭州好友排版工作室
出版发行	浙江大学出版社
	（杭州市天目山路 148 号邮政编码 310007）
	（网址 :http://www.zjupress.com）
印　　刷	杭州高腾印务有限公司
开　　本	880mm×1230mm　1/32
印　　张	12.25
字　　数	286 千
版 印 次	2021 年 10 月第 1 版　2021 年 10 月第 1 次印刷
书　　号	ISBN 978-7-308-21730-9
定　　价	66.00 元